우크라이나 전쟁과 한반도

KB191940

우크라이나 전쟁과 한반도

발행일	2024년 10월 17일

지은이	송금영		
펴낸이	손형국		
펴낸곳	(주)북랩		
편집인	선일영	편집	김은수, 배진용, 김현아, 김다빈, 김부경
디자인	이현수, 김민하, 임진형, 안유경	제작	박기성, 구성우, 이창영, 배상진
마케팅	김회란, 박진관		
출판등록	2004. 12. 1(제2012-000051호)		
주소	서울특별시 금천구 가산디지털 1로 168, 우림라이온스밸리 B동 B111호, B113~115호		
홈페이지	www.book.co.kr		
전화번호	(02)2026-5777	팩스	(02)3159-9637

ISBN	979-11-7224-282-4 03340 (종이책)	979-11-7224-283-1 05340 (전자책)

(주)북랩 성공출판의 파트너

북랩 홈페이지와 패밀리 사이트에서 다양한 출판 솔루션을 만나 보세요!

홈페이지 book.co.kr • **블로그** blog.naver.com/essaybook • **출판문의** text@book.co.kr

작가 연락처 문의 ▶ ask.book.co.kr

작가 연락처는 개인정보이므로 북랩에서 알려드릴 수 없습니다.

우크라이나 전쟁과 한반도

탈냉전의 단극 체제 붕괴와 다극화 전환

송금영 지음

2000년 취임한 푸틴 대통령은 지난 20년간 통치하면서 러시아의 강대국 복귀에 성공하였다. 그는 러시아가 역사적 지정학적으로 강대국이며 강대국이 되어야 한다고 강조하며 영토를 확장하였다. 러시아는 2008년 조지아의 침공 계기에 압하지야와 남오세티야를 독립시켜 사실상 합병했으며 2014년 우크라이나 크림반도를 점령했다. 그리고 2022년 우크라이나를 침공하여 동남부 4개 지역을 병합하였다. 러시아는 2014-2024년간 우크라이나 영토의 20%를 점령하였다.

2022년 러시아의 우크라이나 침공은 약소국에 대한 강대국의 전형적인 침략 전쟁이며 러-NATO 간 패권 전쟁이다. 러-우크라이나 전쟁은 제2차 세계대전 이후 최대 변혁이었으며 미국 주도의 탈냉전이 붕괴되었다. 유럽은 탈냉전 30년 만에 서방의 민주 진영과 러시아의 반민주 진영으로 분단되었으며 미-러는 냉전기의 적대 관계로 복귀하였다.

러시아는 미국과 대등한 핵 강국이자 최대 영토 대국이다. 그리고 에너지 강국임과 동시에 유엔 안보리의 상임이사국이다. 20-21세기 동안 러시아는 냉전과 탈냉전, 탈냉전의 붕괴 등 세계질서와 안보에 큰 영향을 미치고 있다.

우크라이나 전쟁이 장기화되자 탈냉전이 붕괴하고 동북아는 물론 전 세계적으로 불안한 다극 국제질서가 형성되고 있다. 유럽에서는 신냉전이 본격화되는 반면 아시아는 탈냉전 질서가 유지되는 혼돈의 국제질서가 불안을 가중시키고 있다.

우선 강대국 간 패권 경쟁이 심화되고 안보가 최고 우선순위가 되었으며 국제 사회는 군비 증강과 자강에 주력하고 있다. 미국, 중국, 러시아는 전술 핵무기 개발 등 핵전력을 강화하고 있다.

정치적으로 자유 민주주의가 퇴조하고 권위주의가 힘을 얻고 있다. 경제적으로 보호무역주의, 지역주의가 부상하였으며 기후변화 대응, 전염병 퇴치를 위한 글로벌 가버너스(Governance)가 어렵게 되었다.

북한은 러시아의 우크라이나 침공을 지지하고 러시아에 포탄, 미사일을 제공하는 대가로 러시아산 첨단 군사기술을 도입하고 있다. 2024년 6월 푸틴 대통령은 북한을 방문하여 포괄적 동반자 협정을 체결하였으며 러-북 관계는 28년 만에 냉전기 동맹관계로 복원되었다. 한-러 관계는 30년 만에 최악이 되었다. 앞으로 러-우크라이나 전쟁의 결과가 한반도는 물론 세계질서의 개편과 향방에 주요한 전환점이 될 것이다.

탈냉전의 30년간 주러시아, 우크라이나, 카자흐스탄 대사관 등 구소련 지역과 주탄자니아 대사로 근무한 외교 경험을 토대로 이책을 저술하였다. 2024년 8월 말 현재 러-우크라이나 전황, 경제성장률과 무역 규모 등 최신 통계 자료를 반영하였다.

이 책이 러-우크라이나 전쟁, 국제정치경제, 그리고 북핵 문제와 한반도 안보에 관심 있는 독자들에게 유익하고 도움이 되기를 기대한다. 이 책의 원고를 세밀히 읽고 교정을 해 준 집사람의 노고에 깊은 감사를 드린다.

또한 출간 과정에서 수고해 주신 북랩 관계자들께 고마움을 표한다.

2024년 10월

송금영

차 례

소련의 해체와 탈냉전 30년 평가

소련 해체는 지정학적 재앙인가

2005년 푸틴 러시아 대통령은 러 하원 연설에서 소련의 해체를 21세기 지정학적 재앙이라고 한탄하였다. 러시아는 18세기 이래 영토 확장을 통해 제국이 되었고 20세기 소련도 영토 팽창과 핵무기 보유로 세계 강대국이 되었다. 1991년 12월 소련이 70년 만에 해체되고 러시아 등 15개국이 독립하였다.

소련의 계승국인 러시아는 소련 영토의 78%로 축소되었으며 인구는 51.4%로 감소하였다. 러시아는 19세기 러시아 제국의 크기로 환원되었고 경제는 파산되어 빈곤국으로 전락하였다. 소련은 원조 공여국이었으나 러시아는 서방 원조의 수혜국이 되었다.

소련의 해체는 러시아에게 굴욕이었고 재앙이었다. 원조 수혜국으로 전락한 러시아 국민의 67%가 소련 붕괴의 날을 최악의 날로 평가했고 고르바초프 공산당 서기장(1931-2022)을 소련을 몰락시킨 장본인으로 비난하였다.

소련은 러시아 제국과 유사하게 강압적인 전제 정치, 군비 증강, 그리고 과도한 팽창으로 패망하였다. 러시아 제국은 후진성으로 1856년 크림 전쟁에 패배하였고 2류 국가로 전락하였다. 러시아 제국은 시급한 국내 개혁보다는 유럽에서 실추된 강대국의 위상을 회복하기 위해 아시아로 진출하였으며 중앙아, 연해주를 점령하였다.

그러나 만주와 한반도 지배를 두고 1904년 러-일 전쟁이 발발하였다. 러시아 제국은 영국의 지원을 받은 일본에게 패배하였다. 근대 유럽 국가로서 아시아 국가에게 패한 것은 러시아 제국이 처음이었으며 차르(Tzar)의 권위는 실추되었고 반정부 혁명의 분위기가 고조되었다. 결국 러시아 제국은 1917년 소련의 공산 혁명으로 패망하였다.

냉전 시대 소련은 1949년 핵무기 개발과 군비 증강, 1950년대 산업 발전으로 미국과 대등한 강대국이 되었다. 소련은 1960년대 동구 공산 국가들의 반소 자유화 봉기를 무력으로 진압했으며 유럽은 동-서독을 경계로 민주 진영과 공산 진영으로 분단되었다.

소련은 인도양 진출을 위해 1979년 아프간을 침공하였으나 미국과 사우디가 지원하는 이슬람 반군의 저항으로 실패하였고 결국 1989년 철수하였다. 소련의 10년간 아프간 개입은 국력을 피폐시키고 1991년 소련의 해체를 앞당겼다.

20세기 100년 동안 러시아는 1917년 러시아 제국의 패망과 1991년 소련의 해체로 극심한 혼란과 정체성의 위기를 경험하였다. 1917년 소련은 서구의 민주주의를 거부하고 인류 역사상 처음으로 공산주의 유토피아 건설을 추진하였으나 실패하였다. 그리고 1991

년 12월 소련은 해체되었으며 냉전이 종식되었다.

후쿠야마 미국 교수는 냉전의 종식을 역사의 종언[1]이며 공산주의에 대한 자유 민주주의 승리라고 평가하였다. 그는 파시즘과 공산주의 등 전체주의는 자유 민주주의와 달리 구조적으로 스스로 개혁이 어려우며 결국 자멸한다고 강조하였다. 현재 푸틴 대통령은 20년간의 언론 탄압과 강압적인 통치, 우크라이나 전쟁에 대한 과다한 군비 지출, 국가 자본주의 등 소련의 전철을 밟고 있다.

냉전 종식과 자유 국제질서의 확산

1991년 소련의 해체와 냉전의 종식은 러시아에게 지정학적 비극이었지만 여타 국가에게 축복이었다. 첫 번째 수혜국은 미국과 서방의 민주 국가들이었다. 우선 소련의 해체로 40년간의 미-소 양극의 냉전 체제가 무너지고 미국이 유일한 패권국[2]이 되었으며 자유 국제질서가 확산되었다.

탈냉전의 지난 30년간 미국 주도의 자유 국제질서가 세계화를 통해 확산되었다. 유럽연합, 일본, 한국 등 서방 국가는 평화배당금(Peace Dividend)[3]으로 군사비를 대폭 감소하였고 자유 경제질서에

---

1 Francis Fukuyama, The End of History and The Last Man, Penguin Books, 2012, 서문 pp. 11-12.

2 1991년 소련의 해체로 유럽 대륙에서 지난 500년간 처음으로 세계적 강대국이 없게 되었고 미국이 세계 초강대국이 되었다. George Friedman, The Storm Before the Calm, Anchor Books, 2021, P.83.

3 NATO 회원국 국방비는 1980년 후반 GDP의 3.1%에서 2010년 1.7%로 감소하였다. 1970

편승하여 번영을 구가하였다.

두 번째 독일이 최대 수혜자였다. 독일은 제2차 세계대전 이후 1949년 동-서독으로 분단되었다. 1990년 서독은 미국의 지원으로 40년 만에 공산 국가인 동독을 흡수하여 독일 통일을 달성하였다. 독일 통일은 유럽 공산 정권의 붕괴와 소련의 해체를 가속화시키는 기폭제가 되었으며 유럽 안보질서의 구조적 변혁을 초래하였다. 특히 선진 공산 국가인 동독의 해체는 공산 진영에 치명적인 타격이었으며 유럽 공산 국가의 자유화를 촉진시켰다.

콜 서독 수상(1930-2017)은 '태풍이 몰려오기 전에 수확을 빨리 끝내야 한다'고 강조하면서 1년 만에 평화적으로 통일을 달성하였다. 그는 동독의 해체와 독일 통일에 분노한 소련 공산당과 강경파가 득세하여 독일 통일을 보장한 조약을 준수하지 않을 것으로 전망하였다.

1991년 8월 소련의 강경파는 고르바초프 서기장이 독일통일 과정에서 너무 많이 양보했다고 비난하면서 쿠데타를 일으켰다. 그러나 당시 소련 러시아 공화국의 옐친 대통령(1931-2007)에 의해 진압되었다. 2000년 취임한 푸틴 대통령은 보수 강경파의 지지로 20년간 집권 해오고 있다. 반서방 강경파들은 독일 통일과 동부 유럽의 상실로 러시아가 강대국의 지위를 상실했다고 주장하고 소련의 위상 회복을 강조하였다.

세 번째 수혜자는 유럽의 소련 위성국가와 발트 3국(에스토니아,

년 베트남 전쟁 당시 미국의 국방비는 GDP의 8.6%를 차지하였으며 1991년 소련 해체 이후 1999년에는 GDP의 2.7%였다.

라트비아, 리투아니아)이다. 폴란드, 헝가리, 루마니아, 체코, 루마니아 등 소련 위성국가들은 냉전기 공산주의 질곡에서 벗어나 자유민주국가가 되었다. 그리고 러시아의 침공에 대비하여 북대서양조약기구(NATO)와 유럽연합(EU)에 가입하였으며 서구와 통합하였다.

1991년 구소련에서 독립한 발트 3국은 러시아가 강대국으로 복귀하기 전에 NATO와 유럽연합에 신속하게 가입하여 탈러시아에 성공하였으며 서구에 통합되었다.

네 번째 1970년대부터 미국과 손을 잡은 중국은 적대국인 소련의 해체로 반사적인 수혜자가 되었다. 중국은 시장 자본주의의 도입, 그리고 미국 주도의 세계화와 안보에 무임승차하면서 2010년 세계 2위의 경제 강국으로 부상하였다.

중국은 1964년 핵무기 개발에 성공했고 소련에 대항하기 위해 1972년 미국과 화해했으며 1979년 미국과 수교하였다. 중국은 소련보다 10년 앞서 1978년 문호를 개방하였으며 공산 체제를 유지하면서 시장경제를 도입하였다. 중국은 미국의 도움으로 소련을 견제할 수 있게 되자 경제개발에 보다 많은 자원을 투입하였다.

한편 우크라이나 등 독립국가연합(CIS)은 소련의 해체로 지정학적 혜택을 누리지 못하고 불안한 회색지대가 되었다. 우크라이나는 4백 년 동안 러시아의 지배에서 벗어나 1991년 독립하였으나 유럽과 러시아 사이에 위치한 지정학적 중요성으로 탈러시아에 실패하였다.

우크라이나는 독립 후 건국 과정에서 오렌지 색깔 혁명 등 정치적 혼란과 국론 분열, 러시아의 2014년 크림반도 병합과 2022년 러시아의 침공 등 심각한 내우외환을 당했다. 그러나 지난 30년간 CIS에서 민주국가로 발전한 나라는 우크라이나가 대표적이다.

중앙아 5개국, 조지아, 아제르바이잔, 아르메니아, 몰도바는 탈러시아에 성공하지 못했고 친러 정권이 수립되었으며 러시아의 세력권에 포함되었다. 현재 이들 국가들은 러시아와 유럽연합의 경계선에 위치하며 불안한 완충지대로 남아 있다.

1990년대 유고슬라비아의 해체는 지정학적 불행이었다. 세르비아의 슬라브 민족주의로 인해 1991-2001년 동안 유고 내전이 발생하였고 수만 명이 사망하였다. 결국 유고는 해체되었고 NATO의 군사적 개입으로 6개국이 독립하였으며 대부분 서구에 통합되었다.

아프간은 지정학의 사각지대이자 이슬람 테러 단체의 근거지가 되었다. 소련이 해체되자 1992년 아프간의 공산 정권도 붕괴되었고 아프간은 정권 장악을 위한 이슬람 군벌간 내란으로 무정부 국가가 되었다. 결국 이슬람 근본주의를 신봉하는 탈레반이 1996년 정권을 장악하였다. 탈레반의 지원을 받은 알카이다는 2001년 9월 11일 미국에 대해 테러를 자행했다.

탈냉전에도 불구하고 한반도는 남-북한이 분단된 채 유일하게 냉전의 섬으로 남았다. 한국은 소련의 해체 이후 자유 국제질서에 동참하여 경제 발전에 성공하고 10대 경제 강국이 되었다. 그러나 북한은 공산 체제의 붕괴를 우려하여 고립적인 폐쇄 정책을 고수하였으며 냉전의 고아로 전락하였다.

북한은 생존을 위해 러시아와 중국의 도움으로 핵무기를 개발했다. 북한은 2006-2017년 동안 6회에 걸친 핵실험과 탄도미사일 발사 실험을 감행했고 2017년 자칭 핵보유국이라고 선언하였다. 지난 30년간 북한은 핵무기 개발을 통해 3대 세습과 공산 체제의 유지에 성공하였으며 한반도 분단이 보다 고착되었다.

탈냉전과 '유럽공동의 집(Common European Home)'

70년간 존속한 소련이라는 거대한 건물이 1991년 무너지자 미국, 러시아, 유럽 국가들은 '유럽의 안보'라는 건물을 새로 지어야 했다. 소련 해체로 인한 힘의 공백과 분쟁을 방지하기 위해 새로운 유럽 안보질서의 구축이 시급하였다.

소련은 새로운 '유럽공동의 집'을 제안했고 미국은 북대서양조약기구(NATO)의 확대를 추진하였다. 소련과 서구는 1975년 헬싱키 의정서를 체결하여 국경선의 현상 유지, 안보의 불가분(Indivisible Security)을 토대로 유럽 공동안보를 강조하였다.

1985년 취임한 고르바초프 서기장은 소련의 만성적인 경기 침체를 극복하기 위해 개방과 개혁을 주창하였다. 그는 과다한 국방비를 축소하고 국내 개혁에 유리한 대외 여건을 조성하기 위해 1988년 유럽 남부의 스페인 리스본에서 소련 극동의 블라디보스톡을 연결하는 거대한 '유럽공동의 집(Common European Home)' 건설을 제안하였다[4].

---

4   고르바초프 서기장은 군축과 탈이데오르기를 통해 냉전 시대 공산 진영과 민주 진영 간 대립을 해소하고 국가 간 이익의 균형에 근거한 상호의존의 새로운 세계질서를 구축하고자

그는 1975년의 헬싱키 의정서를 토대로 냉전 시대의 NATO와 바르샤바조약기구(WP) 간 대립에서 탈피하고 민주 진영과 공산 진영이 대등한 파트너로서 공존할 수 있는 핵무기 없는 세계의 구축을 희망하였다.

냉전기 소련과 미국은 핵무기를 토대로 자본주의와 사회주의 간 불가피한 대립을 전제로 공존하였다. 그러나 고르바초프 서기장은 핵무기 및 재래식 군비 감축을 위해 미국과 소련이 서로 협력할 것을 주장하였다. 지난 60년간 미-소 간 적대시 정책을 포기하고 서로 협력을 제안한 것은 획기적인 사고의 전환이었으며 냉전 종식과 전쟁의 포기를 의미하였다.

그러나 고르바초프 서기장의 '유럽공동의 집' 제의는 힘에 근거한 국제 사회의 냉엄한 현실을 무시한 이상론이었다. 당시 소련은 미국과 대등한 강국이었으나 경제 파산으로 서방의 경제적 지원이 필요하였다.

소련의 계승국인 러시아도 소련과 바르샤바조약기구가 해체되었다고 하면서 NATO의 무용(無用)론을 주장하고 공동 협력을 통한 유럽안보를 강조하였다. 메드베데프 러시아 대통령(2008-2012)은 NATO 확대에 반대하고 유럽과 안보협력을 강조하면서 유럽안보조약 체결을 제안하였다. 그는 러시아가 미국과 동등하게 유럽 안보에 참여를 희망하였으며 그 이후에도 러시아는 열세를 만회하기

하였다. 그는 사회주의 다원주의를 강조하고 각국이 사회정치 체제를 결정할 권리를 강조했으며 동구 공산 국가의 자결권, 독일통일, 유럽 비핵지대, 유럽통합을 지지하였다. Stephanie L. Freeman, Dreams for a Decade(International Nuclear Abolitionism and the End of the Cold War), University of Pennsylvania Press, 2023, pp. 205-207.

위해 유럽안보조약 체결을 주장하였다.

그러나 미국은 러시아의 제안이 NATO를 해체하여 미국의 유럽 개입을 견제하는 데 목적이 있다고 보고 러시아의 '유럽안보조약 체결'과 '유럽공동의 집' 제안을 거절하였다.

러-미간 대립은 추구하는 이념적 차이에 기인하였다. 18세기 영국에서 독립한 미국의 건국 이념은 인간의 존엄성과 인권이 보장되는 자유 민주주의 확립이었으며 기독교 문명에 토대를 둔 새로운 유럽의 건설이었다. 러시아는 전통적으로 전제 정치와 강대국의 유지를 위한 영토를 확장하였다. 반면 미국의 대외 정책은 영토 확장보다는 자유 민주주의 확산이라는 이념적인 성격이 강했다. 미국은 독일이 일으킨 제1차 및 2차 세계대전에 참전하여 승리하였고 자유 민주주의를 수호하였다.

당시 부시 대통령은 미국이 '유럽공동의 집'에서 제외될 것을 우려하였으며[5] 미국과 NATO는 서로 공유하는 유럽의 가치, 문화, 유산을 토대로 새로운 유럽의 비전을 모색하였다. 미국은 동구의 공산 국가는 서방 경험을 공유하나 소련은 서방 경험을 공유하는 국가로 간주하지 않았으며[6] '유럽공동의 집'에서 체제, 문화, 가치가 상이한 유럽과 소련이 평화롭게 살기가 어렵다고 보았다.

부시 대통령은 방에서 다른 방으로 자유롭게 이동할 수 있을 때 유럽공동의 집이 가능하다고 강조하고 우선 소련이 세운 철의 장막

5 상게서, p. 228.
6 상게서, p. 227.

의 제거를 요청하였다7. 그는 냉전이 유럽 분단에서 시작된 만큼 유럽이 하나로 통합될 때 냉전이 종식된다고 보았고 분단된 유럽의 통합이 급선무였다.

부시 대통령은 1989년 3월 자유 민주국가로 구성된 '하나로 통합된 자유 유럽(a Europe, whole and free)' 방안을 제시하였다. '자유 유럽의 통합'이 지난 30년간 유럽 안보와 번영의 기조가 되었다. 민주국가만 '자유 유럽의 클럽'에 가입할 수 있게 되었으며 자유 국제질서의 혜택을 누리게 되었다. 1990년 10월 통일된 독일이 자유 유럽을 통합하는 강력한 엔진이었다.

러시아가 유럽에 통합되기 위해서는 인권이 보장되는 민주국가로 발전하는 것이 급선무였다. 1990년대 미국은 러시아와 유럽 공산 국가가 민주국가로 발전하고 자유 국제질서에 통합될 수 있도록 지원하였다. NATO가 체제 전환의 불안한 시기에 유럽의 안전을 보장하는 역할을 하였다.

결국 러시아는 핵 강국에도 불구하고 경제 파산으로 '유럽공동의 집'을 지을 여력이 없었으며 미국의 방안을 수용했다. 러시아가 보유한 수만 개의 핵무기는 전쟁을 억지할 수는 있어도 유럽공동의 집을 지을 수가 없었다.

소련은 군사적으로 거인이었으나 경제적으로 난장이었다. 1990년대 경제 파탄으로 독일 정부가 지원한 수백억 달러의 원조자금으로 동독 주둔 40만의 병역을 철수했고 소련에 군인용 아파트를

---

7   Edited by Andrew S. Natsios and Andrew H. Card Jr., Transforming our World, Rowman & Littlefield, 2020, p.79.

건설하였다.

　지난 30년간 러시아가 유럽 국가인지 아닌지 여부가 러시아의 정체성과 대외관계에 큰 영향을 미쳤다. 2000년 취임한 푸틴 대통령은 2001년 러시아는 유럽 국가라고 강조하고 유럽과의 협력을 희망하였다. 그는 러시아가 핵 강대국이고 유엔 안보리 상임이사국인 만큼 유고 내전의 해결과 NATO 확대, 유럽통합 등 주요 문제의 협의 과정에 미국과 대등한 당사국으로 참가를 희망하였다.

　그러나 유럽연합과 미국은 거절하였다. 1990년 동-서독 통일, 1999-2004년간 NATO와 유럽연합(EU)의 확대, 2008 러시아의 조지아 침공으로 러시아-유럽 관계는 악화되었다. 러시아가 2022년 우크라이나를 침공하자 유럽연합은 강한 대러 제재를 단행하였으며 러시아는 유럽에서 퇴출당했다.

　푸틴 대통령은 러시아가 유럽통합에 참가하고 유럽 국가로 존속을 희망하였으나 유럽이 러시아를 거절하였다고 주장하면서 책임을 유럽에 전가하였다. 지난 4세기간 러시아는 유럽의 선진문물을 도입하여 후진성을 극복하고 강대국으로 부상하였으며 유럽 국가로 존속하였다. 최근 러시아는 유럽 진출이 어렵게 되자 아시아 중시 정책으로 전환하면서 중국, 인도와 협력을 강화하고 있다.

미국의 패권 확립과 NATO 확대

　1991년 소련이 해체되자 미국이 유일한 초강대국이 되었으며 미국 주도의 자유 국제질서가 확산되었다. 그러나 러시아는 소련의 계승국으로서 수만 개의 핵탄두를 보유하였으며 미국에게 잠재적으로 가장 위험한 국가였다. 미국은 탈냉전의 전환기에 핵무기 통제가 최대 안보 현안이었으며 핵무기 확산을 우려하여 소련 해체에 반대하기도 하였다.

미국은 러시아의 침공을 견제하고 유럽 국가 간 갈등 방지와 유럽의 안전보장을 위해 NATO 확대를 추진하였다. 그리고 전술 핵무기를 유럽에 계속 배치하였다. 1999-2021년간 소련의 유럽 위성국가와 발트 3국이 NATO에 가입하였다. 러시아의 우크라이나 침공 이후 중립국인 핀란드와 스웨덴이 NATO에 가입하여 2024년 9월 현재 NATO 회원국은 32개국으로 확대되었다.

NATO 확대는 유럽통합과 미국의 세력권 확대에 기여하였으나 러시아는 냉전기 소련이 확보한 유럽의 세력권 대부분을 상실하였다. NATO 확대는 무정부의 국제 사회에서 전형적인 안보 딜레마를 초래했다.

러시아는 '타국의 안보를 희생해서 자국의 안보를 강화해서는 안된다'는 안보의 불가분성을 강조하고 NATO 확대에 강하게 반대하였다. 러시아는 강대국으로 복귀를 위해 구소련 국가와 유럽의 공산 국가들이 최소한 NATO에 가입하지 않고 비핵지대와 완충 지역으로 남아 있기를 희망하였다.

결국 러시아는 유럽에서 퇴출되어 NATO 집(House)에서 잘 방이 없게 되었으며 차가운 평화(Cold Peace)와 안보 위협에 직면하였다. 1999년 5월 NATO가 유엔 안보리의 동의 없이 러시아의 우방국인 세르비아를 공습하자 러시아는 자국에 대한 간접적인 공격으로 간주하였다. 그리고 1999년 러시아는 자국 안보를 위협하는 제2차 체첸 전쟁(1999-2009)과 테러의 발생에 대한 서방의 무관심에 분노하였으며[8] 서방에 대항할 수 있는 강대국의 복귀를 갈망하였다.

러시아는 NATO 확대를 방지하기 위해 2008년 조지아 침공, 2014년 크림반도 병합 등 공세적인 대외 정책을 추진하였다. 러시아는 중국과 전략적 유대를 통해 미국 패권에 도전하였다. 러시아와 중국은 모두 유라시아 비민주 국가로서 미국 주도의 민주주의 확산에 반대하며 다극적 국제질서의 구축에 이해가 일치하였다.

러시아의 우크라이나 침공과 탈냉전의 붕괴

지난 30년간 러시아는 소련의 해체와 NATO 확대로 인해 상실한 지정학적 공간을 회복하고 강대국의 복귀를 추구하였다. 1991-1999년간 재임한 옐친 대통령은 무엇보다 탈소련과 경제회복을 위해 민주주의와 시장경제 도입, 친서구 정책을 추진했다. 그러나 러시아는 서방의 지원에도 불구하고 정경 유착과 구조적 부패, 개혁-강경 정당 간 대립, 1996년 경제위기와 1차 체첸 전쟁(1994-1996) 등으로 강대국의 복귀에 실패하였다. 러시아 경제의 규모는 1990-1998년 동안 45% 축소되었다. 반면 미국의 경제 규모는 1990년대 40% 확대되었으며 미국은 호황기를 누렸다.

1990년대 러시아의 경제위기와 사회적 혼란, 그리고 1999년

---

8   Stephen J. Hadley, Hand-off(The Foreign Policy George W. Bush passed to Barack Obama), Brookings Institution Press, 2023, pp. 393-405.

NATO 확대가 푸틴 대통령의 부상과 러시아 강경파의 득세에 기여하였다[9]. 러시아 국민은 1998년 경제위기로 서구식 경제개혁에 실망하였다. 군과 정보, 검찰을 장악한 실로비키(siloviki) 중심의 강경파는 미국이 자본주의 도입을 통해 소련을 붕괴시키고 러시아를 파괴하고 있다고 주장하였다. 2000년 취임한 푸틴 대통령은 국민들의 서구에 대한 강한 반감과 민족주의, 그리고 경제회복을 토대로 장기 집권해 오고 있다. 러시아 국민들은 법의 지배와 자유 민주주의보다는 강한 국가를 통한 안정과 개인적 행복을 추구하였다.

푸틴 대통령은 집권 1-2기 동안(2000-2008년) 강한 러시아 건설을 주창하면서 무력으로 체첸 반란을 진압하고 사회적 안정을 회복하였다. 러시아는 국가 자본주의와 국제 고유가에 힘입어 경제회복에 성공하였으며 실용적인 대외 정책을 통해 강대국에 복귀하였다.

러시아 대통령은 헌법 규정상 연속 3회에 대통령에 출마할 수가 없다. 푸틴은 2008-2012년간 총리직을 수임하고 대신 메드베데프(1965-)가 대통령이 되었다. 메드베데프 대통령은 임시 대행자였으며 푸틴 총리가 실권을 행사하였다.

푸틴 대통령은 집권 3-4기 동안(2012-2024년) 미국발 금융위기(2008년) 이후 미국의 국력이 쇠퇴하자 구소련 지역에 대한 주도권 장악을 위해 공세적인 대외 정책을 추진하였다. 러시아는 중국과 전략적 유대를 통해 NATO 확대와 미국의 패권에 반대하는 수정

---

9   Matthew Kroenig, The Return of Great Power Rivalry(Democracy versus Autocracy from the Ancient World to the U.S. and China), Oxford University Press, 2020, pp. 155-163.

주의 국가가 되었다.

푸틴 대통령은 서방의 민주주의가 러시아의 정체성과 국익을 저해하는 주요한 적이라고 강조하였다. 그는 서구와의 통합을 거절하고 서구 문명과 별개의 '러시아 세계'를 구축하여 러시아가 다극적 국제질서의 한 축이 되어야 한다고 강조하였다.

푸틴 대통령은 2007년 뮌헨안보회의(MSC)에서 미국의 패권을 강하게 비난하였다. 러시아는 NATO 확대에 대항한다는 명목으로 2008년 조지아를 침공하였으며 2014년 흑해의 요충지인 크림반도를 병합하고 2022년 우크라이나를 침공하였다.

러시아의 우크라이나 침공은 전형적인 제국주의 정책이다. 지난 300년간 러시아의 대외 정책은 영토 확장과 대국주의가 특징이다. 20세기 소련은 제2차 세계대전에 연합군으로 참전하고 승리한 대가로 유럽에 영토를 확보하고 동구 유럽에 공산 위성국가를 설립하였다. 소련은 냉전기 유럽 대륙의 50%를 지배하였으며 공산 제국으로 군림하였다.

푸틴 대통령도 19세기 러시아 제국의 차르처럼 우크라이나를 점령하여 소련의 위상을 회복하고 종신 집권을 꿈꾸고 있다. 그는 2020년 헌법 개정을 통해 2036년까지 집권의 길을 열었으며 2024년 3월 대선에서 압도적인 득표로 재선되었다. 최근 우크라이나 전쟁이 장기화되면서 집권 5기를 맞이한 푸틴 대통령은 무기 고갈, 2024년 3월 모스크바 테러 사건, 대외적 고립 등 어려움에 직면하고 있다.

미-러 적대 관계와 유럽의 재분단

미국은 2022년 러시아의 우크라이나 침공을 강하게 비난하고 대러 제재 조치를 단행하였으며 우크라이나를 적극 지원하였다. 러시아의 우크라이나 침공은 제2차 세계대전 이후 NATO 주도의 유럽 안보질서에 대한 정면 도전이며 자유 국제질서의 근간을 뒤흔드는 큰 충격이었다.

지난 30년간 유지되어 온 미-러 간 협력 관계는 적대 관계가 되었다. 2014년 러시아의 크림반도 병합과 2022년 우크라이나 침공은 탈냉전의 종식[10]을 가져왔다. 미국의 패권 질서가 흔들리고 강대국 간 대립이 본격화되면서 신냉전이 가시화되고 있다. 냉전 시대 민주-공산 진영을 가르는 동-서독의 분단선이 러-우크라이나 국경선으로 이동하였으며 유럽이 다시 분단되었다. EU는 유럽-러시아 간 무역 확대와 상호 의존성 증대를 통해 '통합된 자유 유럽'을 구축하여 전쟁을 방지하고자 하였다. 그러나 러시아는 NATO와 EU 확대를 자국 안보에 대한 심각한 위협으로 간주했으며 결국 서구와 결별하였다.

---

[10] 미국은 1993-2014년간의 탈냉전 시대 세계 패권국가로서 세계 평화와 안정을 유지하였다. 미국의 대외 정책은 국익과 동맹국의 보호보다는 자유 민주주의 확산을 위해 타국의 정치와 경제제도를 변환(transformation)하는 데 주안점을 두었으나 실패하였다. 미국은 중국, 러시아가 민주자본주의 국가로 전환할 수 있도록 지원하였으나 중국, 러시아는 반미 국가가 되었다. 미국은 민주국가의 재건을 위해 이라크, 아프간, 소말리아, 코소보에 개입하였으나 실패하였으며 이란과 북한의 핵 개발을 방지하지 못했다. 2014년 러시아의 크림반도 침공 이후 중국, 러시아가 반서방 수정주의 국가로 부상하였으며 국제질서는 전통적인 강대국 간 대립의 시대로 복귀하고 있다. Michael Mandelbaum, Mission Failure (America and the World in the Post Cold War Era), Oxford University Press, 2016, pp. 311-366.

이스메이(L.Ismay) NATO 초대 사무총장은 1949년 창설된 NATO 목적이 '유럽에서 소련을 축출하고 미국을 개입시키며 독일의 부상을 억누르는 것(keep the Soviets out, the Americans in, the Germans down)'이라고 강조했다. 지난 70년간 NATO는 미국을 개입시키고 소련(러시아)의 축출에 성공하였으나 러시아의 2014년 크림반도 점령과 2022년 우크라이나 침공을 방지하지 못했다.

러시아의 우크라이나 침공으로 미-러 관계는 냉전 시대로 복귀하였으며 미국의 대러 정책은 실패하였다. 실패 요인은 미국은 민주주의가 20세기 파시스트와 공산주의에 승리하였다는 과도한 자신감으로 러시아의 저력을 과소평가한 데 기인하였다[11].

탈냉전기 미국의 대러 정책은 1) 러시아의 시장경제 개혁을 지원하여 미-러 양국이 민주주의 동반자로 발전하고 2) 핵 군축과 전략적 안정성을 통해 세계안전을 확보하며 3) 러시아를 유럽-대서양 공동체(Euro-Atlantic Community)에 통합시키는 것이었다. 미국은 러시아의 대유럽 침공과 세력권 확대를 방지하기 위해 군비 통제, NATO 확대, 지정학적 다원주의를 주장하였다[12].

미국은 제2차 세계대전 이후 적대국이었던 독일과 일본의 재건을 지원하여 민주국가로 발전시키고 자유 국제질서에 통합시킨 경험을 토대로 러시아도 서방의 한 가족이 될 수 있도록 지원하였다.

---

[11] 탈냉전의 초창기 미국은 자유주의 패권 유지를 위해 러시아를 유럽-대서양 공동체에 통합시키고 중국이 규범 기반의 국제 사회에서 책임 있는 당사자(Stakeholder)가 되도록 지원하였으나 모두 실패하였다. 2017년 취임한 트럼프 미국 대통령은 중국과 러시아를 미국에 도전하는 경쟁자로 간주하였다. Editor Stephen J. Hadley, 전게서, p. 412.

[12] Thomas Graham, Getting Russia Right, Polity, 2024, pp. 26-31.

그러나 러시아는 미국의 대러 정책이 러시아의 강대국 복귀를 방지하는 데 목적이 있다고 보고 반발하였다. 러시아는 중국과 연대를 통해 미국에 정면 도전하는 수정주의 국가로 변모하였다. 지난 30년간 러-미 관계는 2008년 러시아의 조지아 침공으로 악화되었고 러시아의 2014년 크림반도 병합과 2022년 우크라이나 침공으로 적대 관계가 되었다. 다만 미-러 간에 성공적인 것은 양국 간 핵무기 감축이었다[13].

중국의 부상과 미-중 패권 경쟁

1991년 소련의 해체와 지난 20년간의 러-미 대립, 미국의 국력 쇠퇴가 중국의 부상에 유리한 여건을 형성하였다. 1960-1985년간 중-소련은 이념 대립과 국경분쟁으로 서로 적대 관계였으나 1985년 취임한 고르바초프 소련 서기장의 개방 정책으로 양국 관계는 복원되었다.

소련의 해체는 공산 정권의 붕괴 등 유럽에 자유 국제질서가 확산되는 등 대변혁을 초래했으나 소련 영토의 70%를 차지하는 극동지역은 변동이 없었으며 아시아 공산 진영은 무풍지대였다. 그 이유는 아시아 냉전의 기원과 발전이 유럽과 상이한데 기인한다. 1960년 이후 소련과 중국은 세계 공산 진영의 주도권을 놓고 서로 대립하였고 상호 독립된 정치, 경제 체제를 운영했다. 소련이 유럽

---

13 Editor Stephen J. Hadley, 전게서, p. 411.

의 공산 진영을 장악했으나 아시아 공산권에 대한 영향력 행사에 한계가 있었다. 중국은 반서구적인 사회주의 체제를 고수하면서 주변국에 대한 전통적인 통치 방식을 토대로 소련의 진출에 대항하고 아시아 공산권에 대해 영향력을 행사하였다[14].

중구 및 동구 공산 국가는 1991년 소련의 해체 이후 탈공산화하여 서구의 민주사회에 통합되었다. 그러나 중국, 베트남, 북한 등 아시아 공산 정권은 붕괴되지 않았고 아직도 공산당 독재의 사회주의 체제를 유지해 오고 있다.

중국은 1989년 민주화 시위인 천안문 사태를 무력으로 진압하고 탈냉전의 자유주의 확산을 막아주는 방파제 역할을 하였다. 중국 공산당은 1990년대 초 동구 유럽 공산 정권의 붕괴와 소련 해체의 여파가 중국으로 확산되는 것을 극도로 경계하였다.

중국은 천안문 사태와 소련의 해체를 실질적 안보 위협으로 간주했으며 미국이 자유 민주주의 확산을 위해 배후에서 조종한 것으로 보았다[15]. 중국은 천안문 사태를 계기로 미국을 중국 사회주의 체제의 전복을 추구하는 이념적 위협 국가로 보았고 소련의 붕괴 이후 미국을 지정학적 위협 국가로 간주하였다.

소련과 중국 공산당은 공히 1980-1990년간 정권의 생존을 위해 시장경제 도입 등 구조적인 개혁과 대외 개방을 단행하였다. 소련은 실패하여 1991년 붕괴했고 중국은 생존하였다. 소련의 계승국

14 Zhihua Shen and Danhui Li, After Leaning to One Side(China and Its Allies in the Cold War), Stanford University Press, 2011, pp. 216-218.

15 Gerlinde Groitl, Russia, China and the Revisionist Assault on the Western Liberal International Order, Palgrave Macmillan, 2023, PP. 234-237.

인 러시아는 1990년대 시장경제 개혁에 실패하여 경제위기를 경험하였다. 반면 중국은 수출 주도의 산업 정책을 통해 연간 10%의 경제 성장을 시현하였으며 사회주의 자본주의 국가로 발전하였다.

중국은 소련의 해체를 반면교사로 공산당의 통치를 강화하면서 국가 주도의 자본주의 경제 발전에 성공했다. 중국은 2001년 세계무역기구(WTO)에 가입하였으며 투자 유치와 무역 급증에 힘입어 고도 경제성장을 달성하였다. 2008년 중국은 북경올림픽의 성공적 개최를 통해 공산당 일당 독재에 대한 중국 국민들의 지지를 확고히 하였다.

2010년 중국은 세계 제2위 경제 강국이 되었으며 군사력을 증강하면서 팽창적 대외 정책을 추진하였다[16]. 중국의 국내총생산(GDP)은 1980년 3,000억 달러에서 2015년 11조 억 달러로 증가했으며 중국의 대외무역은 1980년 400억 달러에서 2015년 4조 억 달러로 급증하였다. 중국은 세계의 공장으로서 2008-2018년간 세계 경제 발전을 견인하였으며[17] 중국의 GDP는 2015년 미국 GDP의 61%를 차지하였다.

중국 경제는 고도성장을 구가한 반면 미국 경제는 쇠퇴하였다. 미국은 2001년 9.11 알카이다의 테러 공격[18], 2001-2021년간 미국

---

16 Susan L. Shirk, Overreach(How China Derailed Its Peaceful Rise), Oxford University Press, 2023, pp. 14-22.

17 Graham Allison, Destined for War, Houghton Mifflin Harcourt, 2017, pp. 6-12.

18 9.11 테러 공격은 미국에게 1941년 일본의 진주만 기습과 유사한 심리적 충격과 공포감을 주었다. 미국은 테러 척결을 위해 2001년 아프간을 침공하고 2003년 이라크를 침공하는 등 이슬람에 대한 과도한 군사력 사용으로 국력을 소모하였다. 이슬람과의 18년간 전쟁은 미국이 제국으로서 수행한 첫 전쟁이었다. 조지 프리드만 지음/홍지수 옮김, 다가오는 폭풍

의 아프간 침공과 개입, 2003년 미국의 이라크 침공, 2008년 미국 발 금융위기 등으로 국력을 소모하고 경제 동력이 감소했다.

2012년 취임한 시진핑 주석(1953-)은 공산당의 장기 집권과 중국 의 강대국 부상을 위해 신형대국론을 주장하면서 미국의 패권에 도전하고 있다. 그는 중국이 19세기 서구 제국주의 침공으로 상실 한 패권적 위상을 되찾고 공산당 창당 100주년이 되는 2049년 세 계 강대국으로 부상하고자 한다. 중국은 1991년 소련의 해체로 냉 전이 종식되지 않았으며 새로운 다른 형태로 냉전이 지속되고 있 다[19]고 보며 탈패권적 다극 국제질서의 구축을 주장하고 있다.

중국은 지정학적으로 대륙과 바다를 접한 유라시아 주변 국가로 서 육지와 해양으로 국력을 투사하고 있다. 2022년 집권 3기를 맞 이한 시진핑 주석은 지난 10년간 일대일로 사업과 공세적 팽창 정 책을 통해 전세계적으로 중국 중심의 물류망을 구축하고자 하였다.

우선 중국은 러시아와 전략적 유대 강화를 통해 유라시아 대륙으 로 진출하였다. 그리고 국경을 접한 중앙아시아, 몽골, 북한을 주요 한 세력권으로 러시아와 공동 관리하고 있다. 그리고 해군력을 강 화하면서 동중국해 및 남중국해를 군사화하고 태평양 진출을 본격 화하고 있다.

중국의 해양 진출은 태평양에서 미국과 정면 대립하고 있다. 미 국은 2011년 중국의 팽창을 견제하기 위해 아시아 중시 정책을 채 택하였으며 2018년 중국을 미국의 안보와 국익을 저해하는 도전

과 새로운 미국의 세기. 김앤김북스, 2020, PP.140-144.

19 Gerlinde Groitl, 전게서, p.236.

국가로 지목하였다. 미국은 자유 항해의 인도태평양 전략을 통해 아시아 동맹 국가와 협력을 강화하고 안보협의체인 QUAD, 안보 동맹인 AUKUS 등 소다자 네트워크를 구축하고 있다.

중국은 미국의 인도·태평양 전략을 대중국 봉쇄 정책으로 보고 있으며 러시아와 합동군사훈련으로 미국에 맞서고 있다. 최근 인도·태평양 지역은 미, 영, 일본, 호주의 해양 세력과 러시아, 중국, 인도 등 유라시아 대륙 세력 간의 각축장이 되고 있다.

강대국 경쟁과 지정학의 복귀

21세기 미-중 간 패권 경쟁[20], 미-러 간 대립, 글로벌 사우스(Global South) 부상 등 강대국 간 경쟁이 심화되고 국제질서가 다극화되면서 지정학이 다시 부상하였다. 특히 비서방 국가인 중국이 미국 주도의 자유 국제질서에 대항하는 수정주의 세력으로서 부상하면서 지정학적으로 큰 충격을 주고 있다.

지정학은 19세기 서구 제국주의의 세계적 팽창과 식민지 지배, 20세기 미국의 대소련 봉쇄 정책의 지침으로 활용되었으며 현실주의 이론의 토대가 되었다[21]. 지정학은 하나의 지구를 장기판으로 보

---

20 미국은 탈냉전기에 중국의 민주화와 자유 국제질서에 편입을 위해 중국의 시장 주도 경제 발전을 지원하는 개입 정책(engagement)을 실시하였으나 중국 공산당과 국내 정치의 이해 부족으로 실패하였다. Aaron L. Friedberg, Getting China Wrong, Polity, 2022, pp. 1-4.

21 Gerard Toal, Oceans Rise Empires Fall(Why Geopolitics hastens climate catastrophe), Oxford University Press, 2024, pp. 32-41.

며 영토와 공간을 확보하려는 국가 간의 투쟁의 장으로 간주한다.

서방에서 체계화된 지정학은 약소국에 대한 강대국의 침공과 패권적 지배를 정당화하며 유라시아 대륙의 세력균형을 통해 패권국가의 출현을 방지하고 해양 세력이 세계를 지배하는 데 주안점을 두었다.

지정학은 유라시아 심장 지대, 주변 지대론, 해양 중심론으로 대별되며 강대국 간 패권 경쟁을 대륙-해양 세력 간 대립으로 설명한다. 19-21세기 영국, 미국 등 해양 세력이 독일, 러시아 제국, 소련 등 대륙 세력의 팽창을 견제하면서 패권을 유지하였다. 19-20세기 독일과 러시아는 유라시아 패권 확보를 위해 영토 확장과 해양 진출을 시도하였으나 해양 세력에 막혀 실패하였다. 특히 독일은 제1 및 2차 세계대전을 일으켜 유럽의 패권을 장악하고자 하였으나 미국의 개입으로 실패하였다. 소련은 미국의 봉쇄 정책으로 해양에서 주도권을 장악하지 못하고 1991년 붕괴하였다.

1904년 한반도와 만주 지배를 두고 발생한 러-일 전쟁의 초창기에 영국의 지리학자 멕킨드(H. J. Mackinder)는 유라시아 심장 지대(Heartland)를 주장하였다. 그는 '심장 지대를 지배하는 자가 세계를 지배한다'는 가설을 제시하였다[22]. 유라시아 심장 지대는 구소련의 영토와 비슷하다.

반면 미국의 스피크만(N. J. Spykmanks, 1893-1943)은 유라시아 주변

---

22 Mackinder는 제1차 세계대전이 종료되는 해인 1919년 출간한 '민주주의 이상과 현실(Democratic Ideals and Reality)'이라는 저서에서 유라시아 심장 지대(Heartland)를 언급하면서 지정학의 중요성을 강조하였다. Gerard Toal, 상게서, pp. 49-65, p. 74.

지대(Rimland)의 중요성을 강조하였다. 그는 미국이 유럽, 중동, 인도, 중국 그리고 태평양과 인도양 연안에 위치한 유라시아 주변 지대를 장악하여 유라시아 강대국의 해양 진출과 대외 팽창을 견제해야 한다고 강조하였다[23].

멕킨드와 스피크만은 강대국의 세계 전략에 있어 대륙의 중요성을 강조하였다. 반면 미국 해군 장교인 마한(A.T. Mahan, 1840-1914)은 1890년 대륙보다 해양이 중요하며 해군력의 증강을 강조하였다[24]. 그는 미국이 인도양과 태평양을 지배함으로써 유라시아 국가들의 해양 진출을 견제할 수 있다는 것이다. 러시아는 해양 진출이 막혀 부를 축적하기 어려우며, 이 같은 불만으로 공격적인 행태를 보인다고 분석하였다. 케넌(G. F. Kennan)은 1949년 소련의 팽창을 저지하기 위해 마한의 지정학을 토대로 미국의 대소 봉쇄 정책을 제안하였으며 채택되었다.

미국은 중국과 러시아에 비하면 지정학적으로 축복받은 국가이다. 러시아는 역사적으로 수천 km의 국경선을 접한 인접국들과 전쟁으로 점철되어 왔다. 러시아는 유라시아 내륙 국가로서 부동항을

---

23 Spykmanks는 '세계정치에서의 미국 전략(America's Strategy in World Politics)'이라는 저서를 통해 세계가 직면하고 있는 위험성을 평가하는데 지정학이 중요하다고 강조하고 미국의 세계 전략 수립에 이론적 근거를 제시하였다. 그는 국제 사회는 무정부 사회로서 모든 국가들은 생존을 위한 공간을 확보하기 위해 투쟁하며 도덕적인 가치는 권력 확보를 위한 명분이라고 강조하는 등 현실주의적 입장을 대변하였다. Robert D. Kaplan, The Revenge of Geography, Random House, 2012, pp.89-113. 참조

24 Mahan은 1890년 '해군력이 역사에 미친 영향(The Influence of Sea Power upon History)', 1900년대 출간한 '아시아의 문제들(The Problems of Asia)'이라는 저서를 통해 인도양과 태평양이 세계를 지배하는데 주요한 요충지라고 강조하고, 해군이 육군보다 중요하다고 지적하였다. Graham Allison, 전게서, pp. 68-69.

확보하여 대양으로 진출하는 것이 최대 현안이었다. 중국은 유라시아의 주변 지대에 위치한 내륙국이다. 특히 중국과 러시아는 각 14개 국가들과 국경선을 맞대고 있으며 영토분쟁으로 안보가 항상 불안하다. 중국은 인도, 일본, 베트남, 필리핀과 영토 분쟁 중이며 대부분 에너지를 해양으로 수입하여 에너지 안보가 취약하다.

반면 해양 국가인 미국은 캐나다, 멕시코 등 우호적인 국가와 국경선을 접하며 대서양과 태평양에 인접해 있어 대양 진출이 용이하였다. 대서양과 태평양은 유라시아 적대 세력의 침공을 막아주는 미국의 주요한 방파제였다. 미국은 19세기 대양의 덕택으로 유럽 강국의 침입에서 자유로웠고 20세기 제1차 및 2차 세계대전 이후 강대국으로 부상하였다. 그리고 1991년 소련의 해체로 마침내 21세기 세계 패권국가가 되었다. 미국은 에너지 생산 대국이며 달러 패권으로 세계 금융의 주도권을 장악하고 있다.

탈냉전의 지난 30년간 미국의 패권 질서는 미-러 간 전략적 안정을 유지하고 중국을 자유 국제질서에 포용하려는 제도와 규범의 확대를 특징으로 한다. 그러나 2022년 러시아의 우크라이나 침공으로 탈냉전의 단극 체제는 붕괴하고 미국 주도의 자유 국제질서는 심각한 도전에 직면하고 있다.

우크라이나 전쟁의 장기화와 2023-2024년 이란-이스라엘 간 무력 대립으로 세계질서는 강대국 간 지정학적 경쟁이 심화되고 있다. 러시아는 미국, 중국과 비교할 경우 군사 강국이나 경제적으로 약체이다. 2023년 세계 GDP 비중에 있어 미국은 24.7%, 중국은 20%, 러시아는 2%이다.

우크라이나 전쟁이 장기화되면서 러시아는 국력이 약화되고 반사적으로 중국의 영향력이 확대되고 있다. 앞으로 국제질서는 미-중 중심의 양극 체제로 발전하고 러시아는 하위 국가로 전락할 수가 있다. 냉전기 미-소 양극 체제에서 하위국가였던 중국이 러시아를 대체하고 있다.

미국과 중국은 상이한 세계관과 이념, 정치 체제로 인해 평화적 공존이 어려우며 갈등과 경쟁 중심의 대립적 공존으로 발전하고 있다. 중국은 19세기 서구 제국주의 지배와 침탈을 치욕으로 간주하며 미국 중심의 국제질서에 강력한 현상타파 세력으로 부상하고 있다.

미국은 인간의 권리와 존엄성을 보장하는 다당제 민주주의 국가이나 중국은 인권보다는 국가의 우위를 강조하는 국가주의이며 야당을 인정하지 않는 공산당 독재 체제이다. 중국은 정치적 다원주의가 공산당의 통치와 국가의 안보를 심각하게 위협한다는 이유로 인정하지 않는다. 중국은 서구식 정치 체제를 도입하면 서구의 노예가 된다고 보고 중국식 사회주의 체제를 고수하고 있다.

최근 강대국 간 지정학적 대립은 첨단 기술의 발달로 우주[25]와 사이버 공간까지 확대되어 다층화되고 있다. 특히 반도체, 인공지능의 발전으로 핵무기와 재래식 무기의 경계선이 모호해지고 있으며 첨단 기술에 대한 패권 경쟁이 심화되고 있다. 미, 중, 러시아는 실

---

25 미, 러, 중 3국은 정찰위성을 통해 상대방의 핵미사일, 잠수함 등 전략적 자산과 병력 배치를 파악하고 적의 정찰위성을 파괴하는 신무기 개발 등 우주 경쟁이 본격화되고 있다. 러시아와 중국은 재래식 무기에서 우세한 미국에 대항하기 위해 정찰위성의 공유 방안 등 우주 협력을 추진하고 있다.
Tim Marshall, The Future of Geography(How the Competition in Space will Change Our World), Scribner, 2023, pp.105-170.

전에 사용 가능한 전술 핵무기와 미사일 방어망이 요격하기 어려운 극초음속 미사일을 배치하였으며 정찰위성을 파괴하는 무기를 개발하고 있다.

탈냉전과 북한의 핵무기 개발

1991년 소련의 해체와 탈냉전은 파키스탄과 북한의 핵무기 개발을 촉진시켰다. 탈냉전 이후 유라시아의 파키스탄, 북한은 러시아, 중국의 지원으로 핵 무장국이 되었으며 2024년 9월 현재 전 세계 공식 및 비공식 핵보유국은 총 9개국이다.

중국은 인도를 견제하기 위해 핵 개발 기술을 파키스탄에 제공했으며 파키스탄은 1998년 핵실험에 성공하였다. 미-러, 미-중, 중-인도 등 강대국 간의 대립이 유라시아 핵 확산에 유리한 분위기를 조성하였다.

북한의 핵미사일 개발은 소련(러시아), 중국, 파키스탄의 합작품이었다. 특히 중국은 한반도 비핵화를 지지하나 미국에 대항하기 위해 실질적으로 북한의 핵 개발을 지원하였다. 중국은 남중국해 및 동중국해의 군사화, 대만 문제를 두고 미국과 첨예하게 대립하고 있으며 대미 견제가 중국의 최대 안보 현안이다.

냉전기 북한의 방파제였던 소련의 해체와 1990년 10월 서독 주도의 독일통일은 북한에게 심각한 충격이었다. 소련의 계승국인 러시아는 1990년대 자본주의 도입과 서구화 정책을 추구하면서 공산 국가인 북한과 거리를 두었다.

1996년 러-북 관계는 냉전 시대의 동맹관계에서 일반적인 국가 관계로 격하되었다. 당시 중국도 자본주의 도입과 투자유치를 위해 한국과 서방국과 협력을 강화하였으며 중-북 관계는 소원되었다.

북한은 1948년 공산 정권의 수립 이래 최대의 존립 위기에 직면하였으며 위기 타파를 위해 핵무기 개발에 주력하였다. 북한은 2006-2017년간 6회 핵실험을 실시하고 대륙간탄도미사일(ICBM)을 개발했으며 2017년 자칭 핵무장 국가를 선언하였다. 미국은 2018년 국방전략 문건에서 중국, 러시아, 이란, 북한을 미국의 안보 우려 국가로 지목하였다.

최근 북한은 압도적인 한-미 동맹의 군사력에 대항하기 위해 선제 핵 공격을 강조하는 등 긴장을 높이고 있다. 2022년 러시아의 우크라이나 침공 이후 북한은 미-러 관계의 악화를 이용하여 미사일 발사 실험 등 핵전략을 고도화하고 있다.

한편 북한의 핵무기 개발은 러시아와 중국에게 전략적 자산과 동시에 부담이다. 러시아와 중국은 미국, 일본에 대항하는 헤징(hedging) 방안으로 북한 핵 개발을 이용하여 지정학적 이익을 확보하고자 한다. 소련과 중국 공산 정권은 한반도의 공산화를 위해 1950년 북한의 남한 침공을 지원하였다.

북한은 중국의 유일한 동맹국이다. 중국과 북한은 서로 연루(entrapment)와 방기(abandonment)를 경계한다. 중국은 1961년 체결한 북-중 우호 및 상호원조 조약을 2021년 갱신하였으나 북한의 도발로 인하여 발생하는 분쟁에 연루되지 않도록 유의하고 있다. 북한은 중국이 위기 시 전략적 이익을 앞세워 미국과 타협 등 북한을 방기할 것을 우려하며 이에 대한 대안으로 핵무기를 활용하고 있다.

중국은 미국의 동맹국인 한국의 주도로 한반도가 통일되는 것보다는 북한의 핵 보유와 한반도의 현 분단이 자국에게 유리하다고 보고 있다. 미-중 간 경쟁이 심화될수록 북한의 전략적 가치는 제고될 것이다. 다른 한편으로 중국은 일본과 한국의 핵 개발을 초래할 수 있는 북한의 과도한 핵무장을 경계하며, 러-중-북 3자 협력에 거리를 두고 있다.

러시아는 우크라이나 전쟁이 장기화되자 북한의 전략적 가치를 재평가하였다. 러시아는 우선 무기가 고갈되자 북한과 군사협력을 강화하였다. 2022-24년간 북한은 러시아의 우크라이나 침공을 지지했고 러시아에 수백만 발의 포탄과 단거리 미사일을 제공하였다. 러시아에 대한 북한의 대규모 무기 지원은 러-북 수교 75년 동안 처음이다. 푸틴 대통령은 2024년 6월 북한 방문 계기에 포괄적 전략동반자 조약을 체결하여 28년 만에 러-북 간 군사동맹을 복원하였다. 북한은 러-북 동맹 복원과 핵 고도화를 통해 한-미 동맹에 대항하고 한반도 주변에 신냉전의 분위기를 조성하여 운신의 폭을 확대하고 있다.

제1부

러시아 대외정책의 이해

제1장
강대국주의와 영토 팽창

푸틴 대통령은 우크라이나는 역사적으로 러시아 영토였다고 강조하고 2014년 크림반도를 병합하였으며, 2022년 2월 우크라이나를 침공하였다. 러시아의 우크라이나 침공은 영토 확보를 위한 강대국의 전형적인 침략 전쟁이다. 러시아는 1991년 소련 해체 이후 30년 만에 우크라이나를 침공하여 탈냉전으로 상실한 지정학적 공간과 소련의 위상을 만회하고자 한다. 2022년은 1922년 12월 소련이 창건된 지 100주년이 되는 해이다.

지난 4세기간 러시아 제국과 소련은 영토 팽창과 세력권 확보를 통해 강대국으로 부상하였다. 러시아 제국은 1552-1917년간 인접 지역을 정복하면서 매년 약 10만 ㎢의 영토를 확장했으며 지구 육지 면적의 1/6을 차지하는 세계 최대의 영토 대국이 되었다.

다른 한편으로는 러시아의 영토 확장과 이에 따른 안보 불안이 제국주의적 팽창 정책의 주요한 동기가 되었다. 러시아는 점령한 영토를 방위하고 국내 통합을 위해 절대권력을 가진 강한 통치자와 중앙집권적 관료제, 그리고 강력한 군대가 필요하였다. 1991년 출범한 러시아도 서구 민주국가와 달리 강압적 전제 국가로 발전하였다.

19세기 러시아 제국은 유럽의 헌병으로 강대국이 되었으며 1949년 소련은 핵무기 개발로 미국과 대등한 강국으로 부상하였다. 푸틴 대통령은 지난 20년간 장기 집권해 오면서 러시아는 지정학적, 역사적으로 당연히 강대국이라고 주장하였다. 러시아가 강대국(Great Power, velikaya derzhava)이었다는 역사적 사실[26]이 국내 정치 체제와 정체성, 국제 사회에 대한 인식과 대외 정책에 큰 영향을 미치고 있다. 푸틴 대통령은 유라시아(구소련) 통합과 러시아의 강대국 복귀를 주창하면서 미국 주도의 자유 국제질서에 정면 도전하고 있으며 종신집권을 추구하고 있다.

러시아 제국의 영토 확대와 강대국 부상

1237-1480년 동안 몽골 제국의 킵챠크 칸국(1240-1502)이 러시아를 지배하였다. 13-15세기 동안 몽골의 지배는 러시아에게 유럽, 비잔틴 제국, 중국 등 외부 세계와 접촉이 단절된 암흑의 시기였다. 당시 러시아 모스크바 공국의 최대 현안은 몽골 지배에서 독립하여 통일된 강한 국가를 건설하는 것이었다.

---

26 Anatoly Reshetnikov, Chasing Greatness(On Russia's Discursive Interaction with the West over the Past Millennium), University of Michigan Press, 2024, pp. 16-38. 참조

모스크바 공국은 9세기 동로마 제국의 계승자인 비잔틴 제국에서 정교를 수용하여 정치적 통합과 반몽골적인 정체성을 유지하였다. 킵챠크 칸국은 모스크바 공국을 직접 통치하지 않았고 중국식 조공 체제를 통해 간접적으로 지배하였다.

마침내 1472년 이반 3세(1440-1505)는 킵챠크 칸국의 지배에서 벗어나 영토를 확장하기 시작하였다. 그는 정통성 확보를 위해 비잔틴 제국의 마지막 황제의 질녀와 결혼하여 비잔틴 제국의 계승자로 자임하였다. 모스크바 공국은 비잔틴 제국의 2개 머리를 가진 독수리 문양을 채택하였으며 현재 러시아도 국가 상징으로 사용하고 있다.

이반 3세는 고대 로마의 황제를 의미하는 차르라는 칭호를 사용했고 비잔틴 제국과 몽골의 아시아적 요소를 혼합한 전제적 권력을 행사하였다. 그는 정복한 주민들을 통합하기 위해 몽골의 칸(Khan)이라는 호칭과 비잔틴 제국의 황제를 칭하는 바실리(Basileus)의 칭호를 사용하였다.

15세기 비잔틴 제국(395-1453)이 오스만 튀르크 제국(1299-1922)에게 패망하자 러시아는 차르가 전 세계 기독교권의 유일한 황제이며 비잔틴 제국의 수도인 콘스탄티노플을 재탈환해야 하는 신성한 사명이 있다고 해석하였다[27].

15세기 중반 우즈베키스탄의 이슬람 티무르 제국이 러시아가 부상하는데 유리한 여건을 제공하였다. 티무르(1336-1405)가 중앙아유목 국가들을 정복하자 킵챠크 칸국도 패망하였고 크림반도의 타

---

27 Henry Kissinger, World Order, Penguin Books, 2014, pp. 49-59.

타르 칸국(1449-1783), 카잔 칸국(1438-1552) 등 여러 소국으로 분열되어 대립하였다.

마침내 이반 4세가 16세기에 볼가 및 우랄강 유역의 카잔 칸국과 카스피해 인근 아스트라한 칸국(1466-1556)을 정복하면서 200년간의 몽골 지배에서 독립하였다. 러시아는 남부와 중앙아시아, 카스피해 진출의 기반을 확보하였으며 유럽 열강과 대등한 근대 국가로 부상하였다. 마침내 1783년 러시아는 오스만 튀르크의 지원으로 명맥을 유지해 온 타타르 칸국(현재 우크라이나 크림반도)을 병합하여 타타르의 멍에를 청산하였다.

17세기 유럽대륙에서 30년간 종교전쟁(1618-1648) 이후 베스트팔렌 조약을 통해 중세 교황 중심의 계서적인 국제질서가 붕괴되었고 정교분리 및 주권 국가 중심의 수평적인 근대 국제질서가 형성되었다. 17-18세기 유럽 군주들은 전쟁을 통해 영토를 확장했고 세력균형을 통해 인접 국가를 견제하였다.

당시 동부 유럽에 속한 러시아도 유럽의 국제질서에 편입되었다. 그러나 17-18세기 러시아가 직면한 대내외 여건은 유럽과 상이하였다. 러시아는 2세기간 몽골 지배를 경험하였으며 안보를 최우선하고 아시아 황색 인종의 침공을 경계하였다. 황색 인종에 대한 두려움은 1905년 러-일 전쟁과 1945년 대일 태평양 전쟁에 참전 등 러시아의 대외 정책에 큰 영향을 미쳤다.

16-18세기 러시아는 수백 개의 주권 국가로 분열된 유럽대륙과 달리 다양한 소수 민족과 광대한 영토를 통치하는 거대한 제국으로 발전하였다. 러시아 제국은 중앙아 유목민들과 오스만 튀르크의 유럽 침공을 방지하는 방파제 역할을 하였다.

18세기부터 영국, 스페인, 프랑스 등 유럽 국가들이 바다를 통해 해외 식민지를 확장하여 제국으로 발전했다. 반면 러시아는 중앙아시아, 시베리아 등 인접한 지역을 정복하면서 내륙 제국으로 부상하였다. 러시아는 육지 강국이었으며 해양 출구와 부동항 확보가 주요한 목표가 되었다.

한편 러시아 제국은 17-18세기 동안 후진성을 극복하고 근대화를 위해 유럽의 우수한 선진 기술을 도입하였으며 18세기 피터 대제(1672-1725)는 러시아의 서구화와 부국강병에 성공하였다.

그는 혈통보다는 실적에 따라 관리를 채용하는 직급제도를 도입하여 정부의 효율성을 높이고 귀족들을 통제하였다. 피터 대제는 처음 러시아 해군을 창설하고 당시 강국인 스웨덴과 북방 전쟁(1700-1712)에서 승리하였으며 발트 지역을 장악하여 해양 출구를 확보하였다. 그는 1695-1700년 동안 오스만 튀르크와 전쟁에서 승리하여 돈강의 하구인 아조프해를 확보하여 흑해로 진출할 수 있게 되었다. 그는 1721년 러시아를 제국이라고 불렀다.

피터 대제는 1712년 모스크바에서 발트해에 인접한 상트페테르부르크로 수도를 옮겼다. 18-19세기 러시아 제국은 흑해와 발칸반도, 카프카스 지역을 두고 오스만 튀르크 제국과 서로 대립하였으며 양국 관계는 전쟁으로 점철되었다.

러시아의 흑해와 유럽 진출

19세기 오스만 튀르크는 국력이 쇠퇴하자 동방의 병자로 전락하였다. 러시아, 영국, 프랑스는 오스만 튀르크의 처리 문제를 두고 서로 대립하였다. 러시아는 흑해와 지중해 진출을 위해 오스만 튀르크의 해체를 요구했고 프랑스, 영국은 러시아의 남진을 방지하기 위해 오스만 튀르크의 존속을 희망하였다.

18세기 말 독일 출신의 에카테리나 2세 여제(1729-1796)는 서구화를 통해 국력을 배양하고 흑해와 지중해 연안의 영토를 확장하였다. 그녀는 국경선을 방어할 방안이 없으며 확장하는 것이라고 주장하면서 공세적인 영토 확장을 추구하였다. 그녀는 국가가 발전하지 않으면 부패한다고 강조하고 공세적인 팽창 정책을 정당화하였다.

에카테리나 여제는 오스만 튀르크를 견제하고 아랍 지역과의 무역로 확보를 위해 흑해와 지중해의 진출을 적극 추진하였다. 그녀는 오스만 튀르크와 전쟁에서 승리하여 몽골 타타르가 지배하던 우크라이나 크림반도를 1783년 정복하였으며 크림반도의 부동항인 세바스토폴에 흑해 함대를 건설하였다. 러시아는 3회의 폴란드 분할(1772년, 1793년, 1795년)에 참여하고 1809년 핀란드를 합병하여 유럽 지역으로 영토를 크게 확장하였다.

에카테리나 2세 여제는 러시아가 유럽 국가라고 강조하였다. 18세기 러시아는 신흥 강국으로 유럽 국가로 편입되면서 19세기부터 유럽의 세력균형에 주요한 국가로 부상하였다. 유럽 지역이 러시아의 우랄산맥까지 크게 확장되었으며 유럽 문명이 보다 풍부해졌다. 그리고 러시아는 유럽과 아시아를 연결하는 교량 역할을 하게되었다.

한편 러시아 제국의 영토 확장은 인접국의 안보 불안을 초래하였다. 러시아 제국이 강대국으로 부상하자 영국, 오스만 튀르크, 프랑스는 러시아 제국을 경계하였다. 역으로 유럽 강대국은 패권을 장악하기 위해서는 러시아를 먼저 정복해야만 했다. 19세기 초 프랑스 나폴레옹이 러시아 제국을 침공했고, 1941년 독일이 소련을 침공하였으나 모두 실패하였다. 13세기 몽골 제국만이 러시아를 정복한 유일한 국가이다. 냉전 시대 미국은 소련의 팽창을 견제하기 위해 봉쇄 정책을 실시하였으며 결국 소련은 1991년 스스로 붕괴하였다.

러시아 제국의 아시아 및 태평양 진출

19세기 상반기 러시아 제국은 이란과 유럽에 개입하여 영토를 확장하였다. 1804년 및 1826년 러시아는 이슬람의 이란과 전쟁에서 승리하여 아제르바이잔, 조지아, 아르메니아, 투르크메니스탄을 장악하였으며 카프카스 지역과 카스피해에서 주도권을 확보하였다.

이어서 러시아는 1812년 프랑스 나폴레옹의 모스크바 침공을 격퇴하였으며 1815년 비엔나 회의에서 영국, 오지리, 프러시아와 함께 유럽의 4대 강국이 되었다. 그러나 러시아 제국은 크림 전쟁(1853-1856)에서 영국이 주도한 오스만 튀르크와 프랑스 연합군에 패배하자 흑해와 지중해 진출이 어렵게 되었으며 2류 국가로 전락했다.

러시아는 크림 전쟁의 패배 원인이 후진성에 있다고 보고 1861년 농노해방 등 근대화를 추진하였으며 이념보다 국익에 근거한 실용적인 대외 정책을 채택하였다. 러시아는 크림 전쟁의 패배를 만회하고, 국민의 불만을 무마하기 위해 중앙아시아와 시베리아, 동북아 지역으로 진출하였다[28]. 독일과 프랑스는 러시아의 유럽 진출을 방지하기 위해 아시아 진출을 지지하였다.

19세기 후반 유럽 국가들은 식민지 확보를 위해 바다를 통해 아프리카, 중남미, 중국 등 아시아에 진출하였다. 반면 러시아는 육로를 통해 인접한 연해주, 만주, 한반도에 진출하였다.

우선 러시아는 낙후화된 경제 발전과 전략적 요충지를 확보하기 위해 철도 건설에 매진하였다. 러시아가 크림 전쟁에 패한 주요한 요인은 당시 철도가 없어 대규모 병력을 본토에서 크림반도로 신속하게 수송할 수가 없는 데 기인하였다.

러시아는 19세기 하반기부터 20세기 초까지 중앙아시아, 시베리아 지역을 관통하는 철도를 완공하여 이들 지역을 병합하였다. 철도는 고대 초원길과 실크로드(silk road)를 대체하였으며 러시아의 주요한 침략 수단이 되었다.

중국 청나라는 19세기 하반기 유럽 국가들의 침투와 태평천국의

---

28 러시아 시베리아는 동토와 타이가의 광활한 산림지대로서 사람이 거주하기 어려운 지역이 었다. 러시아인들은 당시 소프트 골드(soft gold)라고 불리는 귀중한 모피를 구하기 위해 15세기부터 시베리아 진출하였으며 17세기 태평양 연안에 도착하였다. 18세기 하반기에는 약 40만 명의 러시아인이 시베리아로 이주하여 정착하였다.

난으로 내우외환의 위기에 직면하였다. 러시아는 이를 호기로 청나라와 협상을 통해 영국과 프랑스 영토를 합한 크기의 연해주를 확보하였다. 러시아가 연해주를 장악하자 한반도와 접경하게 되었고 태평양 진출을 위해 극동 블라디보스톡에 부동항을 개발하였다. 1860년대 이후 러시아는 청국의 만주, 한반도 지배를 두고 영국, 일본과 대립하였다.

러시아는 동북아와 한반도 진출을 위해 프랑스 차관을 도입하여 1891년부터 1904년까지 우랄 지역에서 만주까지 약 38,000마일의 시베리아 철도를 건설하였다. 그리고 러시아는 만주 지역에 철도를 건설하고 일본의 대륙 진출에 대항하기 위해 중국 청나라와 동맹을 체결하였다.

영국은 1902년 영-일 동맹을 체결하여 러시아의 남진과 태평양 진출을 견제하였다. 일본은 한반도와 만주 장악을 위해 시베리아 철도가 완공되기 전인 1904년 2월 러시아의 여순 함대를 공격하였으며 러-일 전쟁(1904-1905)이 발발하였다. 러-일 전쟁에서 러시아 제국이 패전하자 니콜라이 2세 황제(1868-1918)의 권위는 실추되었고 반정부 혁명의 분위기가 팽배하였다. 결국 1917년 공산 혁명으로 러시아 제국은 패망하였다.

공산 혁명과 러시아 제국의 패망

약 400년을 통치해 온 러시아 제국은 1917년 레닌(1870-1924)의 공산 혁명으로 붕괴하였다. 러시아 제국의 과도한 영토 확장과 차르의 전제 정치, 후진성이 패망을 자초하였다.

첫째, 과도한 영토 확장이다. 러시아 제국은 영토 확장을 통해 전제 정치의 정통성을 확보하였다. 차르들은 재임 기간에 영토를 얼마나 확장했는가에 따라 그 업적이 평가받았으며 전제 정치가 정당화되었다. 18-19세기의 200년간 영국, 스페인, 프랑스는 해외 식민지 확보와 무역을 통해 제국으로 발전했다면 러시아 제국은 인접한 영토 정복을 통해 뒤늦게 유럽의 신흥 강국이 되었다.

러시아 제국은 전쟁을 위해 국가 재정과 자원의 대부분을 관료제도와 군사력 유지에 지출했다. 결국 전쟁 동원에 지친 군인, 착취당한 노동자와 농민들은 희망이 없는 차르에 등을 돌리고 농지 분배를 약속한 레닌의 공산 혁명을 지지하였다. 러시아 제국은 영토 팽창으로 부강해졌으나 국민은 전쟁 동원과 과도한 세금으로 피폐해졌다. 국민이 가난하면 결국 경제는 파산하고 국가는 패망하게 된다. 혁명 이외 전제 정권을 교체할 방안이 없었다.

둘째, 후진성이다. 러시아 제국은 광대한 영토를 방어하기 위해 군사력 증강에 주력하였으며 경제 발전을 등한시하였다. 영국과 프랑스, 독일은 이미 19세기 상반기 산업혁명을 통해 도시화, 제조업 발달 등 근대화에 성공하였다. 그러나 러시아는 중세의 농노제도 유지 등 서구에 비해 후진사회였으며 경쟁력을 상실하였다.

1856년 러시아 제국은 크림 전쟁에서 패하자 시급한 국내 농지 개혁과 산업화보다는 실추된 강대국의 위상 회복을 위해 무리하게 영토 확장을 추구하였다. 결국 1940년대 소련은 토지 국유화 등 공산주의 정책과 강압적인 자본축적을 통해 산업화를 달성하였다.

셋째, 강대국들의 견제이다. 18-19세기 영국, 프랑스, 오스만 튀르크 등 당시 강대국들은 자국의 안보를 위해 세력균형을 추구했으며 러시아 제국의 영토 확장을 경계하였다.

특히 해양 세력인 영국은 1856년 크림 전쟁의 승리를 통해 러시아의 흑해 진출을 방지하였다. 19세기 영국은 러시아의 지중해 진출을 견제하는 방파제로 오스만 튀르크를 활용하였으며 인도 지배를 통해 러시아의 인도양 진출을 견제했다. 1902년 영-일 동맹을 통해 러시아의 태평양 진출을 막았다. 러시아는 1904년 러-일 전쟁에서 패배했으며 유럽 국가로서 일본이라는 아시아 국가에 패한 것은 처음이었다. 일본은 러-일 전쟁의 승리를 통해 천황 중심의 군국주의로 발전했고 중-일 전쟁(1937-1945), 태평양 전쟁(1941-1945)을 도발하는 전형적인 아시아 전쟁 국가가 되었다.

소련의 핵무기 개발과 세계 강대국 부상

제1차 세계대전 중인 1917년 레닌이 주도하는 공산 혁명으로 러시아 제국은 패망하였다. 레닌(1870-1924)은 1917-1922년간 내전에 승리하고 1922년 소비에트 공산 정권을 수립하였다. 레닌이 공산 체제의 토대를 구축했다면 스탈린(1878-1953)은 수백만 명의 숙청과 국가 테러를 통해 강압적인 공산 제국을 완성했다. 소련은 1930년대 5개년 경제계획으로 산업화에 성공하였으며 제2차 세계대전(1939-1945)에 연합군으로 참전하여 독일의 침공을 격퇴했다. 그리고 냉전기 미국과 대등한 강대국으로 부상하였다.

20세기 소련도 19세기 러시아 제국처럼 영토 확장을 통해 공산당 통치의 정당성을 확보하고 강대국이 되었다. 소련은 내전의 위기에 처하자 제1차 세계대전 중인 1918년 독일과 브레스트-리토프스크 조약(Treaty of Brest-Litovsk)[29]을 체결하였으며 유럽 지역의 영토와 인구를 상실하였다. 그러나 소련은 제2차 세계대전에 승리하자 다시 영토를 회복하였다.

소련은 1905년 러-일 전쟁에서 상실한 영토 회복을 주장하면서 1945년 태평양 전쟁에 참전하였다. 소련은 만주, 일본의 사할린 남부와 쿠릴열도를 점령하였다. 그리고 소련은 북한에 진주하여 1948년 김일성 공산 정권을 수립하였으며 1950년 북한의 남한 침공을 지원하였다. 소련은 한반도를 공산화하여 일본을 점령한 미국에 대항하고자 하였다.

소련은 제2차 세계대전으로 2천만 7백 명이 사망하고 산업시설 대부분이 파괴되는 등 큰 피해를 당했다. 이에 대한 보상으로 소련은 발트 3국, 독일의 칼리닌그라드, 루마니아의 몰도바 등 유럽의 50%를 장악하였다. 소련의 영토는 15세기 러시아 제국의 출범 이래 최대였다.

20세기 냉전 시대에 소련은 미국의 대소봉쇄정책에 대항하기 위해 중부 및 동부 유럽에 공산 정권을 유지하였고 산업화와 국가 재건에 성공하였다. 스탈린은 1946년 2월 연설을 통해 제1, 2차 세계대전의 원인이 자본주의에 있다고 비난하고 자본주의가 있는 한

---

29 소련은 독일에게 발트 3국을, 오스만 튀르크에게 남카프카스의 카르스주를 양도하였으며 60억 마르크의 전쟁배상금을 독일에게 지불하였다. 반면 소련은 내전에 전념하게 되었고 승리하여 공산 정권을 수립하였다.

승리는 없다고 강조했다. 스탈린은 전제 정치를 유지하기 위해 적이 필요했으며 서구 자본주의를 적대 세력으로 간주하였다. 소련은 자본주의에 포위된 성채[30]이며 자본주의의 포위가 지속되는 한 공산주의가 필요하다고 주장하였다. 그리고 주민들에게 공포심을 조성하여 소련 공산당에 의존하게 하였다.

스탈린은 1930년대 소련이 후진성을 10년 이내에 극복하지 못하면 유럽 강국에게 정복당할 것이라고 강조하면서 중화학 공업 및 군수산업을 적극 육성하였다. 시베리아 지역은 산림과 에너지 자원이 풍부하여 소련의 안보와 경제 발전에 크게 기여했다. 제2차 세계대전 동안 러시아의 유럽 지역이 독일군의 공습을 당하자 소련은 군수공장과 산업시설들을 중앙아시아와 시베리아 지역으로 이전하여 군수품을 생산하였다. 그리고 소련은 시베리아에 원유와 가스를 개발하여 에너지 대국으로 발전하였다.

1946년 주소련 미국 대사관의 대사 대리였던 케넌은 미국 정부에게 대소봉쇄정책을 건의하였으며 채택되었다. 1946년 미소 간 냉전이 시작되었[31]으며 미국은 소련 공산주의가 나찌즘이나 파시즘과 같이 민주주의와 양립할 수 없다고 보았다. 미국은 1949년 서구 민주 진영의 집단안보기구인 북대서양조약기구(NATO)을 설립하여 소련의 유럽 팽창을 견제하였다.

---

30 Stephent P. Friot, Containing History(How Cold War History Explains US-Russia Relations), University of Oklahoma Press, 2023,pp. 31-32.
31 냉전 시대 미국과 소련은 상호 공멸을 초래할 핵무기 보유, 핵 군축 협정의 체결 등 협력 문화, 지리상 먼 거리 등으로 전쟁이 없이 대체로 평화가 유지되었다. 소련은 총과 버터(경제) 문제를 해결하지 못하고 스스로 붕괴하였다. Graham Allison, Destined for War, Houghton Mifflin Harcourt, 2017, pp. 281-283.

소련도 NATO에 대항하기 위해 1955년 동구 공산 진영의 집단 안보기구인 바르샤바조약기구를 설립하였으며 유럽은 동-서독을 경계로 자유 진영과 공산 진영으로 분단되었다. 소련은 1949년 핵무기를 개발하여 미국에 이어 세계 2번째 핵보유국이 되었다. 이어서 대륙간탄도미사일, 핵 추진 잠수함 등 전략무기 개발에도 성공하여 1960년대 냉전의 극성기에 소련은 세계 강대국이 되었다[32].

흐루시초프 공산당 서기장(1894-1971)은 1961년 쿠바에 핵무기와 미사일을 배치하였으며 소련이 미국의 봉쇄 정책에 대항해서 유라시아 이외의 지역에서 미국을 위협한 첫 사례였다. 그러나 그는 쿠바 위기를 초래하고 소련의 위신을 저해했다는 이유로 1964년 실각당했다.

한편 소련은 아프리카, 중남미, 아시아 등 제3세계의 내전에 개입하여 반미 사회주의 국가들을 적극 지원하였다. 소련은 전 세계가 공산화되어야 안전하다고 보았다. 소련의 제3세계 개입의 대표적 사례가 1979-1989년간 소련의 아프간 개입이다. 소련은 인도양 진출을 위해 1979년 아프간을 침공하여 공산 정권을 수립하였다. 이는 바르샤바조약기구 이외 지역에 대한 소련의 첫 군사 개입이었다. 그러나 소련은 미국이 지원하는 아프간 이슬람 반군의 저항으로 1989년 철수하였다.

소련 경제는 1950-1970년간 연간 7%의 고도 경제성장을 하였으나 1970년대부터 과도한 국방비 지출과 공산 체제의 구조적 경

32 Anna. Borshchevskaya, Putin's War in Syria(Russia Foreign Policy and the Price of America's Absence), I.B.Tauris, 2022, p.19.

직성으로 경제가 침체되었다. 1985년 소련 경제 규모는 미국의 50%였으며 소련은 세계 최대 곡물 수입국으로 전락하였다.

소련의 아프간 침공은 소련의 과도한 재정적인 압박은33 물론 1970년대 시작된 미-소 간 데탕트 종결, 미-중국 간의 반소 연대강화, 소련-이란 관계를 악화시켰다. 결국 소련은 러시아 제국과 유사하게 과도한 대외 개입과 국력의 피폐, 그리고 미국의 봉쇄 정책으로 1991년 12월 해체되었다. 소련의 패망으로 러시아 영토는 약 30% 축소되었으며 19세기 러시아 제국의 영토 크기로 복귀하였다. 러시아는 영토 상실을 냉전의 패배와 굴욕으로 간주했으나 유럽은 러시아와의 관계가 비로소 정상화되었다고 보았다.

---

33 미국 중앙정보국(CIA)에 의하면 소련은 1980-1986년 연간 약 70억 달러를 아프간에 지출했으며 소련의 대아프칸 군사원조는 1983-1987년간 40억 달러였다. 1989년 소련의 국가생산은 9,240억 달러였으며 소련의 대아프칸 지원비용은 당시 총생산에 비해 큰 액수였다. 상게서, p. 26.

제2장

러시아의 전제 정치 체제

대외 정책은 국내 정치의 연장이다. 러시아의 정치 체제가 대외 정책에 큰 영향을 미쳤다. 18-19세기 러시아 제국과 20세기 소련은 견제와 균형을 강조하는 서구식 민주 제도를 수용하지 않고 통치자와 공산당이 전권을 행사하는 전제 정치(Autocracy) 체제로 발전하였다.

러시아 제국은 1917년 유산 계급 타파와 무산계급의 노동자 주권을 강조하는 공산 혁명으로 패망하였으며 소련이 탄생하였다.

노벨 평화상 수상자인 소련의 반체제 인사 사하로프(A.Sakharov) 박사는 소련 공산당이 장기 집권을 위해 지적 자유를 박탈했으며 결국 사회의 도덕적 타락을 초래하여 소련은 자멸했다고 지적하였다. 강압적인 통치와 통계 조작, 정치적 선동으로 진실을 은폐하면 사회는 내적으로 파멸한다는 것이다.

소련은 70년간 존립하였고 전제적 통치와 후진성으로 1991년 스스로 붕괴하였다. 지난 20세기 100년 동안 1917년 러시아 제국과

1991년 소련 제국이 붕괴한 것은 역사상 드문 일이며 이것은 러시아 정치 문화와 체제의 극단성을 대변한다.

다른 한편으로 러시아는 러시아 제국과 소련의 붕괴, 그리고 러시아 연방으로 재탄생하면서 수 세기간 세계 최대의 영토 대국과 강대국의 위상을 유지하고 있다. 이는 유라시아 심장 지대에 위치한 러시아의 지정학적 위치, 수백년 간 축적된 아시아적 제국의 전통과 전제적 정치 체제, 슬라브족 정통성과 공동체를 강조하는 정교와 애국주의에 기인한다.

소련 공산당 독재와 전제 정치 유산

1917-1991년간 존속한 소련은 정치, 경제, 문화 등 모든 분야를 통제한 전체주의 국가였다. 소련은 서방의 민주 제도를 거절하고 공산당 일당 중심의 중앙집권 체제를 수립했다. 소련은 사유재산제 및 유산 계급을 폐지하고 토지와 생산 시설을 국유화하여 무산계급 중심의 사회주의 유토피아를 건설하고자 하였으나 실패하였다.

계급 폐지를 주장한 소련 공산당이 스스로 특권 계급이 되었고 각종 이권과 특혜를 누렸다. 토지 몰수와 집단 농장의 설립 등 강압적인 공산주의 정책으로 수천만 명이 기아로 사망하였다. 소련은 역사적으로 많은 부정적인 유산을 러시아에 남겼으며 러시아의 발전을 저해하는 족쇄가 되고 있다.

첫째, 정치적으로 비밀경찰을 통한 공포 정치이다. 비밀경찰에 의한 통치는 16세기 시작되었다. 이반 4세(1530-1584)는 절대 권력을 유지하기 위해 친위대인 오프리치니키(Oprichnik)를 창설하였다. 오프리치니키는 비밀경찰로서 당시 유럽에서 볼 수 없는 러시아의 독특한 제도였으며 차르의 지시만 받았다.

오프리치니키는 소련 국가안보위원회(KGB)로 부활하였다. 스탈린은 KGB를 통해 주민들을 감시하고 반체제 인사를 숙청하는 등 국가 테러를 자행하였다. KGB는 공산당 독재를 위해 수백만 명을 강제수용소(Gulag)에 투옥하였으며 러시아의 전통과 종교를 파괴하였다.

브레즈네프 공산당 서기장(1906-1982) 이후 1983-1985년간 3명 서기장이 집권하였으며 모두 고령으로 임기가 짧았다. 현재 푸틴 러시아 대통령은 KGB 출신이며 20년간 장기 집권하면서 내무부, 국방부, 검찰 등 권력 부서는 물론 주요 국영기업체에 KGB 출신을 대거 등용하였다.

둘째, 경제적으로 국가 주도의 경제 발전이다. 스탈린은 단기간에 소련의 후진성을 극복하고 산업화를 달성하기 위해 중앙통제의 경제 정책을 강행하였다. 소련은 자본축적과 산업화에 성공했으나 자원의 비효율적 배분으로 농업과 제조업의 생산성은 오히려 저하되어 경제는 침체되었다.

1970년대 농업 대국인 소련은 곡물을 외국으로부터 수입하게 되었다. 1980년대 후반 소련 국내총생산(GDP)은 30% 감소하였으며 국민총생산의 20%는 암시장에서 생산되었다[34]. 결국 과도한 군비

---

34 Francis Fukuyama, 전게서, p.32.

지출[35]과 경직된 공산당 조직과 구조적 부패, 그리고 자원의 비효율적인 배분과 만성적인 경제 침체가 소련 붕괴의 주요한 요인이 되었다.

1980년대 후반 고르바초프 서기장은 개혁과 개방을 추진하였으나 공산당과 기득권층, 그리고 사회 안전망의 해체를 두려워한 노동자와 농민의 반발로 실패하였다[36]. 1990년대 러시아는 탈공산화와 시장 자본주의를 도입하였으나 성공하지 못했다. 2000년 집권한 푸틴 대통령은 에너지 및 광물 산업을 국영화하고 국가 자본주의를 도입하여 경제회복에 성공하였으며 장기 집권하고 있다.

셋째, 사회적으로 소비에트 인간형 개조 및 언론 탄압이다. 소련은 약 180여개 소수 민족들로 구성된 다민족 다문화 국가이며 분열을 방지하기 위해 강압적인 통합 정책을 실시하였다. 소련은 단기간에 주민들을 공산당 지시에 순종하는 소비에트 인간으로 개조하였다. 민주사회에서는 국민이 정치의 주체이고 정부의 권력 남용을 견제한다.

그러나 소련의 경우 인민은 통치의 객체로 전락하였으며 비판 능력을 상실한 수동적인 인간으로 변모하였다. 소련은 언론 통제와 출판 검열을 통해 공산주의 사상교육을 강화하였다. 서구 사상이나 서적, 영화 도입은 금지되었으며 주민들은 세계와 단절된 공산

---

35 소련은 냉전 극성기인 1980년대 국민총생산(GDP)의 12-17%를 국방비에 지출하였다. 일반적으로 GDP의 5% 이상 국방비 지출은 전시 상황을 의미한다.

36 Zbigniew Brzezinski, The Grand Failure(The Birth and Death of Communism in the Twentieth Century), Charles Scribner's Sons, 1989, pp.65-94. Brzezinski 박사는 당시 소련의 해체 가능 요인으로 경제개혁 성공 여부, 정치적 민주화, 공산당의 역할, 내부 민족 문제, 아프간 전쟁 등 10개를 언급하였다.

주의 감옥에 살게 되었다.

소련은 소수 민족의 고유한 언어나 문화, 종교를 탄압하였으며 러시아 민족 중심으로 통치하였으며 공산당 간부 대부분은 러시아 민족이 장악하였다.

현재 푸틴 대통령도 스탈린 통치 기법에 익숙하며 야당과 언론을 탄압하고 있다. 최근 러시아는 소련의 통제된 사회로 복귀하고 있다.

넷째, 종교의 이용이다. 소련은 공산당 일당 독재를 위해 1천 년 동안 존속한 러시아 정교는 물론 이슬람, 불교, 유대교를 탄압하였다. 공산당이 종교의 기능을 대체하면서 절대 권력을 행사했고 레닌과 스탈린이 신의 역할을 대신하였다.

그러나 소련은 종교 탄압에는 성공했지만 종교를 대체하지는 못했다. 스탈린은 제2차 세계대전 당시 침공한 독일에 대항하고 애국심의 고취를 위해 정교와 소수 민족의 종교를 최소한 인정하였다. 소련은 정교 신부를 임명했고 신부는 비밀리에 반체제 인사를 감시하였다. 정교는 소련 통치에 기여하는 대가로 명맥을 유지하였다.

1991년 소련의 계승국인 러시아는 탈공산화와 정체성 확립을 위해 정교를 부활하였다. 러시아 정부는 2014년 우크라이나 크림반도 병합 이후 서구의 민주주의에 대항하고 애국주의의 강화를 위해 정교를 적극 활용하고 있다. 정교는 15세기 애국심을 고취하여 모스크바 공국이 몽골을 격퇴하는 데 큰 역할을 하였으며 러시아 제국의 정신적 지주였다.

다섯째, 맹목적인 애국주의 강조이다. 소련은 다인종 다민족 사회이며 하나의 통합된 민족 형성에 실패하였다. 소련은 대외적으로 공산주의를 주창하면서도 후진성 극복과 단합을 위해 민족주의보다 애국주의를 강조하였다.

소련은 1970년대 경제가 침체하고 서구의 자본주와 경쟁에서 밀리게 되자 공산주의 유토피아 건설을 내세우기가 어렵게 되었다. 대신 소련은 레닌의 우상 숭배와 애국주의를 강조하면서 공산 정권의 정통성을 유지하였다.

브레즈네프 서기장은 공산당 단합과 애국심의 고양을 위해 독일 나찌에 승리한 제2차 세계대전의 전승일(5.9)을 공휴일로 지정하고 매년 군사 퍼레이드를 전국적으로 개최하였다. 푸틴 대통령은 2022년 2월 우크라이나를 침공하였으며 전쟁이 장기화되자 애국주의를 강조하면서 국민들을 동원하고 있다.

푸틴 대통령의 장기 집권

1991년 12월 소련이 패망하고 러시아 연방이 출범하였다. 러시아 국민은 70년 만에 처음으로 자유선거에 참가하여 대통령을 선출하였다. 소련 시대 공산당원의 임명제 대신 국민의 직접선거제가 통치의 정당성을 부여하였다.

1990년대 옐친 대통령은 탈공산화와 경제회복을 위해 서방의 민주 제도와 시장 자본주의를 도입하였으나 정실 자본주의와 부정부패로 경제의 자유화에 실패하였다[37]. 1992-1999년 동안 러시아의

---

37 중국은 공산당의 중앙집권적인 통치하에 자본주의화하여 부패가 만연하였으나 무법 상태

자본주의 체제 전환 시기에 9명인 총리가 교체되는 등 극심한 혼란 기였으며 러시아의 잃어버린 10년이었다.

1990년대 사회적 혼란이 심화되자 친서구 민주 세력은 약화되었고 대신 소련의 위상 회복과 사회 안정을 주장하는 민족주의, 보수 강경파가 득세하였다. 러시아 국민은 정치적 불안을 해결할 수 있는 강력한 지도자를 갈망하였으며 권위적인 대통령의 등장에 유리한 여건이 형성되었다.

옐친 대통령은 1999년 12월 구소련의 KGB 출신인 푸틴 총리를 후계자로 지명하였다. 옐친 대통령은 러시아의 민주주의 발전보다는 국가 기강을 바로잡고 정치 불안을 방지할 적임자로 푸틴 총리를 선택하였다. 옐친 대통령은 러시아 국민은 강한 국가를 질서의 보장자이며, 미래의 변화를 추진하는 주요한 동력으로 본다고 강조하였다.

2000년 집권한 푸틴 대통령은 형식상 민주 선거를 통해 지난 23년간 장기 집권해 오고 있다. 그는 강한 러시아 건설을 주창하면서 경제회복과 체첸 내전 진압 등 질서 회복에 성공하였으며 국민의 높은 지지를 확보하였다.

푸틴 대통령의 권위적 체제는 정치적으로 주권 민주주의를 내세우며 국가 권력을 강화하고 있다. 그는 민주주의와 시장 자본주의가 빈부격차 심화와 경제 위기, 그리고 정체성의 혼란을 초래하였

로 타락하지 않았고 사회주의 자본주의 경제성장이 지속되었다. 그러나 러시아는 공산당은 해체되었고 무법적인 약탈 과정에서 국유 기업이 사유화되었고 정경유착과 부패로 부가 소수에게 집중되어 자본주의 정착에 실패하였다. 위엔위엔 앙 지음/양영빈 옮김, 부패한 중국은 왜 성장하는가, 한겨레출판, 2020, p. 59, 87.

다고 보았고 강대국주의를 통해 위기를 극복하고 국가 발전을 추하였다. 주권 민주주의는 자유 민주주의가 아닌 국가가 주도하는 관변 민주주의이다.

푸틴 대통령은 지방 자치권을 축소하고 중앙-지방간 수직적 통합을 통해 중앙집권을 강화하였다. 그는 경제적으로 국가 자본주의를 추구하고 있다. 푸틴 대통령은 1990년대 옐친 대통령의 시장 자본주의 도입기에 성장한 독점 자본가인 올리가르히를 척결하였다. 그리고 주요 에너지 기업을 국유화하였다.

역사적으로 러시아의 중앙집권 강화가 사회적 경제적 개혁의 전제 조건이었다. 18세기 러시아 제국의 예카테리나 2세, 20세기 초 소련 레닌과 스탈린은 개혁과 동시에 전제 정치를 강화하였다. 21세기 푸틴 대통령도 예외가 아니다.

푸틴 대통령은 국내 안정과 안보를 내세워 야당과 언론을 탄압하였다. 그는 2003년부터 우크라이나와 조지아의 색깔 혁명 등 민주주의 확산과 NATO 확대가 러시아의 국익을 심각하게 위협하고 있다고 주장하면서 강압적인 통치를 정당화하고 있다[38].

푸틴 대통령은 이념적으로 러시아 제국의 역사, 소련의 영광과 애국주의를 강조하고 있다. 그는 2000년 대통령으로 취임하자 소

---

[38] 푸틴 대통령의 세계관을 구성하는 7개 축은 1) 러시아는 세계 주요 현안에 참가할 자격이 있으며 2) 러시아 이익은 서구처럼 합법적이며 3) 러시아는 구소련 지역에 대한 배타적인 권리가 있으며 4) 러시아는 강대국으로서 제한 없는 주권을 보유하며 5) 서구는 정권 교체 등 혼란을 초래하나 러시아는 현상 유지와 보수적 가치를 지지하며 6) 서구의 분열이 러시아의 이익이며 7) 서방 주도의 현 국제질서에 반대하고 19세기 유럽 협조 체제처럼 여러 강대국 간의 협의를 통한 국제질서의 유지를 선호한다. Angela E. Stent, Putin's World(Russia Against the West and with the Rest), Twelve, 2019, pp. 349-350.

련 애국가를 부활시키고, 소련의 붉은 깃발을 러시아군의 깃발로 사용하게 했으며 소련 해체 이후 추락한 KGB의 위상을 복귀시켰다. 그는 미국과 NATO, 민주주의를 주요 적으로 간주하고 러시아의 신성한 사명과 애국주의를 강조하였다.

러시아는 19세기 초 나폴레옹의 러시아 침략에 대한 전쟁을 조국전쟁, 독일 나찌즘이 일으킨 제2차 세계대전을 대조국 전쟁이라고 부르고 있다. 푸틴 대통령은 대조국 전쟁을 승리로 이끈 소련의 스탈린을 높이 평가하였으며 전국에 스탈린 기념관을 건립하였다. 1980년대 후반 고르바초프 서기장은 개혁과 개방을 통해 스탈린의 만행을 공개하고 공산당을 개혁하고자 하였으나 실패하였다.

오늘날 푸틴 대통령은 고르바초프 서기장이 소련을 붕괴시킨 장본인으로 간주하고 부정적으로 평가하고 있다. 푸틴 대통령이 추구하는 이상적인 지도자는 핵무기를 개발하고 소련 공산 제국을 건설한 스탈린이다. 그리고 17-19세기 동안 영토를 확장하여 러시아 제국을 건설한 피터 대제, 예카테리아 여제를 존경한다.

푸틴 대통령은 개인적으로 종신 집권을 추구하고 있다. 러시아 헌법이 대통령의 3선을 제한하자 메드베데프가 2008-2012년간 대통령으로 재임하고 푸틴은 총리가 되었다. 그러나 푸틴 총리가 실권을 행사하였으며 2012년 대선에 출마하여 대통령에 당선되었다.

러시아 시민들은 2011년 총선의 부정에 항의하며 대규모 시위를 통해 푸틴 총리의 3선 출마에 반대했다. 푸틴 대통령은 시위 배후에 미국이 있다고 주장하고 그 보복으로 2016년 미국의 대선에 개입하였으며 러-미 관계는 악화되었다.

푸틴 대통령은 장기 집권의 일환으로 2014년 크림반도를 병합했고 2022년 우크라이나를 침공하였다. 푸틴 대통령은 2020년 헌법 개정을 통해 2036년까지 집권할 수 있게 되었다. 그는 2024년 3월 대선에서 대통령으로 다시 선출되었으며 종신 집권의 길을 열었다.

제3장

러시아의 정체성과 유라시아주의

러시아 정체성을 결정하는 요인

국가의 정체성은 정권의 정통성 확보와 국민의 통합 유지에 주요한 이념적 기제이며 대외 정책 추진에 큰 동력이다. 러시아의 정체성은 강대국주의, 슬라브주의, 정교에 토대를 둔 신성한 러시아(Holy Russia), 유라시아주의로 표출되었다. 푸틴 대통령은 러시아가 역사적으로 강대국이었다고 주장하고 미국과 동등한 강대국으로 인정을 받고 싶어 한다. 인정 욕구는 심리적이며 국가 정체성을 결정하는 핵심적인 요소이다. 인정을 받지 못한 국가의 지도층은 불만과 굴욕을 느끼며 기존 국제 체제에 반대하는 수정주의자가 된다. 러시아, 중국, 이란, 북한, 쿠바가 대표적이다.

미국의 빌린톤(James H. Billington) 역사학 교수는 러시아의 독특한 정체성을 결정하는 주요한 요소가 1) 지리적 여건 2) 역사 3) 종교와 문화 3가지라고 지적한다[39].

첫째, 지리적으로 러시아는 세계 최대의 영토 대국이다. 러시아는 지난 400년간 안보 불안을 해소하기 위해 인접국을 침공하여 영토를 확장하였다. 러시아는 스웨덴, 폴란드, 몽골, 이란, 오스만 튀르크와 전쟁에서 승리하여 영토를 확장하였으며 이들 국가와 적대 관계가 되었다.

러시아는 국가가 성장하면 영토가 확장되고 국경선은 변경될 수 있다고 보았다. 러시아는 외적의 침공에 대비하여 안보와 군사력을 강화하였다.

둘째, 러시아는 역사적으로 하나의 민족 국가보다는 다민족으로 구성된 고대 제국의 형태로 존속하였다. 유럽 대륙은 18세기 근대 사회로 변천하면서 수십 개의 민족 국가로 발전하였다. 반면 러시아는 통일된 제국으로 존속하면서 전제적인 지도자가 광대한 영토를 통치하였다. 전제적 지도자는 러시아 제국의 차르, 소련의 공산당 서기장이었으며 주요 통치기관은 강력한 군부와 보안 기관, 관료 집단이었다.

러시아 정교와 러시아어가 다민족을 통합하는 데 기여하였다. 러시아에서 민족(Nation)과 국가(State)라는 용어는 20세기에 사용되기 시작하였으며 서방에서의 의미와 다르다. 국가는 전제적 주권자를 의미하는 러시아어 가수다르(Gasudar)에서 기원하였다. 통치자와 국가는 동일시되었으며 통치자의 절대 권력은 무소불위(無所不爲)였

---

39 James H. Billington, Russia in Search of Itself, Woodrow Wilson Center Press, 2004, pp. 2-5.

으며 누구의 통제도 받지 않는 군주 정치의 대명사가 되었다.

셋째, 혼합된 문화이다. 러시아 문화는 고대 키에프와 중세 모스크바 공국 시대의 전통, 정교, 그리고 비잔틴 제국과 몽골 문화의 혼합이었다. 러시아는 9세기 키에프 시대부터 서구 문명보다는 아시아적 전제적 요소가 강한 비잔틴 제국의 문명을 수용했고 13-15세기 동안 몽골의 지배로 인해 서구와 접촉이 단절되었다. 러시아는 비잔틴 제국으로부터 정교를 수용하여 유럽의 기독교 문명권에 포함되었으나 가톨릭 중심의 서구 문명과는 구별되었다.

18세기 피터 대제는 후진성의 극복을 위해 서구 선진 문화를 도입하였다. 피터 대제의 서구화 정책으로 유럽 문화가 러시아에 확산되었다. 폴란드의 가톨릭 문화, 독일, 네덜란드와 스웨덴의 개신교 문화가 러시아의 정치, 경제, 문화에 큰 영향을 미쳤다. 18세기 러시아 궁정에는 프랑스 언어와 이탈리아 문화가 유행하였다. 농부 등 서민들은 러시아어로 소통했고, 귀족들은 프랑스어를 사용하여 동질감이 부족하였다. 19세기에 비로소 러시아 민족 정체성이 형성되었다. 그러나 러시아 제국은 중세의 전제 정치와 농노제를 강화하고, 차르 통치를 위협하는 서구의 자유주의와 다원주의 도입을 허용하지 않았다. 새로운 사조와 기술을 창조적으로 수용하지 못한 러시아 제국의 이념적 경직성이 1917년 공산주의 혁명과 제국의 패망에 일조하였다.

이중적인 정체성과 극단성

헌팅턴(Samuel Huntington) 교수는 러시아가 역사적으로 정체성 확립에 갈등을 보여준 대표적인 분열 국가(Torn Country)라고 지적하였다[40]. 분열 국가는 통치자가 부국강병이나 근대화를 위해 기존의 문명 대신에 다른 문명을 선택하는 경우이다.

헌팅턴 교수는 러시아가 18세기부터 서구 문명 혹은 동방 정교 중심의 유라시아 문명을 선택할 것인지 두고 수 세기간 분열되어 왔다고 주장한다. 러시아 문화는 유럽의 기독교 문화이며 동시에 비서구적이다[41].

이 같은 분열성은 러시아의 수도 이전에 나타난다. 러시아는 18세기 친서구화를 위해 수도를 모스크바에서 상트페테르부르크로 이전했다. 1921년 소련은 공산주의 정체성을 확립하기 위해 수도를 다시 모스크바로 이전하였다. 17세기 러시아 제국의 깃발은 삼색기였으며 20세기 소련은 망치와 낫을 상징하는 붉은 깃발을 사용하였다. 현재 러시아는 19세기 러시아 제국의 삼색기를 사용하고 있으며 다른 한편으로는 제2차 세계대전에서 독일 나찌즘에 승리한 소련의 역사를 강조하고 있다.

유럽과 아시아, 정교와 이슬람 문화가 섞인 러시아의 혼합 문화는 이중적인 정체성으로 발현되었다. 첫째, 유럽과 아시아의 이중

---

40 Samuel Huntington, The Clash of Civilizations and the Making of World Order, Touchstone, 1996. pp. 139-144.

41 Nicolas Zernov, The Russians and Their Church, St Vladimir's Seminary Press, 1994. p. 4.

성이다. 러시아는 지리적으로 우랄산맥을 기점으로 유럽과 아시아 지역으로 대별되며 서로 민족, 종교가 상이하였다. 러시아의 유럽 지역은 인구의 대다수가 거주하며 정교 등 유럽 기독교 문화와 정치의 중심지이다, 반면 아시아 지역은 아시아계 소수 인종이 주류이며 이슬람, 불교, 전통 신앙 등 다양한 종교가 지배적이다. 그리고 열악한 환경으로 인구가 적으며 접근이 어려워 미개발 지역이다.

러시아는 정복을 통해 영토를 유럽과 아시아 지역으로 확장하면서 러시아어와 정교를 통해 소수 민족, 다양한 문화를 통합하고 정체성을 확립하고자 하였다. 그러나 다민족의 통합에 실패했고 소련을 구성한 15개의 소수 민족 공화국이 독립하면서 소련은 1991년 붕괴되었다.

둘째, 러시아는 전통적으로 여성 기질이 강하며 남성 기질은 예외적이었다, 러시아의 전통은 추운 겨울 등 혹독한 자연에 적응하면서 강한 인내심으로 가족을 유지하는 모성을 강조한다. 러시아 농부들은 땅을 어머니로 간주하고 신의 선물로서 신성시하였다. 농부들이 농지를 잘 개간하고 유지하는 것이 신에 대한 의무였다. 러시아어로 조국은 여성형이며 모국이라고 부른다.

러시아 정교는 예수보다는 성모 마리아의 모성을 강조한다. 남성 기질은 점진적인 개혁보다는 급진적이고 과격한 개혁[42]을 선호했

---

42 러시아의 대표적인 급진적 개혁은 17세기 피터 대제의 서구화, 1856년 러시아의 크림 전쟁에 패한 후 알렉산더 2세의 농노 해방, 20세기 초 레닌의 공산 혁명, 20세기 말 고르바쵸프 서기장의 사회주의개혁과 옐친 대통령의 서구화이다.

으며 차르의 강압적인 탄압에 대항하는 18세기 푸카초프 농민 반란 (1773-1775)과 20세기 초 공산 혁명으로 표출되었다. 러시아 여성문화는 포용과 인내심이라면 남성문화는 극단적이며 타협적인 중간이 없다.

셋째, 러시아가 추구하는 친서구와 반서구의 상충성과 모순이다. 러시아가 지향하는 유토피아와 이념은 시대마다 다양했으며 서로 대립하였다. 러시아는 16세기 이후 농촌사회의 후진성을 극복하기 위해 선진 유럽 문명을 동경하고 모방하였으며 다른 한편으로는 멸시하고 대항하였다.

19세기 러시아 제국은 서구화를 지지하는 서구주의와 독자적인 문명을 강조하는 슬라브주의로 대립하였다. 슬라브주의는 서구 문화와 제도가 러시아의 전통과 정신을 왜곡시킨다고 비판하고 서구화에 반대하였다. 그러나 18세기 러시아는 같은 슬라브족인 폴란드의 분할에 참가하였으며 2014년 및 2022년 슬라브족인 우크라이나를 침공하였다.

19세기 러시아 제국은 범슬라브주의를 주장하면서 유럽에서 탄압받는 정교 신도와 슬라브족의 보호를 명목으로 외국에 개입하였다. 러시아 제국은 오스트리아-헝가리 제국이 슬라브 국가인 세르비아를 침공하자 제1차 세계대전에 참전하였다. 1990년대 초창기에 유고슬라비아가 내전으로 해체되고 세르비아, 슬로베니아, 크로아티아 등 6개 국가가 독립하였다. 1999년 NATO가 유고 내전에 개입하여 슬라브 민족인 세르비아를 공습하자 러시아는 강하게 항의했다.

1917년 레닌 등 소련 혁명가들은 서구의 민주 제도에 반대하고 마르크스주의에 입각한 공산주의 유토피아를 건설하고자 하였다. 소련은 서구와 다른 사회이며 사회주의 혁명으로 후진성을 극복하고 서구사회를 앞지를 수 있다고 확신하였다.

소련은 탈서구화를 추구하였지만 마르크스주의는 독일에서 유래되었고 공산주의는 급진적 서구화의 한 형태였다. 러시아의 유명한 작가인 솔제니친은 소련 공산주의를 '러시아가 서구의 옷을 상하로, 앞뒤로 바꾸어 입은 것'에 비유했다.

러시아의 친서구와 반서구적인 경향은 대외 정책에도 투영되었다. 러시아 대외 정책은 시계추에 비유한다. 러시아는 유럽으로 진출이 어려우면 아시아로 진출하고 아시아 진출이 막히면 다시 유럽으로 복귀하였다. 18-19세기 동안 러시아는 친서구화를 지향하였으며 선진 기술과 문명의 중심인 유럽 진출에 주안점을 두었다. 1856년 러시아는 크림 전쟁에 패하고 유럽 진출이 막히자 아시아와 태평양으로 진출하여 중앙아시아와 극동 연해주 지역을 장악하였다.

1985-1999년간 구소련의 해체와 탈냉전의 초창기에는 러시아는 서구와 협력을 강화하였다. 그러나 21세기 러시아는 NATO 확대로 유럽으로 진출이 어렵게 되자 반서구 정책을 추진하면서 중국과 아시아로 진출하였다.

러시아의 2014년 크림반도 병합 이후 러-미 관계는 대립 관계가 되었고 러시아는 미국의 패권에 반대하는 대표적인 수정주의 국가가 되었다. 현재 푸틴 대통령은 유라시아주의를 토대로 서구 문명과 별개의 반서구적인 다극적인 국제질서와 '러시아 세계(Russia

Mir)'**43**를 구축하고자 한다. 2022년 러시아는 우크라이나를 침공하자 서방은 강한 대러 제재 조치를 단행하였다. 러시아는 유럽에 퇴출당하자 아시아 중시 정책으로 전환하였다.

넷째, 러시아 국내 정세가 정체성에 영향을 미쳤다. 공산당이 70년간 소련을 통치하는 동안 전제적인 스탈린주의와 탈스탈린주의가 반복되었다. 1950-1960년대 흐루시초프 서기장, 1980년대 후반 고르바초프 서기장, 1990년대 옐친 대통령의 집권 시에는 탈스탈린주의가 우세하였다. 이들은 마르크스-레닌주의를 지지하였으나 강압적인 스탈린주의에 반대했다.

그러나 푸틴 대통령의 20년간 집권 동안 극우 보수적인 스탈린주의가 득세하였다. 푸틴 대통령은 러시아에 스탈린 기념관을 건립했고 스탈린을 비판하는 국내 단체를 해체하였다.

다섯째, 러시아의 팽창주의적인 이념과 안보 사이의 대립이다. 전 키신저 미국 국무장관은 러시아는 유럽 국가들과 달리 국가를 신념에 추동되는 대의(大義)로 본다고 강조하였다. 그리고 러시아 역사가 메시아적인 추동력과 만연한 불안감 사이의 지속적인 양면적 모순(ambivalence)에 처해 있다고 설명하였다. 이 같은 모순이 극단적으로 변형되면 러시아 제국은 대외적으로 팽창하지 않으면 내적으로 파열될 것이라는 두려움을 갖게 된다고 지적하였다**44**. 러시아는 국제 사회의 보편적인 준칙인 세력균형을 준수하지 않으며

43 Mark Bassin and Gonzalo Pozo, The Politics of Eurasianism(Identity, Popular Culture and Russia's Foreign Policy), Rowman and Littlefield International, 2017, pp. 59-74.

44 Henry Kissinger, Diplomacy, Simon & Schuster, 1994, p. 143.

타국과의 전쟁으로 멈출 때까지 팽창하며 타협보다는 패배의 위험을 선호[45]한다고 강조하였다.

정교 부활과 제3 로마

소련이 1991년 12월 해체되자 러시아 정부는 국민의 단합과 정체성 회복을 위해 소련 시대에 탄압받았던 정교를 부활하였다. 현재 러시아는 세속국가이며 종교의 자유를 허용한다. 러시아 인구약 1억 5천만 명 중 70%는 정교를 신봉하며 무슬림은 12%이다.

정교는 기독교와 교리가 차이가 있다. 서구 기독교는 예수와 성경, 성모 마리아의 순결을 강조한다면 정교는 성모 마리아의 모성, 성화, 예식, 신의 영광을 강조한다. 특히 정교는 문자보다는 미술, 건축의 형상과 아름다움을 통해 종교를 미적으로 승화시켰다.

정교는 13-14세기 몽골의 러시아 지배 동안 서구의 기독교와 접촉이 단절되어 독자적인 교리를 개발하고 발전하였다. 서방의 기독교는 지적이고 하나의 사회 제도라면 러시아 정교는 기독교를 예술적으로 해석하며 살아있는 유기체이다. 정교는 가족과 같은 공동체로서 기독교 국가의 건설을 추구한다[46].

정교는 1000년간 러시아 제국의 이념적 기제로서 외부 세력의 침략에 대한 저항과 정치적 통합에 주요한 역할을 하였다. 13-15세

---

45 상게서, p. 172-273.
46 Nicolas Zernov, 전게서, pp. 50-51.

기 몽골의 지배하에 모스크바 공국은 정교를 통해 정체성을 유지
하였다[47].

모스크바 공국은 1455년 비잔틴 제국이 이슬람의 오스만 튀르크
에 의해 멸망하자 고대 로마제국의 로마가 제1의 로마, 비잔틴 제국
의 콘스탄티노플이 제2의 로마, 마지막으로 모스크바가 제3의 로마
라고 주장하면서[48] 인류의 구원을 위한 신성한 사명이 러시아에 있
다고 강조하였다. 모스크바의 제3 로마라는 주장은 모스크바가 새
로운 예루살렘이며 신성한 러시아(Holy Russia), 즉 러시아 민족은 신
에 의해 선택된 사람이라는 메시아적 신앙으로 고착화되었다.

비잔틴 제국은 러시아와 유럽 문명을 이어주는 가교역할을 하였
다. 러시아는 15-18세기 동안 유럽에서 아시아 후진국으로 간주되
었으며 정교수용과 모스크바가 제3의 로마라는 주장을 통해 유럽
의 변방에서 벗어나고자 하였다. 러시아는 비잔틴 제국(395-1453)의
계승자로 자처하면서 유럽 문명권에 속하게 되었다. 러시아는 동
양과 서양의 교량 역할을 한 중세의 비잔틴 제국처럼 동-서 문명의
통합에 주도적 역할을 자처하였다.

18세기 말 러시아는 유럽 국가라고 선언하였으며 이교도의 침입
으로부터 유럽 문명을 보호하는 방파제 역할을 하였다. 러시아는
13-15세기 동안 몽골 유목민들의 위협으로부터 유럽 문명을 방어

---

47 Peter. J. S. Duncan, Russian Messianism(Third Rome, Revolution, Communism and After),
   Routledge, 2000. p. 11.
48 1453년 비잔틴 제국이 이슬람의 오스만 튀르크에 의해 멸망하자 Filofey 신부는 1511년 고
   대 로마가 제1의 로마, 비잔틴 제국의 콘스탄티노플이 제2의 로마, 모스크바가 제3의 로마
   라고 주장하였다. 상게서, pp.10-12.

했으며, 18세기 오스만 튀르크의 이슬람 위협에서 유럽의 기독교를 보호하는 보루였다. 그리고 19세기 초 프랑스 나폴레옹의 침공과 제2차 세계대전 독일의 침공으로부터 유럽을 구했다고 주장하고 있다.

19세기 러시아 대문호 도스토예프스키(F. Dostoyevsky, 1821-1881)[49]는 아무런 보상이나 대가를 바라지 않는 러시아의 순수한 희생정신이 인류를 구원할 수 있다고 강조하였다. 그는 유럽과 구별되는 슬라브 민족주의를 주장하였으며 러시아의 아시아 진출을 지지하였다. 그는 '작가의 일기(A Writer's Diary)'에서 '러시아는 유럽에서는 노예였으나 아시아에서 주인이 될 수 있으며 러시아는 유럽에서 타타르인(Tatars)이나, 아시아에서 유럽인이다'라고 강조했다. 그는 유럽에서 상실한 러시아의 위상과 정체성을 아시아 진출을 통해 회복하고자 하였다.

러시아 제국의 2대 지주는 군사력과 정교였다. 군사력이 사회질서를 유지하고 영토를 확장하는 물리적 지주였으며 정교는 국교로서 러시아의 전통과 가치를 대변하는 정신적 지주였다. 1832년 러시아 제국의 유발로프(S.Uvarov) 교육부 장관은 서구의 자유주의 이념에 대항하기 위해 러시아 이념으로 '정교(Orthodoxy), 민족성(Nationality), 전제 정치(Autocracy)'의 3대 요소를 제시하였다.

그는 서구 이념이 차르 체제를 위협한다고 지적하고 정교가 러시

---

49 도스토예프스키는 서구는 쇠퇴하고 있다고 하고 러시아가 대신해야 한다고 주장했다. 그리고 국가는 서구 계몽주의 이전의 보편적인 기독교 제도를 부활해야 하며 국가의 보호자 역할을 강조하였다. 상게서, pp. 34-41.

아 정체성을 수호하는 역할을 하며, 전제적인 차르가 제국을 유지하는 데 필요하다고 강조하였다. 그리고 민족성이 차르와 인민을 연결하는 고리라고 주장하고 러시아의 서구화에 반대했다. 반면 당시 러시아 서구주의자들은 후진성을 극복하고 서구에 대항하기 위해 서구식 현대화와 헌법 제정을 강조하였다.

한편 유럽 국가들은 17세기 종교 개혁으로 정치와 종교가 분리되었으며 군주의 권력을 제한하고 개인의 자유를 강조하는 민주주의로 발전하였다. 그러나 러시아는 외부 세계와 단절되어 인간의 이성을 강조하는 유럽의 14-15세기 문예부흥과 종교 개혁을 접촉할 기회가 없었으며 차르가 세속 권력과 종교 권력을 독점하는 절대 권력자가 되었다. 러시아의 피터 대제는 1721년 정교 주교를 임명하였으며 종교를 지배하였다. 서구의 기독교는 17세기부터 정교분리 원칙하에 정치에 개입하지 않았고 정치권력의 남용을 견제하면서 법의 지배가 수립되는 데 주요한 역할을 하였다.

반면 정교는 국민의 자유와 권리 수호보다는 러시아 제국의 권위와 사회 통합을 강화하는 데 일조하였다. 다른 한편으로 정교는 압박받은 농민들을 대변했고 17-18세기 내우외환의 혼란기에 국민을 통합하고 차르 계승자를 선정하기도 하였다.

19세기 유발로프 장관이 제시한 3대 요소는 차르의 전제 정치와 군주제를 정당화하는 데 주안점을 두었으며 당시 유럽에서 유행한 자유 민주주의와 주권 국가 발전에 역행적이었다. 결국 러시아 제국은 1917년 공산주의 혁명으로 붕괴하였다.

소련 공산주의는 반서구적이었고 종교를 탄압했으며 정교는 수난을 당했다. 1991년 소련의 패망으로 러시아가 출범하자 정교는 다시 부활하였다. 현재 정교는 대다수 러시아인이 신봉하는 종교로서 애국주의를 강조하며 러시아의 강대국 복귀에 주요한 역할을 하고 있다. 러시아 정교는 기독교의 정통이며 서구 문명은 물질적이며 퇴폐적이라고 강조한다. 서구 문명은 쇠퇴하고 있으며 대신 러시아의 슬라브 문명이 서구 문명의 구원자가 되어야 한다는 것이다.

21세기 유라시아주의

러시아의 유라시아주의는 역사적으로 서구 산업화의 충격, 1917년 러시아 제국의 붕괴와 1991년 소련의 해체 등 급격한 체제 변혁기에 정체성의 확립 방안으로 부상하였다.

유라시아주의의 이념적 기원은 19세기 후반 다닐예브스키(N.Da-nilevsky)에서 시작되었다. 그는 1868년 '러시아와 유럽'이라는 저서에서 유럽은 아시아 대륙의 서쪽 반도이며, 러시아의 방대한 아시아 지역이 결국 유라시아의 로마-게르만 변방 지역을 압도할 것이라고 주장하였다[50]. 그는 서구는 러시아에게 외국이며 적대적이라고 하고 서구와 구분되는 범슬라브 연합과 단합을 강조하였다. 러시아가 유라시아 대륙의 중심이며 유럽은 변방이라는 것이다.

유라시아주의는 러시아가 유럽과 아시아 대륙에 걸쳐 있는 서구 기독교 문명과 별개의 문명체이며 양 대륙을 연결하는 가교로서

---

50 상게서, pp. 69.

역할을 강조하였다. 18-19세기 러시아는 유럽에 비해 후진 사회였으나 아시아와 비교할 경우 선진국이며 유럽의 문화를 아시아에 전달하는 교량 역할을 주장하였다.

19세기 러시아는 중앙아시아와 시베리아, 연해주에 거주하는 원주민들을 야만인들로 간주하고 이들을 개화시킨다는 명목으로 영토를 정복하고 식민지 지배를 정당화하였다. 19세기 하반기 서구의 자본주의와 산업화 시기에 러시아는 전제 정치와 농업 중심의 후진 사회였다. 러시아는 1856년 크림 전쟁에 패배하자 1861년 봉건적인 농노제를 해체하고 산업화를 추진하였다.

1917년 러시아 제국의 패망과 공산주의 혁명 등 혼란기에 새로운 정체성으로 유라시아주의가 부상하였다. 소련 내란을 피해 해외로 이주한 러시아 지식인들은 공산주의에 반대했으며 그 대안으로 유라시아주의를 주장했다.

1991년 소련 해체로 공산주의가 정통성을 상실하자 러시아는 유라시아주의를 강조하였다[51]. 1990년대 서구주의와 민족주의, 슬라브주의가 서로 대립하였다. 옐친 대통령이 추진한 서구화 정책이 실패하자 정교와 민족주의를 토대로 반서구적인 유라시아주의가 득세하였다.

푸틴 대통령은 20년간 장기 집권하는 동안 러시아의 위대한 역사를 강조하고 유라시아 강대국으로 부상을 추구하였다. 그는 유라시아주의를 통해 대내적으로 다민족 사회의 분열을 방지하고 권력의 수직적 통합과 장기 집권의 기반을 강화했다. 대외적으로 구소

---

51   James H. Billington, 전게서, pp. 69-81.

런 영토에 대한 배타적인 지배권을 확보하는 데 주력하였다. 유라시아주의는 제국적 팽창주의이며 서구화와 세계화에 반대한다.

러시아는 미국 주도의 자유 국제질서와 중국의 부상에 대항하고 탈패권적 다극적 국제질서의 구축을 위한 이념적 기제로서 유라시아주의를 적극 활용하고 있다.

유라시아주의는 지난 30년간 러시아의 대내외 정책과 맞물려 3단계로 발전하였다. 첫 단계는 러시아는 국력을 회복하자 지정학을 토대로 정체성 확립을 위해 유라시아주의를 주장하였다.

냉전기 소련은 서구 이념의 확산을 경계했고 서구에서 발달한 지정학이 공산당의 애국주의에 반하다는 이유로 지정학의 논의를 금지하였다. 그러나 1991년 소련 해체 이후 러시아 정부와 학계에서는 지정학이 각광을 받았다[52]. 러시아는 미국 패권에 대항하고 세계 강대국이었던 소련의 위상 회복에 지정학의 유용성을 알게 되었다.

지정학은 19-20세기 유럽 강대국의 영토 팽창과 세력권 확보에 유용한 지침을 제공하였다. 멕킨드(H. Mackinder)는 1904년 유라시아 심장부를 지배하는 자가 세계를 지배하며 심장부에 위치한 러시아와 중부 유럽이 지정학적 축이라고 강조하였다.

1990년대 러시아는 독립국가연합(CIS) 14개국의 독립으로 30%의 영토를 상실하였으며 2류 국가로 전락하였다. 멕킨드가 주장한 유라시아의 심장부 이론은 러시아가 강대국으로 복귀할 수 있다는

---

52 Marcel H. Van Herpen, Putin's Propaganda Machine(Soft power and Russian Foreign Policy), Rowman & Littlrfield, 2016, pp.188-193.

심리적인 위안과 희망을 제공하였다.

러시아 민족주의와 보수 강경파의 득세가[53] 유라시아주의 확산에 유리한 여건을 조성하였다. 1992-1999년간 집권한 옐친 대통령은 친서구화 정책을 통해 러시아의 경제회복과 강대국 복귀를 추진하였으나 실패로 끝났다. 1990년대 상반기 NATO의 유고 내전 개입과 러시아 경제 위기, 체첸 내전 등으로 반서구적인 강경파가 득세하였다. 이들은 서구의 시장 자본주의가 러시아를 분열시키고 있다고 비난하고, 러시아 제국의 영광을 강조하면서 NATO 동진과 미국의 패권에 반대하였다. 러시아가 주장하는 대륙 중심의 유라시아주의는 미국, 영국 등 해양 중심의 대서양주의와 대립되었다.

공산당과 강경파는 1993년 러시아의 총선 결과 다수당이 되어 의회를 지배하였고 2000년 취임한 푸틴 대통령을 지지하였다.

유럽보다는 아시아적 정체성을 강조하는 러시아 역사학과 지정학이 유라시아 확산에 일조하였다. 러시아 역사학자 구밀레브(Lev Gumilev, 1912-1992)는 직선적이고 점진적인 서구식 역사 발전보다는 예측하기 어려운 역동적인 역사관을 강조하였다. 그는 유럽의 변방인 러시아의 뿌리는 몽골과 중앙아시아이며 러시아는 유라시아 국가라는 정체성을 주장하였다. 러시아 지정학자 두긴(A.Dugin, 1965-)은 지정학적으로 미국의 해양 세력에 대항하는 방안으로 유라시아주의를 강조하였다.

2단계는 러시아는 유럽연합(EU)과 북대서양조약기구(NATO) 확대

---

53 Edited by Roger E. Kanet and Matthew Sussex, Power, Politics and Confrontation in Eurasia, Palgrave Macmillan, 2015, p. 49.

등 유럽통합에 대응하기 위해 유라시아 통합을 추진하였다. 탈냉전기 NATO와 유럽연합은 유럽통합을 주장하면서 구소련의 세력권인 동부 유럽으로 회원국을 확대하였다. 러시아는 구소련 지역을 배타적인 세력권으로 간주하고 서방 세력의 침투를 경계하였다.

냉전기 소련은 1955년 바르샤바조약기구(WP)를 설립하여 미국의 봉쇄 정책에 대항하였다. 그러나 1991년 WP와 소련은 해체되었다. 러시아는 유라시아 통합을 위해 2001년 상하이협력기구(SCO), 2003년 집단안보기구(CSTO)를 창설하였다. 그리고 러시아는 2014년 우크라이나의 크림반도 병합 이후 유럽연합에 대항하기 위해 2015년 유라시아 경제연합(EAEU)을 설립하였다.

3단계는 공세적인 대외 정책의 수단으로 유라시아주의를 강조하였다. 푸틴 대통령은 2000년 러시아가 유럽 국가라고 천명했고 2012년 러시아가 대(大)유럽과 분리할 수 없는 부분이라고 주장하였다.

그러나 2022년 2월 우크라이나 침공 이후 러-유럽 관계가 악화되자 러시아는 비서구 국가로 주장하고 서구와 결별(decoupling)하였다. 푸틴 대통령은 러시아는 유럽과 협력을 희망하나 유럽이 거절하였다고 하면서 러-유럽 관계의 악화 책임을 유럽에게 전가하였다.

푸틴 대통령은 2022년 5월 대(大)유라시아는 거대한 문명 프로젝트이며 동반자 협력을 위한 공간을 창조하는 데 있다고 주장하고 유라시아 문명과 '러시아 세계(Russskii Mir)'의 창조를 강조하였다. 러시아는 대(大)유라시아 동반자(Great Eurasia Partnership) 사업으로 이란, 북한, 인도는 물론 아프리카, 중남미, 아시아 개도국들과 반미 유대를 강화하고 있다.

한편 주변국은 유라시아주의를 러시아의 전통적인 팽창 정책으로 간주하고 경계하였으며 미국과 서구는 러시아의 유럽 침공을 방지하기 위해 우크라이나를 자원하였다. 중국은 유라시아 진출을 위해 2013년부터 일대일로(BRI) 사업을 본격화하고 있다. 우크라이나 전쟁 이후 유라시아의 지배를 두고 강대국 간의 각축이 심화되고 있다.

제2부

소련 해체와
우크라이나의 핵 포기[54]

---

54 송금영, 우크라이나 핵무기 폐기의 북핵 해결에 시사점, 외교(제101호, 2012.4), 한국외교협회, pp. 86-99 를 수정하여 재작성함.

제1장
미-러 간 핵 군축과
소련 핵무기의 러시아 이전

러시아의 소련 핵무기 통제

1991년 12월 소련이 해체되자 소련이 보유한 핵무기가 국제안보의 최대 현안으로 부상하였다. 냉전기 소련은 미국과 중국, 서구를 겨냥한 핵무기를 소련 공화국인 러시아, 우크라이나, 카자흐스탄, 벨라루스에 집중 배치하였다. 러시아가 약 69%(핵탄두: 7,133개), 우크라이나가 17%(핵탄두: 1,563개), 카자흐스탄이 13%(핵탄두: 1,410개), 벨라루스가 0.6%(핵탄두: 74개)의 핵탄두를 각각 소유하고 있었다.[55] 우크라이나는 미국, 러시아에 이어 세계에서 3위의 핵 강대국이 되었다. 우크라이나의 핵무기 보유 여부가 향후 러시아와 유럽의 안보 문제, 나아가서는 새로운 국제안보 질서 구축과 밀접하게 관련

---

[55] G. Perepelytsia, Geopolitical Transformations in Eurasia : View from Kyiv and Seoul, Korea Foundation ,2008, p.15.

된 중대한 현안으로 부상하였다[56].

러시아는 소련이 해체되자 내부 혼란을 방지하고 소련 지역을 통제하기 위해 독립국가연합(CIS)를 창립하였다. 러시아는 무엇보다도 안전 보장을 위해 구소련 지역에 배치된 핵무기의 확산 방지 및 통제에 주력하였다. 핵무기는 불법적으로 거래되거나 테러단체가 탈취할 위험이 있어 이에 대한 감시와 안전한 통제가 급선무였다.

러시아와 소련에서 독립한 11개 CIS 정상들은 1991년 12월부터 1992년 2월까지 수차례 회합을 갖고 다음과 같이 합의하였다.[57]

1) 러시아, 우크라이나, 카자흐스탄, 벨라루스 4국은 핵무기 통제를 위해 CIS 통합전략 사령부를 창설한다.

2) 벨라루스, 우크라이나는 비핵국으로 NPT 가입한다.

3) 전술 핵무기는 1992년 7월 1일까지, 전략핵무기는 1994년 말까지 러시아에 각각 이양한다.

4) CIS 통합전략 사령부가 이들 핵무기를 이양되기 전까지 통제한다.

그러나 1992년 3월 우크라이나 등 CIS 일부 국가들은 러시아가 통합 사령부 창설을 통해 구소련처럼 CIS를 군사적으로 계속 통제하려는 의도라고 주장하고 협정 서명을 거부하였다. 러시아의 핵

---

56 Steven Pifer, The Trilateral Process : The Unite States, Ukraine, Russia and Nuclear Weapons, (Brooking Institute, Arms Control Series, paper 6, May 2011), p. 4.

57 Yuri Dubinin, Ukraine Nuclear Ambitions Reminiscences of the Past(Global Affairs, 13 April 2004), p. 1.

무기 통제 노력은 무위로 끝났다.

다만 앞으로 핵무기를 발사할 경우 러시아는 우크라이나, 카자흐스탄, 벨라루스 3국과 사전 협의하기로 하였다. 당시 우크라이나, 카자흐스탄, 벨라루스 3국은 물리적으로 핵무기를 운용할 능력이 없었다. 러시아 대통령과 국방부 장관, 참모총장 3인이 각각 핵무기 발사를 결정하는 핵 가방을 보유하고 있었으며 3인의 동의가 있어야 핵무기를 발사할 수 있었다.

미, 러의 소련 핵무기 이전 합의

탈냉전 초창기 미국의 대러 정책은 러시아의 탈공산화와 민주주의 체제로의 이행을 지원하고 미-러 간 핵 군축을 통해 세계 안정을 강화하는 것이었다. 당시 부시(W.Bush) 대통령은 러시아와 협력을 통해 소련 지역에 배치된 핵무기의 확산 방지에 노력하였다. 미국은 구소련 해체 5개월 전인 1991년 7월 31일 소련과 체결한 전략무기감축 조약(START I) 이행 문제를 검토하였다.

START I 의 발효는 1993년 1월 미국과 러시아가 서명한 START II의 발효와 상호 연계되어 있었다.[58] START I 는 미국과 소련이 체결한 최초의 전략핵무기 감축 협정으로서 동 협정의 이행 여부가 앞으로 국제안전 확보는 물론, 핵확산금지 조약(NPT) 등

---

58 상게서, p.1.

세계 핵무기 감축에 주요한 시금석이었다.[59] START Ⅰ에 따라 미국과 소련은 각각 핵탄두 수는 6,000개, 핵투발수단(ICBM, SLBM, 전략 폭격기)은 1,600개로 하기로 하였다.

미국은 한때 우크라이나의 핵무기 보유를 긍정적으로 평가하였다. 미국 부시 행정부는 우크라이나가 핵무기를 보유하더라도 미국을 공격하지 않을 것이며, 우크라이나의 핵무기 보유가 앞으로 인접한 러시아의 부상을 견제할 수 있는 주요한 수단으로 간주하였다.

그러나 당시 베이크(J.Baker) 미국 국무장관은 이에 반대하였다. 그는 소련 해체 이후 소련 지역에 오직 러시아만 핵무기를 보유하는 것이 미국 국익에 유리하다고 강조하고, 가능한 조기에 카자흐스탄, 벨라루스, 우크라이나에 배치된 핵무기가 러시아에 이양되어야 한다고 주장하였다.[60] 이에 대해 미국 국방부 등 일부 반대가 있었으나, 결국 베이크 장관의 입장이 관철되었다.

당시 미국의 입장은 국제 사회에서 핵확산 방지를 위해서는 핵무기 보유국이 증가해서는 안 되며, START Ⅰ를 다자화하여 우크라이나, 카자흐스탄, 벨라루스가 START Ⅰ에 서명하고, 비핵국으로서 NPT에 가입한다는 것이었다.

러시아도 미국의 입장을 지지하였다. 러시아 의회는 우크라이나, 카자흐스탄, 벨라루스가 비핵국가로서 NPT에 가입할 경우 START

---

59 Steven Pifer, 전게서, p.4.
60 상게서, p.10.

Ⅰ가 발효한다는 전제 조건하에 START Ⅱ를 비준하였다[61].

당시 러시아는 핵무기의 확산 방지 방안으로 1) 러시아가 구소련이 보유했던 핵무기의 유일한 계승국이며, 2) 우크라이나, 카자흐스탄, 벨라루스 3국에게 핵무기 소유권을 인정할 수가 없으며, 3) NPT 규정상 자국의 핵무기를 타국에 이전할 수가 없으며, 4) 이들 3국이 핵무기를 이양을 거부할 경우 국가승인을 하지 않는다는 입장이었다.

당시 유럽연합(EU)은 미국과 러시아의 입장을 지지하였으며 우크라이나가 START Ⅰ 및 NPT에 가입하지 않을 경우 국가승인을 하지 않는다는 입장이었다. 유럽연합은 러시아로부터 수입하는 가스 80%가 우크라이나 가스관을 경유하고 있어 무엇보다도 러시아와 우크라이나 관계가 안정적으로 발전하기 기대하였다.

그러나 러시아와 미국은 핵무기의 확산 방지라는 원칙에 대해서는 합의했으나, 카자흐스탄, 벨라루스, 우크라이나를 구체적으로 어떤 방법으로 START에 가입시킬 것 인가에 대해서는 이견이 있었다. 특히 우크라이나는 앞으로 러시아의 침공 가능성을 우려하면서 핵무기의 보유를 희망하였다.

---

61 Steven Pifer, 전게서, p. 5.

제2장

우크라이나의 핵 포기와
핵확산금지 조약(NPT) 가입

우크라이나의 핵무기 이전과 협상전략

　카자흐스탄과 벨라루스는 핵보유국으로 자칭하지 않았으며[62],
자국에 배치된 소련 핵무기를 소련 해체 이후 러시아에 이양하였
다. 그러나 우크라이나는 핵보유국을 자칭하면서 핵무기를 쉽게
포기하지 않았다[63]. 특히, 우크라이나는 지난 50년간 우주발사체
엔진과 대륙간탄도미사일을 생산해 오고 있었으며, 5만 명이 종사

---

[62]　Yuri Dubinin, 전게서, p. 1.

[63]　1991년 12월 구소련이 해체 당시에 우크라이나 영토에는 46기의 SS-24 대륙간탄도미사일,
　　 130기의 SS-19 대륙간미사일이 배치되어 있었다. SS-24 미사일은 10개의 핵탄두를, SS-19
　　 미사일은 6개의 핵탄두를 장착할 수 있었다. 1,240의 핵탄두를 장착할 수 있는 이들 176기
　　 의 미사일은 미국을 겨냥하고 있었다. 또한 19대의 장거리 전략 폭격기 Tu-160, 25대의
　　 Blackjack Bear 전략폭격기를 보유하고 있었다. 이들 폭격기는 핵무기가 장착된 6-12개의
　　 크루즈 미사일을 휴대하여 수천 마일을 비행할 수 있었다. 이들의 핵무기 숫자는 영국, 프
　　 랑스, 중국이 보유한 핵무기를 모두 합한 것보다 많았다. 우크라이나는 미국, 러시아에 이
　　 어 세계 3대 핵보유국으로 부상하였다.

하는 전략적인 우주 산업의 유지를 희망하였다.

우크라이나 국내에서는 핵무기 보유 여부를 두고 찬반이 비등하였다. 우선 민족주의자들과 군부 측은 독립 유지 수단으로 핵무기 보유를 주장하였다. 이들은 1) 우크라이나는 핵무기 보유를 통해 강대국이 되어야 하며, 2) 우크라이나는 어떠한 동맹국 없어 자체적으로 안전보장을 책임져야 하며, 3) 저렴한 비용으로 국가안전을 보장할 수 있는 최선의 방안이 핵무기 보유이며 4) 핵무기를 러시아에 이양한 후 다시 핵무기 생산에 엄청난 비용이 소요되며 5) 재래식 군사력 증강에 소요될 자원을 산업 발전에 투입할 수가 있다고 주장하였다.

우크라이나는 유럽의 빵 바구니로서 세계적인 곡창지대이며, 유럽과 러시아 사이에 위치한 지정학적 중요성으로 역사적으로 수많은 외침을 받았다. 특히 우크라이나는 오랫동안 러시아의 지배를 받아 러시아에 대한 반감과 불신이 깊었다. 우크라이나 국민의 일부는 앞으로 러시아의 침입을 견제할 수 있는 주요한 수단으로서 핵무기 보유를 희망하였다. 이에 대해 우크라이나의 대부분 국민은 핵무기 포기를 지지하였다. 우선 1986년 체르노빌 핵발전소의 참사와 1993년 9월 페르보마야스크(Pervomayk) 핵탄두 저장소에서의 방사능 누출 사고를 경험한 국민들은 핵무기 포기를 희망하였다.

이들은 1) 우크라이나가 핵무기를 보유할 경우 국제 사회에서 고립될 것이며 2) 핵무기 보유 및 관리에 엄청난 자금이 필요하며 3) 핵무기를 관리할 전문 요원이 부족하여 물리적으로 핵무기를 보유할 수가 없으며 4) 핵무기 포기 대가로 미국이나 유럽으로부터 안전보장을 확보하여 러시아를 견제할 수 있다고 주장하였다.

당시 우크라이나 크라우추크(L. Kravchuk) 대통령은 핵무기 포기를 적극 지지하였다. 우크라이나 의회는 이미 1991년 7월 16일 우크라이나는 중립국으로서 군사동맹에 가입하지 않으며, 비핵 3원칙을 선언하였다. 우크라이나 정부는 1991년 12월 30일 민스크 협정 등 CIS 창설 문건 서명을 통해 NPT에 가입하고 자국 영토에 배치된 모든 핵무기를 철수할 것이라고 거듭 밝혔다.

우크라이나 정부는 핵무기 포기 대가로 1) 최대한 안전보장과 경제 재건에 필요한 재정적인 지원을 확보하고 2) 핵무기는 러시아에서 해체되어야 하며, 해체 비용은 부담하지 않으며, 3) 핵 감축 협상에 있어 러시아와 동등하게 참가하며, 4) 러시아와 흑해함대 분할 문제[64], 러시아산 가스에 대한 부채 등 주요 현안을 해결하는 데 있어 핵무기 카드를 활용한다는 입장이었다.

그리고 러시아와 양자 협상 시 열세를 만회하기 위해 미국의 참여를 환영하였다. 미국은 우크라이나와 러시아 입장을 최대한 존중하면서 이들 양국이 우선 협상을 통해 타협하도록 중재자 역할을 하였다.

우크라이나 전술 핵무기의 러시아 이전

미국은 구소련이 해체된 직후인 1991년 12월부터 1992년 5월간 우크라이나, 카자흐스탄, 벨라루스, 러시아 4국에 국무성 대표단을

---

64 Steven Pifer, 전게서, p.6.

파견하여 핵무기 폐기를 위한 협상을 개최하였다.

베이크 미국 국무장관은 우선 1991년 12월 이들 4국을 방문하였다. 우크라이나 크라우추크 대통령은 베이크 국무장관과 면담 이후 우크라이나 영토에 배치된 모든 핵무기를 폐기할 것이라고 언급하고 전술 핵탄두는 1992년 7월 1일까지 러시아에 이양할 것이라고 재차 약속하였다.

그러나 흑해함대 분할 문제에 대해 러시아와 우크라이나 간에 이견이 심화되자 우크라이나 의회는 전술 핵무기의 이양에 반대 입장을 표명하였다. 크라우추크 대통령도 1992년 3월 기자회견을 통해 러시아에 이양되는 전술 핵무기가 해체되는지 여부에 대해 확인할 수가 없어 이양을 중단한다고 밝혔다.

그리고 우크라이나는 국제적 감시단이 전술 핵무기의 해체 과정을 모니터링해야 하며, 핵무기를 해체할 수 있는 시설을 우크라이나 내에 건립 해 줄 것을 제의하였다.

이에 대해 러시아는 핵무기 기술이 서방으로 유출될 가능성을 우려하여 국제 감시단이 모니터링하는 데 반대하고 대신 우크라이나 정부가 모니터링하는 데 동의하였다. 그리고 러시아는 핵무기 해체 시설을 우크라이나에 건립할 경우 우크라이나 정부가 핵무기 조립 기술을 획득하여 핵무기를 개발할 수 있음을 감안하여 이를 수용하지 않았다.

또한 우크라이나 국방부가 자국에 배치된 핵무기에 대해 통제를 요구하자, 러시아는 1992년 4월 우크라이나와 러시아는 양측이 동의할 경우 핵미사일을 발사하기로 합의하였다. 마침내 1992년 4월 18일 러시아와 우크라이나는 전술 핵무기 이양 합의서에 서명하였

다.[65]

한편, 크라우추크 대통령은 1992년 5월 미국을 방문하여, 부시 대통령과 회담을 갖고, 모든 전술 핵탄두를 1992년 7월까지 러시아에 이양하고, 나머지 전략 핵무기는 START I 규정에 따라 7년 이내에 이양하기로 약속하였다. 이에 부시 대통령은 우크라이나의 핵무기 폐기 과정을 재정적으로 지원하기로 하였다. 우크라이나가 전술 핵무기를 쉽게 이양한 것은 국제 사회의 신뢰를 확보하는 차원도 있었지만 국내적으로 전술 핵무기를 보관할 시설이 부족한데 기인하였다. 러시아는 1980년대 말 동-서독의 통합 과정에서 동구 유럽에 배치한 수백 기의 전술 핵무기를 철수하여 우크라이나에 집중 배치하였다.

소련 핵보유국의 START I 의정서 서명

미국 국무성 바르톨로뮤(R.Bartholomew) 국제안보 차관보가 START I 이행 문제를 협의하기 위해 1992년 1월 우크라이나, 카자흐스탄, 벨라루스, 러시아 4국을 방문하였다. 바르톨로뮤 차관은 이들 4국에 2가지 방안을 제시하였다. 첫 번째 방안은 미국이 러시아와 양자 차원에서 START I 의정서를 체결하고, 러시아가 별도로 우크라이나, 카자흐스탄, 벨라루스와 각각 의정서를 체결하는 것이며, 두 번째 방안은 미국, 우크라이나, 카자흐스탄, 벨라루스,

---

65 Yuri Dubinin, 전게서, p.2.

러시아 5국이 하나의 의정서를 체결하는 것이었다.

러시아는 첫 번째 방안을 선호하여, 우크라이나와 협상하였으나, 우크라이나 측은 반대하였다. 우크라이나 측은 소련 계승 국가로서 START Ⅰ 의정서에 서명을 희망하였다. 미국은 두 번째 방안을 추진하기로 하고, 1992년 4월 우크라이나, 카자흐스탄, 벨라루스, 러시아와 의정서 문안을 협의하였다.

마침내 1992년 5월 23일 리스본에서 미국, 우크라이나, 카자흐스탄, 벨라루스, 러시아 5국은 START Ⅰ 의정서에 서명하였다[66]. 의정서 요지는 (1) 우크라이나, 카자흐스탄, 벨라루스는 START Ⅰ 당사국이며, 최단 시일 내 비핵국가로서 NPT에 가입하며, (2) START Ⅰ 의무를 이행하고, 동 의정서와 함께 START Ⅱ에 가서명한다는 것이었다.

START Ⅰ 의정서는 우크라이나 핵무기 폐기에 대한 기본 원칙을 규정함으로써 중요한 의미가 있다. 앞으로 주요 현안은 이들 5개 서명국이 START Ⅰ 발효를 위해 START Ⅰ에 비준하고 비준서를 서로 교환하는 것이었다.

우선 1992년 10월 미 의회는 START Ⅰ을 비준하였다. 러시아 의회는 1992년 11월 우크라이나, 카자흐스탄, 벨라루스가 비핵국가로 NPT에 가입할 때 START Ⅰ 비준서를 미국과 교환한다는 전제 조건으로 START Ⅰ을 비준하였다.

벨라루스는 1993년 2월 START Ⅰ을 비준하고, 1993년 8월 비핵국가로서 NPT 가입하였다. 카자흐스탄은 1992년 7월 START Ⅰ

---

66 상게서, p. 2.

를 비준하고, 1994년 2월 비핵 국가로서 NPT 가입하였다.

한편 우크라이나는 확실한 안전보장을 요구하면서 START Ⅰ 의정서를 비준하지 않았다. 우크라이나 의회는 START Ⅰ 의정서의 비준을 거절하고, 우크라이나는 구소련의 핵무기를 이양받은 핵무기 보유국이므로 비핵국가로서 NPT에 가입할 수가 없다고 주장하였다. 우크라이나 의회는 우크라이나의 안전보장 확보를 위해서는 SS-24 대륙간탄도미사일을 보유하여 재래식 탄두를 장착하든지 아니면, 리스본 의정서를 14년간 거쳐서 이행하고 이어서 NPT에 가입해야 한다고 주장하였다.

1993년 7월 3일 우크라이나 국방부도 자국에 배치된 핵무기들에 대한 통제를 강화하고, 우크라이나가 임시 핵보유국(transitional nuclear status)이라는 지위를 확보하려고 노력하였다.

이에 대해 러시아는 강하게 반발하였다. 러시아는 우크라이나의 핵무기 보유 주장은 국제안보에 심각한 위협을 초래할 수 있다고 경고하였다. 그리고 러시아는 NPT 규정상 여타 국가에게 핵무기를 이전할 수가 없으며, 우크라이나가 핵무기 보유국으로 NPT에 가입할 수가 없다고 강조하였다. 러시아 의회는 흑해함대가 주둔하고 있는 우크라이나 크림반도의 세바스토폴 항구를 러시아 영토라고 의결하는 등 러시아와 우크라이나 관계가 악화되었다[67].

---

67   Steven Pifer, 전게서, p.15.

러-우크라이나 간 모스크바 협정 서명

1993년 초부터 러시아는 START I의 구체적인 이행 방안을 협의하기 위해 우크라이나와 본격적인 협상을 개시하였다. 러시아는 우크라이나 측이 안전보장과 최대한 보상 확보 일환으로 핵무기 보유를 주장하고 있다고 판단하고 가능한 조기에 협상을 종결하고자 하였다.

우선 러시아 옐친 대통령은 1993년 7월 동경에서 개최된 G-7 정상회의 계기에 미국 클린턴 대통령과 면담을 갖고, 미국, 러시아, 우크라이나 3국 간 실무회담 개최를 제의하였으며 클린턴 대통령은 동의하였다.

1993년 여름 런던에서 미국, 러시아, 우크라이나 3국 간 실무회담이 처음 개최되었다. 우크라이나는 전략 및 전술 핵탄두에 내장된 고농축 우라늄에 대한 보상을 요구하였다. 러시아는 소극적이었고, 미국은 1) 우크라이나가 핵탄두에 내장된 고농축 우라늄의 경제적인 가치에 대해 주장할 권리가 있으며 2) 우크라이나가 열악한 경제 사정으로 러시아산 가스 부채 20억 달러를 갚지 못할 것이라고 하면서 우크라이나의 전술 핵무기 포기 대가로 러시아가 우크라이나에게 20억 달러를 탕감하는 방안을 제의하였다.

일단 전략 핵탄두에 내장된 고농축 우라늄에 대한 보상 문제는 러-우크라이나 간 합의를 통해 해결되었다. 러시아와 우크라이나는 1993년 8월 개최된 총리 회담에서 '우크라이나가 전략핵무기를 러시아에 이양하고, 러시아는 이를 해체하여 핵탄두에 내장된 고농축 우라늄을 저농축하여 우크라이나 핵발전소 연료용으로 공급하기로 합의하였다[68]. 그러나 우크라이나 측이 주장한 전술 핵무기에 내장된 우라늄의 보상에 대해서는 언급이 없었다.

이어서 1993년 9월 러시아와 우크라이나 대통령은 크림반도에서 회담을 가졌다. 러시아가 우크라이나의 대러 가스 채무(20억 달러)를 변제해 주는 조건으로 우크라이나는 흑해함대의 분할에 합의하였다. 그리고 우크라이나는 START Ⅰ 및 리스본 의정서를 비준한 지 2년 내 모든 전략핵무기를 러시아에 이양하기로 합의하고 '우크라이나에 배치된 모든 핵무기의 러시아 이양에 관한 의정서'에 서명코자 하였다.

그러나 우크라이나 대통령이 러시아에 너무 많이 양보했다고 우크라이나 의회로부터 강한 비판에 직면하자, '모든 핵무기를 이양한다'는 문구에서 '모든'을 삭제한 새로운 협정 문안을 러시아 측에 제시하였다[69]. 그러나 러시아는 협정 문안에 서명하지 않았으나, 양국 정상 간 합의사항의 본질적인 내용은 유효하다고 보았다.

1993년 1월 미국 클린턴 대통령이 취임하였다. 그는 우크라이나와 러시아 간 진전이 없는 협상의 타개 방안으로 우선 미-우크라이나 관계 개선을 추구한다는 전략을 채택하였다. 당시 우크라이나도 파산 상태의 경제회복을 위해 미국의 재정적인 지원이 절실하였다. 클린턴 정부는 우크라이나 핵무기의 조기 해결이 1996년 클린턴 대통령의 재선에 도움이 될 것으로 판단하였다. 이어서 우크라이나와 미국은 1993년 10월 전략핵무기 해체 및 대량살상무기 비확산 지

---

68   Yuri Dubinin, 전게서, p.8.
69   Steven Pifer, 전게서, p.16.

원에 관한 협정에 서명하였다. 이에 따라 미국은 우크라이나가 핵무기를 해체할 경우 재정적, 기술적인 지원을 하게 되었다.

미국, 러시아, 우크라이나 3국은 수차례 협상 끝에 마침내 1994년 1월 14일 모스크바 협정에 서명하였다[70]. 요지는 아래와 같다.

1) 당사국들은 유럽안보협력회의(CSCE) 원칙에 따라 독립, 주권 및 현 국경선을 상호 존중한다.

2) 우크라이나는 모든 핵무기를 러시아에 조기에 이양하고, 조속한 시일 내 NPT에 가입한다.

3) START Ⅰ가 발효되고, 우크라이나가 NPT에 가입하면 START Ⅰ기탁국인 미국, 영국, 러시아가 우크라이나에게 안전보장을 제공한다.

4) 러시아는 10개월 이내에 전략 핵탄두에 내장된 고농축 우라늄을 저농축한 100톤을 원자력 발전소 연료봉으로 우크라이나에 제공한다.

5) 미국은 Nunn-Lugar 법안에 의거하여 러시아, 벨라루스, 카자흐스탄, 우크라이나에게 8억 달러를 지원한다.

우크라이나 측은 1996년 6월 1일까지 핵무기의 러시아 이양에 동의하면서 이 같은 내용을 정치적 이유로 비공개를 희망하였다. 그리고 1992년 이양된 전술 핵무기에서 내장된 우라늄에 대해서도 보상을 요구하였다. 이에 대해 러시아는 우크라이나의 러시아 가

---

70 Yuri Dubinin, 전게서, p.8.

스 채무와 상계할 수 있다는 입장을 표명하였다. 그리고 이 같은 사실이 공개되면 벨라루스와 카자흐스탄이 구소련의 핵무기 포기 대가로 유사한 보상을 러시아에 요구할 것을 우려하여 비공개는 물론 협정 문안에 명기하지 않을 것을 요구하였다.

마침내 1994년 5월 러시아와 우크라이나는 1994년 1월 체결된 모스크바 협정의 이행에 관한 조약에 서명하였다.

제3장

부다페스트 각서(Budapest Memorandum)와 우크라이나 안전보장 문제

우크라이나의 부다페스트 각서(Budapest Memorandum) 서명

우크라이나 대선에 출마한 크라우추크 대통령은 낙선하고, 대신 1994년 7월 쿠치마(L. Kuchma)가 우크라이나 2대 대통령으로 취임하였다. 그는 핵무기 관련 크라우추크 대통령의 노선을 추종하였다. 쿠치마 대통령은 우선 미국을 방문하여 미-우크라이나 우호협력동반자 협정에 서명하였다. 미국은 1995년 2억 달러를 우크라이나 측에 제공하고 체르노빌 핵발전소 폐쇄를 지원하기로 약속하였다. 그리고 양측은 부다페스트 유럽안보협력기구(OSCE) 정상회의 계기에 START I 의정서 서명국(우크라이나, 미국, 러시아, 카자흐스탄, 벨라루스)은 서로 비준서를 교환하기로 합의하였다.

마침내 1994년 12월 5일 우크라이나, 미국, 러시아, 영국 4국 정상들은 우크라이나 안전보장에 대한 부다페스트 각서에 서명하였다. 각서의 요지는 우크라이나의 NPT 가입 시 미, 영, 러 정부가 우크라이나에게 안전보장을 제공한다는 것이었다. 프랑스, 중국도 우크라이나에게 안전보장 제공을 공약하였으며, 유엔 안보리 상임 이사국 5개국이 우크라이나에 안전보장을 약속하였다.

1994년부터 1996년까지 약 5,000개의 핵탄두가 열차를 통해 러시아로 이양되었다. 2001년 10월 우크라이나에 소재한 마지막 SS-24 대륙간탄도미사일 저장 창고가 파괴되었고 START Ⅰ에 따라 우크라이나 핵무기 해체가 종결되었다.

한편, 부다페스트 각서에 명기된 안전보장의 용어(security assurance)를 두고 논란이 있었다. 우크라이나 정부는 법적 구속력 있는 안전보장 제공과 조약 체결을 주장하였다. 이에 대해 미국은 소극적이었다. 미국이 우크라이나에게 안전보장을 제공할 경우 카자흐스탄, 벨로루스가 핵무기를 포기한 대가로 우크라이나와 유사한 안전보장 제공을 요청할 것을 우려하였다. 그리고 미국은 법적으로 구속력이 있는 국제조약을 체결할 경우 발효 요건으로 의회의 비준이 필요하였으며, 이를 회피하고자 하였다.

미국은 일단 우크라이나가 비핵국가로 NPT에 가입하면 미국으로부터 자동적으로 소극적 안전보장(NSA, Negative Security Assurance)을 제공받는다는 입장이었다. 미국은 우크라이나와 협상에서 안전보장의 제공이 법적인 의무(obligation)가 아니라 공약(commitment)이라는 점을 강조하였다. 즉 security guarantee가 아니라 security assurance라고 지적하였다[71]. 미국은 헬싱키 안전협력의정서에 가입한 국가들에게 제공하는 수준의 안전보장(security assurance)를 우

---

71 Steven Pifer, 전게서, p.17.

크라이나에게 제공한다는 것이었다.

당시 미국은 NATO 회원국들에만 security guarantee를 제공하고 있었으며 러시아가 우크라이나에 안전보장을 제공하는 것이 중요하다고 보았다.

미국은 우크라이나의 안전보장을 강화하기 위해 우크라이나와 관계를 전략적인 동반자 관계로 격상하였으며, 1997년 5월 러시아는 우크라이나와 우호 협정을 체결하고 우크라이나의 주권과 영토 통합성을 인정하였다. 1999년 러 의회는 우호 협정을 비준하였으며 러-우크라이나 간 국경선이 확정되었다. 1991년 우크라이나 독립 이후 국경선 획정에 8년이 소요되었으며 2014년 러시아의 크림반도 병합으로 양국 간 국경선은 불법적으로 변경되었다.

우크라이나의 미사일기술통제 체제(MTCR) 가입

1991년 12월 구소련의 해체 당시에 우크라이나 영토에는 46기의 SS-24 및 130기의 SS-19 대륙간탄도미사일이 배치되어 있었다. SS-24는 10개의 핵탄두를, SS-19 미사일은 6개의 핵탄두를 각각 장착할 수 있는 첨단의 다탄두 미사일이다.

우크라이나의 핵무기 해체와 함께 미사일 통제 문제가 주요한 현안으로 부상하였다. 당시 중국, 이란, 북한, 파키스탄 등 핵무기 개발 국가들이 우크라이나로부터 대륙간탄도미사일의 기술 확보에 혈안이었다. 미국은 우크라이나가 조기에 MTCR에 가입하도록 지원하였다.

우선 미국은 우크라이나가 미사일 개발 프로그램을 포기하고, MTCR에 가입하면 제한된 범위의 미사일 개발 및 우주 사업을 계속할 수 있다는 방안을 1992년 10월부터 제의하였다. 우크라이나 정부는 MTCR 가입 여부를 심각히 고려하였다. 우크라이나는 소련 시대부터 지난 50년간 우주 발사체 엔진과 대륙간탄도탄을 직접 설계하고, 생산하는 등 미사일 강국이었다.

우크라이나가 MTCR에 가입하지 않을 경우 미사일 생산 기술을 계속 보유할 수 있으나, 1) 미사일 및 우주 발사체를 외국에 수출할 경우 미국 국내법에 저촉되어 제재를 받게 되며 2) 유사시 미국 및 유럽으로부터 군사적 재정적인 지원 확보가 어려움을 감안하여 결국 미국의 제의에 동의하였다.

미국과 우크라이나는 1994년 5월 MTCR 지침을 준수한다는 양해각서에 서명하였으며[72] 1998년 MTCR에 가입하였다. 그리고 양국은 1996년 우주협력협정을 체결하였으며, 우크라이나는 2001년까지 5개의 우주 발사체를 해외에 판매할 수 있었다[73].

당시 우크라이나는 구소련의 핵무기 보유국으로서 1987년 미국과 구소련 간 체결한 INF 협정을 준수해야 하며, 동 협정에 따라 사정거리 500-1,000km의 미사일을 생산, 시험, 배치할 수 없었다. 그리고 1992년 5월 23일 START I 의정서를 서명하여 모든 대륙간탄도미사일 격납고를 파괴해야만 했다. 다만, 우크라이나는

---

[72] Gary Bertsch and Victor Zaborsky, Bring Ukrine Into the MTCR : Can U.S. Policy Succeed, (Arms Control Association. April 1997), p.7.

[73] 상계서,p.8.

START I 의정서에 따라 SS-24 대륙간탄도미사일의 일부를 개조하여 우주 발사체로 전용할 수는 있었다.

결론

구소련 핵무기의 러시아 이전 문제는 미, 러시아 간 협력으로 3년 만에 해결되었으며 이는 세계적인 핵무기 감축에 획기적인 조치였다.

우선 러시아와 미국은 최단기에 핵 확산을 방지하는 데 주력하였다. 러시아는 인접국인 우크라이나, 카자흐스탄, 벨라루스가 핵무기 보유국으로서 반러 국가로 발전할 경우 심각한 안보 위협이며, 이를 용납하기 어려웠다.

미국과 러시아는 기존의 핵 군축 체제를 통해 소련 핵무기의 이전 문제를 효과적으로 해결하였다. START I 에 따라 핵무기를 해체하고, 검증함으로써 많은 시간을 절약하였다.

당시 미, 러시아에 이어 세계 핵 3대 보유국인 우크라이나 정부는 국내 일부 반대에도 불구하고 핵무기 포기에 적극적이었다. 우크라이나 정부는 1992년 START I 의정서 서명, NPT 및 MTCR 가입, INF 준수 등 국제 비확산 체제에 적극 참여하였다.

우크라이나 국민들은 핵무기 보유가 자국의 안전을 보장하는 수단이 아니라 오히려 국제적인 고립을 초래하고 안보를 저해한다는 것을 알고 있었다. 우크라이나 정부는 핵무기 보유를 주장하는 국내 일부 세력들의 반대에도 불구하고 대다수 국민의 지지를 토대로 핵무기 포기를 관철시켜 나아갔다. 쿠치마 대통령은 핵무기를 보유하기 위해서는 10년간 1,600억-2,000억 달러를 투자해야 하는데 이는 우크라이나 모든 재산을 저당 잡혀야 한다고 지적하면서 핵무기 보유 주장이 비현실적이라고 강조하였다.

소련 핵무기 보유국 간 상호의존과 투명성이 핵 문제 해결에 기여하였다. 소련이 핵무기를 약 40년간 통제해 왔으며, 핵탄두, 저장시설, 미사일 등에 대해 소상히 알고 있었다. 미사일 추적 장치 등 레이더 핵심 시설은 러시아에 소재하고 있어 우크라이나, 카자흐스탄, 벨라루스는 독자적으로 핵무기를 운용할 수가 없었다. 이들 3국이 핵무기 보유를 주장하거나, 협정을 이행하지 않을 경우 러시아는 에너지 송출을 중단할 수 있는 강력한 제재 수단을 가지고 있었다.

당사국들은 정상회담을 통해 신뢰를 구축하고 협정을 성실히 이행하였다. 우선 우크라이나, 미국, 러시아 3국 대통령은 정상회담을 통해 핵 문제 해결 원칙에 합의하였다. 협상의 우선순위에 있어 우선 이행 가능한 사안에 대해 합의하고, 마지막 단계에서 타협이 어려운 안전보장 문제에 대해 최종 합의하였다.

협정 준수 대 보상 조치가 충실하게 이행되었다. 즉 우크라이나가 START Ⅰ를 비준하고, 비핵국가로 NPT에 가입하면, 러시아는 우크라이나 전기의 약 50%를 생산하는 우크라이나 원자력 발전소에 핵연료봉을 공급하고, 우크라이나의 대러 가스 채무를 탕감하며, 미국은 우크라이나 및 러시아에 핵무기 해체에 따른 비용을 지원하였다.

미국은 우크라이나에 안전보장과 재정적인 지원을 제공하여 핵무기 협상에 촉진제가 되었다. 러시아와 우크라이나 간 협상이 난관에 처했을 때 미, 러, 우크라이나 3국 간 협상으로 돌파구가 마련되었다.

미국은 Nunn-Lugar(Soviet Nuclear Threat Reduction Act of 1991, Cooperative Threat Reduction로도 지칭) 법안[74]을 통해 우크라이나의 핵무기 해체에 따른 비용을 러시아와 우크라이나에 지원하였다.

한편 러시아는 구소련 지역에 대한 주도권 장악을 위해 우크라이나의 핵무기 보유를 허용하지 않았다. 러시아는 구소련의 핵무기를 인수하여 핵 강국으로 존속하였으며 지난 30년간 미국에 대항하고 유라시아 지역을 통제하였다.

러시아는 핵무기 보유를 토대로 강대국의 지위를 유지했고 NATO 확대와 우크라이나의 탈러시아를 방지하기 위해 2014년 크림반도를 점령했으며 2022년 우크라이나를 침공하였다. 우크라이나 안전보장을 공약한 부다페스트 각서는 무용지물이 되었다.

탈냉전기 미국과 러시아는 협력을 통해 유럽과 중앙아시아에서 핵 군축에 성공하였다. 그러나 동북아, 서남아는 역내 국가 간 대립으로 핵무기가 확산되었다. 인도, 파키스탄, 북한은 소련의 해체로 인한 안보의 공백과 불안을 해소하기 위해 러시아와 중국의 지원으로 핵 개발에 성공하였다.

---

74 Nunn-Lugar법은 우크라이나, 러시아, 카자흐스탄, 벨라루스 등 구소련이 보유했던 핵무기 및 생화학무기, 시설, 물질, 과학자 등 4개 분야에서 WMD 확산을 방지하는 프로그램이었다. 그 범위가 확대되어 대량살상무기 및 운반체로부터 초래될 수 있는 안보 위협을 줄이기 위해 대상국과 여타 참여국이 공동으로 추진하는 다양한 국제안보 프로그램으로 발전하였다. Steven Pifer, 전게서, p. 18.

제3부

러시아의 강대국 복귀와
유라시아 통합

제1장

러시아의 강대국 복귀와 다극화 추진

러시아의 경제 회복과 러-중 유대 강화

엘친 대통령이 1991-1999년간 탈공산주의와 시장 자본주의를 도입하는 데 10년을 소요했으나 실패하였다. 그러나 그는 소련이라는 부서진 대형 건물의 잔해를 제거하고 러시아가 발전할 수 있는 기반을 정리했다.

푸틴 대통령은 지난 20년간 장기 집권하면서 경제회복과 국내 안정을 확립하고 '강한 러시아'라는 새로운 집을 재건하는 데 성공했다. 러시아는 2000년대 초창기 높은 국제유가에 힘입어 연간 7%의 경제성장을 달성하면서 국력을 회복하였다. 러시아는 2006년 소련의 부채를 상환하였으며 2013년 외환 보유고는 5,240억 달러로 세계 4위를 기록하였다. 2023년 러시아 경제는 세계 총생산(GDP)의 2.4%를 차지하며 11위 경제 강국이었다.

푸틴 대통령은 경제 회복과 국내 안정을 토대로 러시아의 강대국 복귀를 추진하였다. 러시아의 대외 정책 기조는 안보 강화, 주권 보장, 경제 번영, 국제적 위상의 제고였다. 러시아는 핵 강국이며 유엔 안보리 상임이사국으로서 미국과 대등하게 핵무기 확산 방지, 반테러, 기후변화, 주요한 지역 갈등의 해결에 당사자로 참여하고자 하였다.

첫째, 러시아는 소련 영토인 유라시아의 통합에 주안점을 두었다. 푸틴 대통령은 국경을 접한 인접 지역에 대해 러시아의 배타적인 세력권을 확보하고자 하였다. 우선 그는 NATO, 미국의 진출, 민주 제도의 확산을 경계하였다. 러시아는 2003-2005년 동안 우크라이나, 조지아, 키르기스스탄에 반러적인 색깔 민주혁명이 발생하자 적극 대응하였다. 2008년 조지아와 전쟁 계기에 압하지야와 남오세티야를 독립시켜 사실상 러시아의 영토로 병합하였다.

둘째, 러시아는 미국의 단극적 패권에 대항하기 위해 다극적 국제질서의 구축을 주장하였다. 우선 서방 주도의 자유 국제질서를 견제하기 위해 중국과 인도, 브라질, 남아공과 함께 2009년 BRICS를 결성하였고 중국과 함께 2001년 상하이협력기구(SCO)를 창설하였다.

셋째, 러시아는 중국과 전략적 유대를 강화하였다. 2012년 취임한 시진핑 주석은 중국의 강대국 부상을 위해 일대일로(BRI) 사업을 추진하면서 미국의 패권에 도전하고 있다. 중국과 러시아는 공히 유라시아 비민주 국가로서 미국의 패권을 견제하고 다극적 국제질서 구축에 이해가 일치하였다. 푸틴 대통령은 2022년 2월 우크라이나 침공 이후 미국과 NATO에 대항하기 위해 중국과의 유대를 보다 강화하였다.

중국의 GDP는 2020년 미국 GDP의 2/5를 차지하며 미국에 이어 세계 제2의 경제 강국이다. 냉전 시대 구소련의 GDP는 미국 GDP의 2/5를 초과한 적이 없었다. 군사 강국인 러시아와 경제 강국인 중국과의 협력은 미국에 대항할 수 있는 환상적인 조합이다.

넷째, 러시아는 개도국 중심의 글로벌 사우스(Global South)와 협력을 추진하고 있다. 2014년 러시아가 우크라이나 크림반도를 병합하자 서방은 강한 대러 제재 조치를 단행하였다. 러시아는 서방의 제제에 대항하고 국제적 고립에서 탈피하기 위해 개도국과의 협력을 강화하고 있다. 특히 이란, 북한, 시리아, 베네수엘라, 쿠바와 반미 유대 구축에 주력하였다.

유라시아 통합 추진

제국들은 역사적으로 안보에 주요한 국경 주변 지역을 공간 주권(spatial sovereignty)이나 배타적인 세력권으로 주장하며 적의 침입을 방지하였다[75]. 배타적인 세력권으로 영국의 경우 아일랜드, 미국은 멕시코와 중남미, 중국은 몽골과 티벳, 인도는 파키스탄과 방글라데시이다.

1991년 소련 해체로 탄생한 러시아도 예외가 아니다. 러시아는

---

[75] Gerard Toal, Oceans Rise Empires Fall(Why Geopolitics hastens climate catastrophe), Oxford University Press, 2024, pp. 107-112.

구소련 지역을 근외 지역(Near Abroad)[76]으로서 자국의 배타적인 세력권이라고 주장하고, 서방의 진출을 견제하였다. 러시아의 근외 지역 정책은 21세기 유라시아에 대한 러시아판 몬로 닥트린(Monroe Doctrine)이었다.

미국은 탈냉전기 러시아가 자유 국제질서에 통합될 수 있도록 지원하는 한편, 러시아의 침공을 방지하기 위해 NATO 확장과 지정학적 다원주의를 주장하면서 러시아의 근외 지역 진출을 견제하였다. 그러나 2022년 러시아의 우크라이나 침공으로 미국의 대러 개입 정책은 실패하였다.

러시아는 국력의 한계를 감안하여 세력권 확보 방안으로 인접국에 친러 정권 수립과 경제 통합, 집단 안보 제공 등 간접적 지배 방식을 선택하였다[77]. 러시아의 간접적 지배가 성공한 국가는 벨라루스, 아제르바이잔, 중앙아 5개국이며 실패한 국가는 우크라이나가 대표적이다. 러시아는 구소련 국가의 친러 세력이 정권을 장악할 수 있도록 정치적 경제적으로 지원하였으며 이는 주변국의 탈러시아화와 친서구화를 방지하기 위한 러시아의 전통적인 지배 방식이다.

우선 러시아는 구소련 시대 구축된 에너지 연결망과 인프라, 그

---

76 러시아의 근외 지역은 땅과 러시아인으로 구성되어 있으며 러시아의 전통적인 지정학을 반영하였다. 땅은 러시아를 의미하나 러시아인은 러시아 본토와 해외 거주 러시아 민족을 포함하는 개념이다. 1991년 소련 해체 시 약 2천 5백만 명의 러시아인이 해외 거주했고 우크라이나 동남부에 천 1백만 명의 러시아인이 거주하였다. 러시아는 우크라이나를 러시아 영토의 일부라고 간주하였다. Stephent P. Friot, 전게서, pp. 325-332.

77 David A. Lake, Indirect Rule(The Making of US International Hierarchy), Cornell University Press. 2024, pp. 220-222.

리고 사회주의 유대감을 토대로 독립국가연합(CIS)의 통합을 추진하였다. CIS는 유럽 지역, 카프카스 지역, 중앙아 지역으로 대별해 볼 수가 있다.

구분 (국가 수)	국가	비고
러시아 동맹국(5)	벨라루스, 카자흐스탄, 키르기스스탄, 타지키스탄, 아르메니아(2024년 2월 CSTO 참여 중단을 선언)	CSTO 회원국
친러 국가(4)	아제르바이잔, 우즈베키스탄, 조지아, 투르크메니스탄	
탈러시아 국가(3)	발틱 3국 (에스토니아, 라트비아, 리투아니아)	유럽연합 및 NATO 회원국
친서구 국가(2)	우크라이나, 몰도바	유럽연합 준회원 협정 체결국

러-CIS 국가 관계

우선 CIS 유럽 지역은 발트 3국, 우크라이나, 벨라루스, 몰도바 6개국이다. 지난 30년간 벨라루스는 러시아와의 통합에 가장 성공한 국가이다. 반면 발트 3국은 2004년 NATO에 가입하고 탈러시아에 성공하였다.

우크라이나는 친러 정부와 친서구 정부가 번갈아 출범하면서 러시아와의 관계가 악화되었다. 2004년 반러 오렌지(orange) 민주혁명이 발발하였으며 친서구 우크라이나 정부가 수립되었다. 2014년 마이단(Maidan) 혁명으로 친러 우크라이나 정부가 몰락하자 푸틴 대통령은 크림반도를 점령하였다.

몰도바는 1991년 독립 당시 내전으로 러시아군이 장악한 트란스니스트리아(Transnistria) 지역과 유럽 지역으로 분할되었으며 몰도바에는 친러 정부가 수립되었다. 러시아는 우크라이나와 몰도바의 탈러시아를 방지하기 위해 군사적으로 개입하였다. 조지아는 2009년, 우크라이나는 2018년에 러시아가 주도한 독립국가연합(CIS)에서 각각 탈퇴하였다.

러시아는 중앙아 5개국에 친러 정부가 수립되도록 노력하였다. 1991년 독립 당시 이들 5개국은 구소련 정치제도를 답습하였으며 언론과 야당 세력을 탄압하여 민주주의가 정착되기 어려운 구조였다.

중앙아 5개국의 대통령은 소련 시대 공산당 출신이며 러시아 지도층과 유대감을 견지해 오고 있다. 타지키스탄은 라흐몬 대통령(1952-)이 러시아의 지원으로 30년간 장기 집권하고 있다. 카자흐스탄, 투르크메니스탄, 키르기스스탄, 우즈베키스탄은 형식상 선거를 통해 대통령이 교체되었으나 친러 정권이 유지되고 있다.

중앙아 5개국의 권위적 정부는 민주주의 유입을 방지하고 안정적인 정권 유지가 최대 현안인 만큼 러시아와 우호 관계를 유지하고 있다. 그러나 2022년 2월 러시아가 우크라이나를 침공하자 중앙아 5개국은 중립적인 입장을 견지하고 중앙아 정상회의 개최 등 자구책을 강구하였다. 그리고 러시아의 과도한 개입을 견제하기 위해 유럽연합, 중국, 미국과의 협력을 강화하였다. 중앙아 5개국은 2023년 9월 미국과 지난 30년간 처음으로 정상회담을 개최했고 2023년 10월 유럽연합의 27개 외무장관과 처음 회담을 가졌다.

러시아는 유라시아 통합을 위해 독립국가연합(CIS), 집단안보조약기구(CSTO)와 2015년 1월 유라시아경제연합(EAEU)을 창설하였다. 현재 러시아, 카자흐스탄, 벨라루스, 아르메니아, 타지키스탄, 키르기스스탄 6개국이 EAEU 회원국이다. EAEU는 외연 확대를 위해 2015년 5월 베트남과 자유무역협정(FTA)을 체결하였으며, 중국, 이란, 싱가포르, 세르비아와 무역 협정을 체결하였다. EAEU는 현재 인도, 이스라엘, 이집트와 무역 협정의 체결을 추진하고 있다.

러시아는 중국과 협력을 통해 중앙아의 안정을 도모하고 미국의 중앙아 진출을 견제하고 있다. 러시아와 중국은 중앙아시아 국가들과 함께 2001년 상하이협력기구(SCO)를 창설하여 국경선을 획정하고 반테러 협력을 강화하였다. 현재 중앙아에서 러시아는 안보 동반자로, 중국은 경제 동반자로 세력을 키우고 있다.

한편 2년 6개월간 지속되는 러-우크라이나 전쟁은 CIS 국가에 큰 영향을 미쳤다. CIS 국가는 크게 3분 되었다. 첫째, 벨라루스는 우크라이나 전쟁을 적극 지원하고 병참기지 역할을 하였으며 러시아와 경제, 군사 통합을 강화하였다. 러시아는 NATO에 대항하기 위해 2023년 6월 동맹국인 벨라루스에 전술 핵무기를 배치하였다.

둘째, 아제르바이잔, 조지아, 중앙아 5개국은 우크라이나 전쟁에 대해 친러 중립적인 입장을 견지하고 최대한 실리를 추구하고 있다. 이들 국가는 서방의 대러 제재에 동참하지 않았으며 경제협력과 외교의 다변화에 노력하고 있다.

셋째, 아르메니아, 몰도바는 러시아와 거리를 두고 서구에 접근하고 있다. 유럽연합(EU)은 러시아에 대항하기 위해 우크라이나와 몰도바의 EU 가입 협상을 추진하고 있다.

유라시아 분쟁의 동결화

러시아는 유라시아에 친러 정권의 수립이 어려울 경우 주도권 장악을 위해 동결 분쟁을 조성하였다. 소련 시대부터 잠재되어 있었으나 소련 해체 이후 탈냉전 시대 표면화된 영토 분쟁을 동결 분쟁이라고 부른다[78].

동결 분쟁 지역은 몰도바의 트란스니스트리아 지역, 우크라이나의 크림반도, 아제르바이잔과 아르메니아 간 나고르노-카르바흐 분쟁[79], 조지아-압하지야, 조지아-남오세티야 분쟁이다. 이들 동결 분쟁 지역은 19세기부터 러시아와 유럽, 오스만 튀르크, 이란의 세력이 충돌하는 경계선이다. 러시아는 우크라이나, 몰도바, 조지아의 탈러시아를 방지하기 위해 동결 분쟁을 적절히 활용하며 CIS 평화유지군을 파병하여 관리하고 있다.

한편 미국, 유럽연합은 분쟁 당사국과의 협상을 통한 동결 분쟁의 평화적인 해결을 지지하나 러시아의 반대로 진전이 없다. 러시아는 인접 국가가 최소한 친러적인 중립 국가로 남아 있기를 희망하며 동결 분쟁을 통해 개입할 수 있는 명분을 축적한다. 러시아는

---

78 Angela E. Stent, Putin's World(Russia against the West and with the Rest), Twekve, New York, 2010, pp.153-163.

79 1991년 아제르바이잔-아르메니아 1차 전쟁으로 아르메니아가 승리하고 아제르바이잔은 영토의 14%를 차지하는 나고르노-카르바흐는 점령했다. 나고르노-카르바흐는 독립을 주장하였으나 인정을 받지 못했다. 2020년 아제르바이잔-아르메니아 2차 전쟁으로 아제르바이잔이 승리했으며 2023년 우크라이나 전쟁을 이용하여 나고르노-카르바흐를 점령하였다. 2,000명의 러시아 평화유지군이 2020년 파견되어 정전을 감시하였으며 2024년 6월 철수하였다.

2008년 조지아 침공 계기에 압하지야와 남오세티야를 분리 독립시켰다.

러시아는 1991-2021년 동안 아제르바이잔과 아르메니아 간 나고르노-카르바흐 분쟁에 개입하여 아르메니아를 지원하고 아제르바이잔을 견제하였다. 아르메니아는 NATO 회원국인 튀르키예와 접경하고 있어 러시아의 카프카스 안보에 중요한 일선 국가였다.

아제르바이잔이 1990년대 서방의 지원으로 러시아를 우회하는 바쿠-조지아-터키 송유관(BTC)과 가스관의 건설을 추진하자 러시아는 동맹국인 아르메니아를 군사적으로 지원하였다. 결국 아제르바이잔은 러시아를 경유하는 송유관을 별도로 건설하여 BTC 문제를 해결하였다.

2020년 아제르바이잔은 이스라엘과 튀르키예의 무기 지원으로 30년간 아르메니아와 분쟁 중인 나고르노-카르바흐(Nagron-Kara-bagh)를 공격하여 일부 영토를 확보하였다.

아제르바이잔은 우크라이나 전쟁의 장기화를 이용하여 2023년 10월 나고르노-카르바흐를 공격하여 쉽게 장악하였다. 러시아는 동맹국인 아르메니아를 지원하였으나 우크라이나 전쟁으로 아르메니아를 군사적으로 지원할 여력이 없었다.

이에 대해 아르메니아는 2024년 2월 러시아가 주도하는 집단안보조약기구(CSTO)에 참여 중단을 선언하는 등 최근 러시아와 거리를 두고 유럽연합과 협력을 강화하고 있다. 그러나 아르메니아는 러시아와 교역이 총 대외교역의 40%를 차지하며 전기, 가스 등 에너지 대부분을 러시아에 의존하여 탈러시아가 어렵다.

최근 러시아는 우크라이나 점령지역을 동결 분쟁화하고 있다.

2022년 2월 러시아는 우크라이나를 침공하였으며 점령한 동남부 4개 지역을 9월 러시아 영토라고 선언하고 병합하였다. 대부분 국가는 러시아의 영토 합병에 반대 입장을 표명했으나 벨라루스, 북한은 지지하였다.

제2장
러시아의 군비 현대화와 국력 증진

러시아의 무기 수출과 군사협력

러시아는 강대국 복귀를 위해 군비를 증강하고 군사력을 현대화하였다. 러시아의 경제 회복과 함께 국방비도 2000년 236억 달러에서 2015년 800억 달러로 대폭 증가되었다. 러시아는 사이버 전쟁과 복잡한 현대전에 대비하여 2011-2020년간 군 현대화에 주력하였다.

우선 러시아는 군사 체제의 운용을 이원화하였다. 국방부 장관이육, 해, 공군을 지휘하고 대통령이 전략 로케트군, 공수부대, 특수부대를 지휘하고 있다. 사실상 군 작전, 병참을 지휘하는 총참모총장은 대통령의 직속이며 대통령은 민간인을 국방부 장관으로 임명한다. 국방부는 대외적으로 군사 개입과 평화유지군 파병 등 러시아의 대외 정책이 주요한 역할을 하고 있다.

러시아는 1993년부터 4-5년마다 외교 정책 개념이라는 문건의 발표를 통해 대외 정책의 추진 방향과 목표를 제시한다. 지난 20년 푸틴 대통령의 대외 정책은 러시아의 강대국 복귀에 주안점을 두었으며 대외 정책의 주요한 수단은 무기와 에너지 수출이다.

러시아는 군사 강국이며 무기 수출을 통해 개도국에 영향력을 행사하고 있다. 무기 수출은 1) 국내 방산 산업 육성하여 수백만 명에게 일자리를 제공하고 2) 첨단 군사기술을 개발하여 기술 경쟁력을 강화하며 3) 외화 확보를 통해 국제수지를 개선하며 4) 대외적 영향력을 행사할 수 있는 주요한 수단이었다.

1986년 소련의 무기 수출액은 140억 달러였다. 그러나 1991년 소련의 해체 이후 출범한 러시아의 무기 수출액은 경제 피폐로 1994년 13억 4천만 달러로 축소되었다. 그 이후 러시아는 경쟁력을 회복하여 1998-2002년간 개도국 무기 수출액은 198억 달러를 기록하였다. 무기는 천연가스, 원유와 함께 러시아의 대표적인 외화 수입원이었다.

스톡홀름 국제평화연구소(SIPRI)에 의하면 2018-2022년간 러시아는 47개국에 무기를 수출하였으며 세계 무기 시장의 16%를 차지하였다. 러시아 무기의 주요 수입국은 알제리, 이집트, 중국, 인도, 베트남 등이다. 러시아는 구소련 시대부터 유지되어 온 전통적인 군사협력을 토대로 소총 등 소형 무기에서, 전투기, 헬기, 미사일 방공망 등 첨단 무기를 판매해 오고 있다. 러시아는 친러 국가에 대해서는 우호 가격으로 저렴하게 무기를 판매한다. 서방의 제재 대상인 개도국들은 러시아산 무기를 선호한다.

러시아는 개도국의 구소련 부채를 대외 정책의 수단으로 활용하였다. 1997년 현재 개도국의 대소련 부채는 1,127억 달러였으며[80] 주요 채무국은 쿠바, 몽골, 인도, 베트남이었다. 그러나 인도 이외의 대부분 채무국은 소련 부채를 상환할 여력이 없었으며 구소련 부채는 러-개도국 간의 실질 협력에 큰 장애물이었다.

러시아는 구소련의 채무국과의 관계 개선을 위해 우선 개도국에게 35-80%의 소련 부채를 탕감하였다. 채무국은 그 대가로 러시아산 무기를 구입하였으며 러시아에게 에너지 개발을 양허하였다. 2000년 개도국의 대러 부채는 866억 달러로 추산한다.

러시아는 CIS 지역에 군사기지를 설치하고 평화유지군을 파병하는 등 안보 보장자로서 역할을 강화하고 있다. 러시아는 1993년 러시아, 카자흐스탄, 우즈베키스탄, 키르기스스탄 4국의 병력으로 구성된 25,000명의 CIS 평화유지군을 타지키스탄 내전(1991-1996)에 파견하였으며 내전을 종결하였다. 친러적인 타지키스탄 정부가 수립되었으며 현재 러시아군이 주둔하고 있다.

러시아는 2020년 아르메니아와 아제르바이잔 간 나고르노-카르바흐 분쟁의 조정을 위해 평화유지군을 파견하였다. 2023년 10월 아제르바이잔이 우크라이나 전쟁의 장기화를 이용하여 나고르노-카르바흐 지역을 점령하자 러시아는 평화유지군을 2024년 5월 철수하였다.

러시아는 구소련권 6개국이 참여하는 집단안보조약기구(CSTO)를 2002년 설립하였다. 2022년 1월 카자흐스탄에 반정부 대규모

---

80 Robert H. Donaldson and Vidya Nadkarni, The Foreign Policy of Russia(Changing Systems, Enduring Interests), Routledge, 2024, p. 332.

시위가 발생하자 러시아는 처음으로 CSTO 평화유지군을 파병하였다.

러시아는 현재 CIS 방공망을 장악하고 있으며 아제르바이잔, 카자흐스탄, 아르메니아, 키르기스스탄, 벨라루스, 타지키스탄에 군사기지를 운용하고 있다.

러시아는 군사 개입을 통해 영향력을 제고하고 있다. 러시아는 2008년 조지아를 침공했고, 2015년 시리아 내전에 군사적으로 개입했다. 러시아의 시리아 내전 개입은 러시아가 1991년 독립한 후 첫 역외 군사적 개입이었다. 러시아는 NATO 확대를 방지한다는 명목으로 2014년 크림반도를 점령했고 2022년 2월 우크라이나를 침공하였다.

러시아는 수천 명의 바그너 용병을 해외에 파견하였다. 러시아의 비공식 군사 조직인 바그너 용병회사는 우크라이나 전쟁 참가는 물론 리비아, 차드, 수단, 시리아, 중앙아프리카 공화국, 베네수엘라 등 정세가 불안한 개도국에 진출하였다. 특히 2023년 약 5천 명의 바그너 용병이 아프리카 사헬지역에 진출하여 군부 독재 정권을 보호하고 그 대가로 광물 개발권을 확보하였다.

러시아의 하이브리드(Hybrid) 전략 강화

러시아는 하이브리드(Hybrid) 전략[81]을 강화하였다. 러시아는 초

---

81 러시아는 21세기 서방 주도의 자유 국제질서와 2004년 우크라이나 오렌지 혁명 등 민주주

강대국인 미국과 정면 대결에 승산이 없다고 보고 비정규전의 Hybrid 전술을 집중 개발하였다.

Hybrid 전쟁은 1) 핵과 재래식 무기, 정규전과 비정규전의 병용이며 2) 첨단 정보통신 기술을 이용하여 심리전, 사이버(Cyber)전을 병행하며 3) 대중매체를 이용하여 상대방의 선거에 개입하거나 친러 여론을 형성하며 4) 전쟁과 평화의 구분이 모호한 회색지대(Gray Zone)[82]를 만들어 전쟁의 문턱을 넘지 않으며 5) 소규모의 병력 동원으로 신속하게 승리하는 것이 특징이다.

러시아는 2014년 Hybrid전을 통해 우크라이나 크림반도와 돈바스 지역을 점령하였으며 2015년 시리아에 대한 군사 개입에 성공하였다. 민간인으로 위장한 러시아 특수 요원과 용병이 크림반도의 의회와 행정부를 장악하였다.

그리고 러시아계 주민을 동원하여 선거를 통해 신속하게 크림반도의 병합을 성사시켰다. 러시아는 크림반도에 대한 우크라이나의 침공을 견제하기 위해 돈바스 지역에 용병을 파견하여 내전을 조성하였고 동시에 우크라이나 주요 도시에 반정부 시위를 선동하였다.

러시아는 미국 주도의 NATO 확대와 유럽에 배치한 미사일 방어망(MD)에 대응하기 위해 2019년 미-러 간 중거리핵전력 조약(INF)

의 확산에 적극 대항하기 위해 정보 조작, 해킹 등 러시아에 적합한 Hybrid 전략을 개발하였다. 러시아는 인터넷이 세계적으로 확산되자 정보와 데이타(data)를 지정학적 대결의 주요한 도구로 이용하였다. Edited by Mikael Weissmann 등 4인, Hybrid Warfare(Security and Asymmetric Conflict in International Relations), Bloomsbury Academic, 2023, pp. 21-31, 83-92.

82 Erik Gartzke, Jon R. Lindsay, Elements of Deterrence(Strategy, Technology, and Complexity in Global Politics), Oxford University Press, 2024, pp. 357-372.

에서 탈퇴했다. 러시아는 전술 핵무기를 대폭 증강하고 MD가 요격하기 어려운 극초음속(hypersonic) 미사일을 개발하였으며 전략핵 미사일로 유럽의 MD를 공격할 수 있다고 위협하였다.

2020년 러시아는 핵 억제의 기본 원칙 문건에서 상대방의 재래식 공격에 대해서도 핵무기를 선제적으로 사용할 수 있으며 동맹국에 대한 핵우산 제공을 강조하였다. 2023년 6월 러시아는 우크라이나 전쟁이 장기화되자 벨라루스에 전술 핵무기를 배치하였으며 해외 핵무기 배치는 처음이다.

21세기에서는 정보통신기술(ICT), 인공지능(AI), 사이버 안보가 중요해지고 있다. 국가들은 유사시 적국의 핵 및 군사 통제 시스템은 물론 주요 민간 디지털망을 해킹하여 전력, 철도 등 주요 기간 시설의 기능을 마비시키는 등 치명적인 타격을 가할 수 있다. 2017년 6월 러시아 정부의 지원을 받은 해커(Hackers)가 우크라이나 공항, 핵발전소, 전력 시설의 컴퓨터에 악성 소프트웨어(maleware)를 퍼뜨렸으며 강한 파괴력으로 서구의 선박회사, 제약회사들이 큰 피해를 당했다. 당시 NotPetya로 알려진 러시아 해커의 사이버 공격으로 약 100억 달러의 피해[83]가 발생했다.

사이버 공격은 적은 비용으로 큰 효과를 얻을 수 있는 비대칭적인 전략이며 강대국, 현상타파적인 국가들이 선호한다. 러시아는 우크라이나 침공 이전에 우크라이나 정부와 주요 민간 시설에 대해 대규모 사이버 공격을 감행하였다.

---

83 Elisabeth Braw, Goodbye Globalization(The Retutn of a Divided World), Yale University Press, 2024, pp. 120-121.

21세기는 컴퓨터, SNS 등 정보 통신의 발달로 사이버 소통이 국가의 이미지와 대외 정책에 주요한 영향을 미치고 있다. 러시아는 2022년 우크라이나 침공 이후 정보 조작을 통해 국내적으로 국민들의 단합을 강화하고 국제 여론을 유리하게 유도하고 있다. 러시아는 전 세계적으로 친러적인 여론 형성을 위해 러시아어 방송을 확대하고 공공외교를 강화하고 있다.

러시아의 연성권력(soft power)과 정체성 강화

푸틴 대통령은 집권 1기 및 2기 동안(2000-2008) 친서구적인 실용적 대외 정책을 통해 러시아의 강대국 복귀에 성공하였다. 그는 집권 3기 및 4기 동안(2012-2024년) 2014년 크림반도 점령, 2015년 시리아 개입, 2022년 우크라이나 침공 등 공세적인 대외 정책을 추진했다. 집권 3기 이후 푸틴 대통령의 대외 정책은 미국과 서구를 적대 세력으로 규정하고 군사력 증강과 함께 연성권력(soft power)과 정체성 강화[84]에 주안점을 두었다.

나이(J.S.Nye) 미국 교수는 1991년 소련 해체 이후 탈냉전기에는 상호 의존이 심화되면서 군사력보다는 문화와 가치, 매력 중심의 연성권력(soft power)이 국가 간 세력균형의 형성에 주요한 요인이

---

84 Robert H. Donaldson and Vidya Nadkarni, The Foreign Policy of Russia(Changing Systems, Enduring Interests), Routledge, 2024, pp. 129-134.

될 것이라고 전망하였다[85]. 그는 연성권력을 강압과 돈(payment)을 통해 상대방에게 영향력을 행사하는 경성권력(hard power)보다는 매력과 설득을 통해 영향을 미치는 능력이라고 정의하였다. 그는 중국, 러시아 등 권위주의 국가들이 언론 장악과 정보 조작으로 대내외 영향력을 행사하는 샤프파워(sharp power)[86]와 연성권력을 구분하였다. 샤프파워는 강압적인 경성권력의 일종이다.

러시아는 탈냉전기 NATO 동진을 심각한 안보 위협으로, 서구의 가치와 민주주의 확산을 정체성에 대한 실질적인 위협으로 간주하였다. 러시아는 안보 위협에 대해 군사력을 강화하였으며 서구 가치의 확산에 대해서는 러시아의 전통적 가치와 매력, 위대한 역사를 강조하였다.

러시아는 2003년 조지아의 장미 혁명, 2004년 우크라이나 오렌지 혁명으로 인접국의 친러 정권이 교체되자 민주주의 확산을 경계하였다. 러시아는 색깔 혁명의 배후에 서방이 있다고 주장하고 러시아어 사용과 러시아 재외동포들의 모국에 대한 정체성을 강화하였다.

서구는 연성권력으로서 개인의 자유와 인간의 존엄성, 민주주의에 주안점을 두었다면 러시아는 전통적 가치와 정교를 보호하는 강한 지도자, 공동체와 집단주의, 국가주의 등 반서방적 정체성을 강조했다.

러시아는 2013년 대외 정책 개념의 문건에서 외국이 파괴적 soft

---

85   Joseph S. Nye, Soft Power and Great-Power Competition, Springer, 2023, pp. 3-7.
86   상게서, pp. 113-115.

power를 이용하여 국내 문제에 개입하고 있다고 비난하고 대외 정책의 목적을 달성하기 위해 러시아어 확산, 문화, 정보 등 soft power를 이용할 것을 강조했다. 푸틴 대통령은 2013년 '슬라브 문학의 해', 2014년을 '문화의 해'로 선언하고 국력의 주요한 요소로서 문화적 뿌리, 가치를 지적했다.

러시아는 2014년 크림반도 병합, 2015년 시리아 내전에 군사적 개입으로 서방과 대립하였다. 러시아는 2016년 대외 정책 개념의 문건에서 soft power를 통해 러시아 문명 공간의 단합과 애국주의를 강조했다.

러시아는 2022년 2월 우크라이나를 침공하였으며 이에 대해 서방은 강한 대러 제재 조치를 단행했다. 러시아는 루블 화폐의폭락 등 경제적 어려움이 가중되고 국제적 고립이 심화되었다. 이에 러시아는 우크라이나 전쟁을 러시아-집단 서방(Collective West) 간 전쟁으로 해석하고 자유 정부의 위협으로부터 도덕, 인간주의, 정신을 보호하는 러시아 문명을 강조했다. 러시아는 독특한 문명국가로서 러시아 세계(Russia Mir)를 구축하여 유라시아 지역의 통합을 강화하고 서구 문명에 대항하고자 하였다.

지난 20년간 푸틴 정권의 이념적 기조는 유라시아주의와 러시아 세계(Russia Mir)이다. 러시아 정부는 2002년 해외 거주 러시아 동포의 단합과 정체성 함양을 위해 러시아어와 문화를 강조하는 'Russia Mir'를 공식적으로 언급하였다. 러시아는 해외 동포들의 투자 유치와 모국에 대한 유대 강화를 위해 2007년 Russia Mir 재단을 창설하였으며 2010년 53개국 140여 단체가 참가하는 국제동포위원회를 설립하였다[87]. 러시아는 Russia Mir의 복원이라는 명목으로 2022년 우크라이나를 침공하였다.

러시아는 2023년 대외 정책 개념의 문건에서 미국이 국제 평화의 주요한 위협요인이라고 규정하였다. 1991년 소련의 해체 이후 30년 만에 미국과 러시아는 서로 적대국이 되었다. 러시아는 미국의 패권에 대한 다극적 국제질서의 구축을 주도하는 반미 강대국으로서 이미지를 제고하고 있다.

푸틴 대통령은 2023년 10월 27일 러시아 관변 학술단체인 발다이 클럽의 연설에서 '단극 질서는 과거가 되었으며 우리는 역사의 십자로에 처해 있으며 현재 일어나고 있는 변화는 혁명적인 상황이며 자연적이며 불가피한 과정'이라고 강조하였다. 그는 우크라이나 전쟁을 냉전기 서구 자본주의와 소련 사회주의 간 대립의 연장이며 서구 문명에 대항하는 혁명으로 간주하며 러-서구 간 문명의 충돌로 몰아가고 있다. 러시아는 냉전이 종식되지 않았다고 보고 있으며 상실한 소련의 위상을 회복하고 강대국으로 인정을 받고자 한다.

---

87 Mark Bassin and Gonzalo Pozo, The Politics of Eurasianism(Identity, Popular Culture and Russia's Foreign Policy), Rowman and Littlefield International, 2017, pp. 59-74. 참조

제3장
유라시아 에너지 패권 추진

소련의 에너지 개발과 유럽 수출

　러시아는 에너지 대국이다[88]. 에너지는 소련과 러시아의 국가 발전에 원동력은 물론 대외적으로 영향력을 행사하는데 주요한 수단이었다. 원유가 채굴된 1864년부터 지금까지 러시아는 에너지 덕택으로 부국강병과 산업화에 성공하고 세계 강대국으로 부상하였다.

　러시아 제국은 1913년 아제르바이잔에서 연간 1,020만 톤의 석유를 생산하여 당시 세계 총생산량의 50%를 점유했다. 19세기 말 석유가 처음 개발된 아제르바이잔의 수도 바쿠는 유럽 원유의 주

88　러시아는 세계 자원 매장량 비중에 있어 천연가스는 1위, 원유는 6위, 석탄은 2위, 우라늄은 3위이다. 2019년 석유생산량은 일 1,154만 배럴로 비OPEC 회원국 가운데 최대 규모이며 이 중 80%를 수출(세계 석유 교역량의 13%)하였다.

요 공급지가 되었다. 1941년 독일이 바쿠 유전 지대를 장악하기 위해 소련을 침공하였으나 실패하였다.

20세기 냉전 시대 소련은 에너지 개발을 통해 에너지 빈곤을 해결하고 사회주의 경제 발전에 성공하였다. 특히 소련은 원유 및 가스의 대유럽 수출을 통해 미국의 대소 봉쇄 정책에 대항하고 외화를 획득하였다. 소련은 동구 유럽의 위성국가, 쿠바, 북한 등 공산 국가에게 에너지를 저렴한 우호 가격으로 공급하여 공산주의 단합을 도모하고 탈소련화를 방지하였다. 그리고 이집트, 시리아, 알제리, 예멘 등 중동 지역에 무기 지원을 대가로 가스채굴권을 확보하기도 했다.

소련은 1950년대 서시베리아에 대규모 유전을 발견하였으며 1948-1973년 동안 소련의 하루 원유 생산량은 61만 6천 배럴에서 850만 배럴로 14배 증가하였다. 소련은 1970년대 수천 km의 가스관과 송유관을 우랄 유전 지역에서 유럽까지 건설하여 가스와 원유를 수출하였다.

소련은 당시 서구 다국적 석유 회사의 판매 가격보다 20-30% 저렴한 가격으로 원유를 유럽에 수출하였다[89]. 소련은 막대한 원유 수출을 통해 벌인 외화를 산업 장비와 기계, 곡물을 수입하는 데 지출하였다. 소련-유럽 가스관과 송유관은 유럽과 소련을 이어주는 탯줄이었으며 동-서 간의 긴장 완화에 기여하였다.

미국은 유럽 동맹국에게 소련산 에너지에 대한 과도한 의존이 안

---

89 레오나르드 마우게리 지음, 최준화 옮김, 당신이 몰랐으며 하는 석유의 진실, 가람기획, 2009, pp. 122-123.

보를 저해한다고 경고하였으나 소용이 없었다. 유럽 국가들은 경제 발전을 위해 막대한 에너지가 필요하였고 저렴한 소련산 에너지를 환영하였다. 1973년 중동 4차 전쟁의 결과 중동에 석유 위기가 발생하자 유럽은 소련에서 많은 에너지를 수입하였다. 주요 산유국인 사우디와 베네수엘라는 소련의 원유 수출에 대항하고 세계 에너지 시장의 주도권을 확보하기 위해 1960년 석유수출국기구(OPEC)를 설립하였다.

한편 한 국가의 과도한 에너지 의존이 오히려 자원 부국의 경제 발전을 저해하고[90] 정세 불안의 주요한 요인이 되는 점에서 자원의 저주라고 불린다[91]. 소련의 과도한 에너지 의존은 혁신을 저해하고 국가 발전에 불리한 영향을 미쳤다.

소련 경제는 원유 및 가스의 국제가격에 취약하였다. 국제유가가 높으면 자연히 소련 경제가 호황기를 누리며 유가가 하락하면 경제는 불황이었다. 1980년대 하반기 국제유가의 하락이 소련의 패망을 앞당겼다.

구소련이 1979년 12월 이슬람 국가인 아프가니스탄을 침공하자 당시 최대 산유국인 사우디아라비아는 원유의 증산을 통해 국제유가를 하락시켜 소련의 경제에 큰 타격을 주었다. 국제유가의 하락으로 소련은 연간 200억 달러의 손실을 보았고 경제는 성장을 멈추

---

90 Stephent P. Friot, 전게서, p. 345..
91 자원의 저주는 1) 1970년대 네덜란드병처럼 에너지 산업이 과도하게 발전하여 경제 발전의 근간인 제조업은 쇠퇴하며 2) 자원의 국제가격 변동이 심하여 자원 부국의 재정 변동성이 불안정하고 경제 발전을 저해하며 3) 에너지 산업은 자본, 기술 집약적 산업으로 고용 효과가 적으며 고립된 산업으로 발전하여 장기적으로 경제 발전에 불리하다는 것이다.

고 악화되었다. 경제가 잘 순환되지 않으면 비효율성이 증가하고 국력이 쇠퇴하게 된다. 1980년대 소련은 국내총생산의 10%를 농업 보조금에 투입하였으나 식량의 자급자족에 실패했고 세계 최대 곡물수입국으로 전락하였다.

러시아 에너지 국영화

러시아는 원유 매장량이 세계 6위, 가스매장량이 세계 1위 등 에너지 대국이다. 현재 에너지 산업이 러시아 국내총생산(GDP)의 30%를 차지하며, 러시아 외화 수입의 약 50%가 에너지의 수출에서 나온다. 2018년 석유와 천연가스의 수출이 러시아 정부 수입의 46.4%를 차지하였다. 에너지가 러시아 부국강병의 주요한 자산이다.

2000년 취임한 푸틴 대통령은 2000-2007년간 연간 7% 경제성장으로 경제회복에 성공하고[92] 장기 집권하게 되었다. 그는 우선 1990년대 옐친 대통령의 시장경제 도입 과정에서 부를 축적한 신형 재벌인 올리가르히(oligarch)를 척결하고 민영화된 에너지, 광물 회사들을 다시 국유화하였다. 푸틴 대통령은 서구의 시장 자본주의가 러시아 경제에 혼란을 초래했다[93]고 보고 소련 시대의 국가

---

92 Stephent P. Friot, 전게서, pp. 343-346.
93 러시아는 시장경제 실패로 국내총생산(GDP)이 1990년대 초 1/3 축소되었으며 1998년 실업률은 22%였으며 빈곤층이 총인구의 40%를 차지하였다. 남성의 기대수명이 1991년 64세에서 1994년 57세로 감소했다.

자본주의로 복귀하였다.

러시아는 제2차 걸프 전쟁(2003-2011)으로 국제 유가가 상승하자 2008년 경제를 회복하고 강대국에 복귀하게 되었다. 1998년 국제 유가는 1배럴당 9.57$에서 2008년 94$로 증가하여 2006년 러시아 무역 흑자는 1,400억 달러였다. 외환보유고는 1998년 20억 달러에서 2008년 5,980억 달러로 증가하였다. 2006년 러시아는 1990년대 금융위기의 극복을 위해 국제통화기금(IMF)에서 빌린 차관을 모두 갚았다. 러시아는 1991년 소련 해체 이후 2012년 세계무역기구(WTO)에 가입하였으며 자유 국제질서에 통합되었다.

푸틴 대통령은 해외투자 유치를 통해 에너지 산업을 현대화하고 생산량을 높였다. 2018년 러시아 원유의 1일 생산은 11.4백만 배럴로서 소련 시대의 최고 수준이었다. 러시아의 원유 수출은 2000년 360억 달러에서 2012년 2,840억 달러로 8배 증가하였다.

러시아의 가스 수출은 2000년 170억 달러에서 2012년 670억 달러로 4배 증가하였다. 러시아 국영 가스회사인 가스프롬(Gazprom)은 생산한 가스의 50%를 수출했고 이 중 2/3가 유럽으로 수출되었다.

푸틴 대통령은 막대한 에너지 수익을 토대로 러시아 국민의 임금과 연금을 인상하여 20년간 장기 집권하게 되었다. 그리고 국방비를 2005년 27%, 2006년 22% 증액하여 군사력을 강화하였다.

한편 러시아 정부의 에너지 독점과 국가 자본주의는 푸틴 정권에 대한 충성도에 따라 부를 배분하는 정실주의와 도둑정치(kleptocracy)를 초래[94]하였다. 이는 러시아 기업 간의 공정한 경쟁, 계층 간

---

94 Karen Dawishwa, Putin's Kleptocracy(Who Owns Russia?), Simom & Schuster, 2014.

공평한 부의 분배, 경제성장을 저해하였다. 2020년 코로나-19 발병으로 국제 유가가 급락하자 러시아 경제도 큰 타격을 받았다. 그리고 영국, 유럽연합, 일본 등 에너지 주요 수입국들은 에너지 수입선의 다변화와 적극적인 재생에너지 개발을 통해 러시아에 대한 과도한 에너지 의존에서 탈피하고자 하였다.

국제 사회에서 에너지는 독재 체제 유지와 지역 갈등의 주요한 요인이다[95]. 이란, 사우디, 쿠웨이트, 아랍에미리트, 투르크메니스탄 등 에너지 부국은 불로 소득의 대표적인 임대(Rent) 국가이다. 이들 국가는 공통적으로 국민에게 세금을 면제하고 교육, 보건, 치안 등 공공재를 저렴하게 공급하여 독재 정권을 유지하고 있다.

러시아도 예외가 아니다. 러시아의 풍부한 에너지는 푸틴 대통령의 장기 집권은 물론 군비 증강과 영토 병합에 기여하였다[96]. 러시아는 2008년 조지아를 침공하여 압하지야와 남오세티야를 점령했으며, 2014년 우크라이나의 크림반도 병합했다.

---

pp. 313-350.

95 대부분 산유국은 에너지 수출을 통해 확보한 자금으로 정권 유지를 위한 무기를 수입하였다. 리비아는 원유 수출을 통해 확보한 외환으로 수백억 달러의 러시아산 무기를 구입하였으며 인접국을 침공하였다. 이란도 풍부한 에너지를 토대로 이슬람 신정국가를 유지하고 러시아산 첨단 무기를 구입하였으며 하마스, 헤즈볼라 등 이슬람 무장 단체에게 자금을 지원하고 있다. 반면 에너지가 풍부한 지역은 강대국의 개입을 초래하며 인접국의 침략 대상이 되었다. 이라크는 1990년대 유전을 장악하기 위해 쿠웨이트를 침공하였다.

96 Martin Daunton, The Economic Government of the World(1933-2023), Allen Lane, 2023. pp. 759.

러-중동 에너지 협력

푸틴 대통령은 장기 집권하는 동안 강한 러시아 건설을 주창하면서 강대국 복귀를 추구하였다. 그는 우선 에너지를 무기화하였다. 푸틴 대통령은 러시아의 소규모 에너지 회사를 통폐합하여 세계적 경쟁력을 가진 거대한 국영기업체를 창설하는 국가 챔피언(National Champions) 전략을 선택하였다[97]. 러시아의 에너지 기업들은 자본과 기술이 부족하여 외국 대기업들의 합병에 취약하며 결국 러시아의 에너지 안보를 저해한다는 것이다.

러시아는 세계적인 서방 에너지 기업과 중동 산유국의 국영기업체에 대항하기 위해서는 국가가 직접 통제하는 국영 기업체가 필요하였다. 러시아의 원유 생산에 있어 국가가 2000년 16%, 민간 부분이 84%를 차지하였으나 2007년 국가가 50%를 점유하였다. 러시아는 2008년 세계를 강타한 미국발 금융위기에 대처하기 위해 시장 자본주의식 개혁보다는 오히려 정부가 경제를 통제하는 국가 자본주의로 이행하였다.

러시아는 북극해 등 자체적으로 에너지 개발이 어려운 지역에서는 외국 기업과 합작을 통해 가스전과 유전을 개발하였다. 그리고 외국 기술을 확보하면 외국 투자분을 강압적으로 구매하여 에너지 안보를 강화하였다.

러시아는 에너지 강국으로 복귀하자 에너지 공급의 중단과 차별

---

97 Marshall I. Goldman, Petrostate(Putin, Power, and New Russia), Oxford University Press, 2008, pp. 98-99

가격을 통해 상대국에게 영향력을 행사하였다. 러시아는 2000년대 하반기 우크라이나와 조지아, 몰도바의 탈러시아를 방지하기 위해 가스 공급을 중단하였다[98]. 그리고 우호적인 국가에게 저렴한 가격을, 비우호적인 국가에 높은 가격으로 에너지를 공급하였다.

러시아는 에너지의 최대 생산지인 중동과 협력에 주안점을 두었다. 비OPEC 국가인 러시아는 사우디가 주도하는 OPEC와 협력을 강화하고 가스 수출 협의체를 결성하여 세계 가스 시장에 대한 영향력을 제고하였다.

러시아가 2014년 우크라이나 크림반도를 병합하자 서방은 러시아 에너지 분야에 대한 제재를 단행하였다. 이에 대해 러시아는 사우디와 협력을 통해 국제 고유가를 유지하여 최대한 이익을 확보하고자 하였다. 2015년 러-사우디는 정상회담을 통해 산유국에 유리하도록 국제유가의 안정화에 노력하기로 합의하고 양국 간 에너지 연합을 결성하였다[99].

살만(M. bin Salman) 사우디 왕세자는 2015년 Vision 2030를 채택하고 사우디가 에너지 강국으로서 존속을 위해 러시아, 그리고 인도, 중국 등 비서방 국가와 협력을 강화하였다.

2019년 7월 러시아, 사우디 등 OPEC+20여 산유국은 협력헌장(Chart of Cooperation)에 서명하였으며[100] 원유 시장에서 산유국의 독

---

98 냉전 시대 소련은 에너지를 대외 정책의 수단으로 적극 활용하였다. 소련은 영향력 행사를 위해 1956년 유고슬라비아와 이스라엘, 1958년 핀란드, 1959년 중국, 1990년 라트비아와 리투아니아에 원유 수출을 중단했다. 탈냉전 시대 러시아는, 2006년 리투아니아, 2007년 에스토니아에 원유 수출을 중단했다. Marshall I. Goldman, 전게서, p. 49

99 Ibrahim AlMuhanna, Oil Leaders, Columbia University Press, 2022, pp. 204-205.

100 상게서, p. 212-214.

점력을 보다 강화하였다. 러시아와 사우디는 단합을 통해 최대 원유 생산국인 미국을 견제하고 유럽연합, 중국, 인도, 한국, 일본 등 주요 원유 소비국에 대한 주도권을 장악하고자 하였다.

러시아의 에너지 수출과 영향력 행사

러시아는 소련 시대 건설된 수천 km의 가스관을 통해 유럽의 총 소비 가스의 40%를 공급하였다. 서구 국가들은 1970년부터 소련으로부터 대규모의 가스와 원유를 저렴하게 수입하였다. 2021년 현재 러시아산 가스 의존도는 폴란드, 발트 3국, 루마니아는 100%, 독일은 40%이다.

러시아는 구소련이 건설한 에너지 공급망을 통해 중앙아시아 국가들을 통제하고 있다. 1991년 구소련으로부터 독립한 중앙아 국가들은 내륙국으로 해양 출구가 없으며 러시아 가스관과 송유관을 통해 대부분 에너지를 수출하고 있다.

러시아는 가스관과 송유관의 독점을 통해 저렴하게 중앙아산 가스를 수입하고 비싼 가격으로 유럽에 재수출하여 높은 수익을 올렸다. 현재 카자흐스탄은 자국산 원유의 약 88%를 러시아 경유 송유관을 통해 유럽으로 수출하고 있으며 일부는 중국에 수출하고 있다.

투르크메니스탄은 지난 30년간 러시아 가스관에 대한 의존에서 탈피하기 위해 에너지 수출을 다변화하였다. 그 결과 현재 투르크메니스탄의 대부분 가스는 중국으로 수출되고 있다.

러시아는 남카프카스와 흑해, 카스피해 지역에 대해 서방 에너지 기업의 진출을 저지하고자 하였다. 미국과 유럽연합은 구소련 해체 이후 에너지를 안정적으로 확보하고 러시아를 견제하기 위해 러시아를 우회하는 송유관과 가스관을 건립하였다.

마침내 서방의 지원으로 2000년대 아제르바이잔-조지아-튀르키예를 연결하는 BTC 가스관과 송유관이 건설되어 중앙아와 카스피해에 매장된 에너지가 유럽으로 수출되었다. 아제르바이잔 천연가스를 튀르키예와 유럽으로 공급하는 트랜스 아나톨리아 가스관(TANAP)이 2019년 개통되었다. 이에 러시아는 아르메니아와 아제르바이잔 간 나고르노-카르바흐 분쟁에 개입하여 긴장을 조성하였다.

러시아는 이란과 협력을 통해 미국, 유럽 연합 등 제3국의 카스피해 진출을 방지하고자 한다. 카자흐스탄, 아제르바이잔, 투르크메니스탄 등 카스피해 연안 산유국은 서방의 지원으로 러시아를 우회하고 카스피해를 통과하는 가스관 건립을 희망하였다.

그러나 러시아는 카스피해의 환경보호를 이유로 반대하였다. 유럽연합은 나부코(Nabucco) 가스관을 건설하여 카스피해와 흑해를 통해 중앙아의 가스를 수입하고자 하였으나 러시아의 방해 공작으로 성사되지 않았다.

러시아는 해외 에너지 공급망을 확보하고자 하였다. 러시아는 구소련의 채무 탕감을 대가로 가스 보급망을 요구하였으나 우크라이나는 반대했고 벨라루스는 허용했다. 독일은 독일 기업이 러시아의 가스프롬의 지분을 인수하거나 에너지 개발에 참여하는 대가로 러시아가 독일의 국내 가스 보급망에 진출을 허용하였다. 러시아는 에너지 안보를 위해 외국 기업이 상류 분야(up-stream)에 참여하는 것을 허용하지 않았다.

러시아는 리비아, 알제리, 나이지리아 등 아프리카 자원 부국의 에너지 개발을 선점하여 시장 독점력을 강화하였다. 러시아는 이들 국가의 소련에 대한 채무를 탕감하고 그 대가로 무기를 수출하고 에너지 개발권을 확보하였다.

러시아는 2014년 크림반도 병합 이후 유럽에 대한 에너지 수출이 어렵게 되자 대안으로 중국 등 아시아로 진출을 강화하고 있다. 냉전기 소련은 유럽과 달리 중국과 대립 관계로 시베리아, 동북아에 가스관이나 송유관을 건설하지 않았다. 중국은 당시 경제 후진국으로 에너지 수요가 많지 않았으며 국내 생산으로 충당하였다.

푸틴 대통령은 지난 20년간의 집권 동안 미국의 패권에 대항하기 위해 중국과 전략적 동반자 관계를 강화하고 있다. 2014년 러시아가 크림반도를 병합하자 서방은 제재 조치를 단행했고 미국은 중국을 견제하기 위해 2018년 중국에 대해 경제 제재 조치를 취했다. 이에 대해 중국과 러시아는 공동 에너지 개발 등 경제협력을 강화해 오고 있다.

2011년 중국-러시아 간 첫 송유관이 개통되었으며 2019년 '시베리아의 힘(Power of Siberia)'이라는 가스관이 개통되었다. 러시아는 중국의 차관을 도입하여 시베리아 가스관과 송유관을 건설하였다.

2021년 러시아 천연가스의 6%가 중국으로 수출되었다. 러시아의 우크라이나 침공 2주 전인 2022년 2월 4일 러-중 양국은 몽골을 경유하는 '시베리아의 힘 II' 가스관 건립 사업에 합의하였다. 중국은 2019년 3,370억 달러의 러시아산 원유를 수입하였으며 러시아는 중국의 최대 원유 수출국이 되었다.

중국은 에너지 안보를 위해 러시아산 에너지에 대한 과도한 의존을 경계하고 있다. 중국은 '시베리아의 힘 II' 가스관의 건설 사업을 검토하고 있다. 2024년 5월 중국을 방문한 푸틴 대통령은 '시베리아의 힘 II' 가스관의 건설 사업에 대해 협의했으나 가스 가격에 대한 이견으로 성과가 없었다.

2024년 8월 몽골 정부는 시베리아 II의 가스관 건설사업을 장기계획에서 제외하였다고 발표하였다. 몽골은 러시아를 지원하는 것으로 간주될 경우 서방의 2차 제재 대상국이 될 수 있으며 이를 경계하고 있다.

러시아의 우크라이나 우회 가스관 건립

1991년 출범한 러시아는 냉전기 소련이 건설한 가스 공급망을 토대로 유럽과의 에너지 협력을 강화하였다. 1992년 당시 유럽으로 수출되는 러시아 가스의 90%가 우크라이나를 통과하였다. 1991년 소련에서 독립한 우크라이나는 러시아와 유럽의 에너지 안보에 중요한 국가로 부상하였다.

러시아는 우크라이나와 갈등이 심화되자 우크라이나를 우회하는 가스관의 건립을 1990년대 말 시작하였다. 동시에 1990년대 우크라이나 경유 유럽발 가스 송출 규모를 크게 줄였다. 러시아는 1) 우크라이나 가스관이 약 50년 되어 수명이 다 되었으며[101] 2) 가스 유실이 심하며 3) 우크라이나 가스 통과료(연간 30억 달러)가 과하게 비싸다는 이유로 우회 가스관의 건설을 추진하였다.

러시아는 우선 야말(Yamal) 가스관을 건설하여 1999년 개통하였다. 야말 가스관은 벨라루스까지 연결되며 폴란드로 지선이 건설되었다. 러시아는 흑해 해저의 블루 스트림(Blue Stream)을 2005년 개통하여 튀르키예와 유럽에 가스를 수출하고 있다.

러시아는 독일과 협력하여 발트해를 통과하는 노드 스트림(Nord Stream I) 가스관을 2011년 개통하였다. 독일은 냉전기 동방 정책을 통해 소련산 가스를 수입하는 등 특별한 관계를 유지하였다. 소련은 1990년 독일의 통일에 기여했으며 탈냉전기 독일은 막대한 차관 제공과 투자를 통해 러시아의 경제 회복을 지원하였다.

Nord Stream I 건립 사업에 대해 논란이 있었다. 유럽연합은 유럽의 에너지 안보에 기여한다는 이유로 Nord Stream I 사업을 지지하였으나 미국과 폴란드는 반대하였다. 미국은 NATO 유럽 동맹국이 러시아산 에너지에 과도하게 의존하게 되어 유럽 안보가 위험하다고 주장하였다. 그러나 유럽연합은 미국의 제재는 유럽 국가에 대한 주권 침해이며 미국이 자국산 가스의 대유럽 판매를 위해 반대하고 있다고 보았다. 유럽연합은 에너지 안보를 위해 Nord Stream I을 완공하였다.

러시아가 2014년 우크라이나의 NATO 가입을 방지한다는 명목

---

101 에너지 인프라의 유효기간은 풍력 발전소가 20년, 송유관과 가스관은 40년, 핵발전소는 50년, 석탄 화력 발전소는 80년이다.

으로 크림반도를 불법 점령하고 병합하였다. 이에 대해 미국과 폴란드 등 유럽 일부 국가는 강한 제재를 요구하였으나 독일은 반대하고 2015년 러시아와 Nord Stream II 건설(110억 달러)에 합의했다.

미국은 러-독 간의 Nord Stream II 건설 사업에 대해서도 강하게 반발했고 유럽의 가스관 건립회사에 대해 제재 조치를 단행하였다. 독일은 Nord Stream II 건설 협상에서 러시아가 우크라이나의 기존 가스관 이용을 요구하였으나 러시아는 가스 통과료가 과하다는 이유로 반대했다.

유럽연합은 러시아의 에너지 공급에 대항하기 위해 LNG 도입, 신재생 에너지의 생산 확대, 에너지 수입선을 다변화하였다. 유럽연합은 러시아 가스프름이 1) 중부 및 동부 유럽의 가스 시장을 분리시켜 불공정한 가스 가격을 책정했으며 2) 유럽연합의 회원국 간 자유로운 가스 이동을 저해했다는 이유로 제소하였다.

2022년 2월 러시아가 우크라이나를 침공하자 유럽연합은 러시아에 대해 제재 조치를 단행했고 러시아산 가스와 원유 수입을 축소하였다. 그리고 거의 완성된 Nord Stream II 사업이 중단되었다. 유럽연합은 중동과 북아프리카, 미국에서 LNG 등 가스를 수입하고 있다. 튀르키예는 서방의 제재에 동참하지 않고 중립을 유지하였으며 Blue Stream은 계속 운영되고 있다. 최근 튀르키예가 러시아산 가스를 수입하여 유럽에 수출하는 허브(hub)로 부상하고 있다.

제4부

북대서양조약기구(NATO) 확대와 미-러 대립

제1장

러-NATO 동반자 협력

독일통일과 NATO 확대 문제

냉전 초창기인 1949년 트루먼(H.S.Truman) 미국 대통령은 소련의 팽창에 대항하기 위해 서방의 집단안보동맹인 NATO를 창설하였다. NATO는 서구 유럽과 미국을 연결하는 유럽-대서양 안보동맹으로 소련의 팽창을 방지하고 영국, 프랑스, 독일 간의 뿌리 깊은 적대감을 해결하며[102], 민주주의를 지켜온 주요한 보루였다[103].

1953년 한국전쟁 이후 냉전이 악화되자 1955년 서독이 가입하는 등 NATO는 계속 확대되었다. 미국은 NATO를 통해 유럽 안보에

102 Michael Kimmage, Time for NATO to Close Its Door(The Alliance Is Too Big—and Too Provocative—for Its Own Good), Foreign Affairs(January 17, 2022) 참조
103 NATO는 '한 회원국이 적으로부터 군사 공격을 받을 경우 모든 회원국에 대한 공격으로 간주한다'는 조약 규정에 따른 집단방어 동맹이다. 제2차 세계대전 이후 지금까지 유럽의 안보 3대 축은 유럽연합, NATO, OSCE이다.

적극 개입하게 되었고 서독에 약 25만 명의 미군이 주둔하였다.

소련도 NATO에 대항하기 위해 1955년 동독, 폴란드 등 8개 공산권 회원국으로 구성된 바르샤바조약기구(WP)를 설립[104]하였으며 동독에 34만 명의 병력을 주둔시켰다. 냉전 시대 WP와 NATO는 유럽의 공산 진영과 민주 진영을 대표하는 군사 동맹체로 서로 대립하였으며 동독과 서독이 유럽 분단의 경계선이었다.

1990년 동-서독의 통일 과정에서 WP와 NATO의 존속 여부가 최대 현안이었다. 미국, 소련, 영국, 프랑스 4개국은 동-서독 통일에 동의하였으나 통일 독일의 NATO 잔류 문제에 대한 입장은 상이하였다. 미국, 서독은 독일의 NATO 가입을 희망했고 영국, 프랑스는 소극적이었으며, 소련은 강하게 반대하였다. 영국, 프랑스는 독일의 유럽 지배를 우려하여 당초 독일 통일에 반대했으나[105] 미국의 설득으로 동의했고 독일의 NATO 가입을 지지하였다.

영국과 프랑스는 제1차 및 2차 세계대전을 일으킨 독일이 다시 강국이 되어 유럽의 안보를 저해하지 않도록 독일을 NATO 틀 속에 묶어두기를 희망하였다.

서독은 통일된 독일이 동맹의 선택 여부를 스스로 결정한다는 자결권을 강조하고 NATO 가입을 희망하였다. 미국은 NATO 가입 조건으로 독일통일을 지지하였다. 미국은 1) 통일된 독일이 NATO에 잔류하지 않으면 민주 진영의 보루인 NATO 존속이 불

---

[104] 냉전 동안 바르샤바조약기구는 NATO에 대항보다는 1956년 헝가리 반소 자유화 시위, 1968년 체코슬로바키아의 반소 자유화 운동을 탄압하기 위해 군사적으로 개입하는 등 공산 국가의 탈소 방지에 동원되었다.

[105] Graham Allison, 전게서, pp. 192-193.

투명하며 2) 유럽에 핵무기 배치를 통한 소련 핵 억제 전략의 운용이 어려우며 3) NATO가 해체되면 미국은 비상시 유럽에 개입할수 있는 근거가 없어지게 된다는 것이었다. 유럽-대서양 동맹은 미국의 세계 패권 전략에 있어 핵심이다.

미국은 1975년 헬싱키 의정서에 따라 독일은 스스로 동맹을 선택할 권리가 있다고 강조하고 독일의 NATO 가입 여부에 대한 소련 등 외부의 압력 행사를 견제하였다.

미국은 독일의 NATO 가입 여부, 독일의 비핵화 여부 등 유럽 안보에 직결된 민감한 사안은 2+4(동독과 서독, 미, 소련, 프랑스, 영국) 회담 의제에서 제외하였다. 미국은 민감한 안보 사안에 대해 서독과 우선 협의하여 의견을 조율하였고 서독이 소련과 양자 협상을 통해 타결하도록 지원하였다.

소련은 미국의 유럽 개입을 견제하기 위해 독일이 군사적으로 중립을 유지해야 한다고 주장하면서 NATO의 확대에 반대하였다.[106] 냉전기 소련은 유럽에서 주도권을 장악하고 미국의 유럽 개입을 방지하기 위해 서독의 중립화에 주력하였다. 소련은 1955년 오스트리아의 중립국화를 지지하였으며 NATO와 바르샤바조약기구(WP)의 동시 해체를 주장하였다[107]. 그러나 1955년 서독은 NATO에 가입했으며 동-서독 분단이 고착화되었다. 소련의 사주로 북한이 한국을 침공한 한국전쟁(150-1953)은 서독의 NATO 가입에 주요한 계기가 되었다.

---

106 Jack F. Matlock, JR, 전게서, p.382
107 Robert H. Donaldson and Vidya Nadkarni, 전게서, 2024, p.84.

고르바초프 소련 서기장은 1980년대 후반 '유럽공동의 집' 안보 구상을 제의하면서 '유럽 문제는 외부 개입 없이 유럽 스스로 해결한다'는 소련식 먼로 독트린(Monroe Doctrine)을 강조하였다.

소련 군부 등 강경파는 제2차 세계대전 당시 막대한 희생을 치르고 독일에 승리한 대가로 동독을 확보한 만큼 동독의 포기는 굴욕이었으며 NATO 확대를 수용하기 어려웠다. 소련은 독일이 NATO에 가입할 경우 NATO는 더욱 강해지고 소련과 동유럽의 안보에 치명적인 위협이 될 것을 우려하였다. 당시 소련의 위성국가인 폴란드, 체코, 헝가리는 자국에 주둔하는 소련군의 철수를 주장하였다.

다른 한편으로는 소련 내부에는 소련이 독일 통일을 방지할 수 없으며 독일과 우호 관계를 유지하는 것이 필요하다는 의견도 있었다. 고르바초프 서기장은 유럽에 일정한 규모의 미군 주둔이 유럽 안보에 필요하며 미군 주둔을 위해 독일의 NATO 잔류에 공감하였다. 그는 통일 독일이 NATO에 가입하지 않으면 불안한 안전 보장을 위해 소련이 가장 우려하는 핵무장을 추구할 것으로 보았다[108].

고르바초프 서기장은 통일 독일의 NATO 가입 가능성을 이해했으나 이를 국내 강경파와 국민들에게 설득하는 것이 필요하였다. 고르바초프는 통일 독일에 동의한 대가로 서독 정부로부터 수백억 달러의 무상 지원을 확보하여 침체된 경기를 활성화하고 국내 불만을 무마하고자 하였다.

---

[108] 상게서, p. 383.

독일의 NATO 가입 문제에 대한 미, 서독, 소련과의 협상은 쉽게 진행되지 않았다. 1990년 1월 겐셔(H. Genscher) 서독 외상은 통일된 독일은 NATO에 가입할 것이며, NATO는 중부유럽으로 동진하지 않을 것이라고 언급하였다. 1990년 2월 베이컨(J. Baker) 미국 국무장관은 고르바초프 서기장과 면담에서 NATO는 동독 이외의 여타 지역으로 1인치(inch)도 확대하지 않을 것이라고 언급하였다.

그러나 부시 미국 대통령은 베이컨 국무장관에게 앞으로 1인치도 확대하지 않을 것이라는 자기 구속적인 용어 사용을 자제하도록 지시하였다. 미국은 장래 유럽에서 위기 발생 등 예상치 못할 상황에 대비하여 NATO가 동독을 넘어 동진할 수 있다는 해석의 여지를 남겨두는 것이 유리하다고 보았다. 그리고 미국은 독일이 주권 국가로서 독자적으로 NATO 가입 여부를 결정해야 한다는 입장이었다.

유럽 공산 국가인 헝가리, 체코, 폴란드, 루마니아는 이미 몰락하는 소련에게 안보를 의존하기 어렵게 되었으며 NATO 가입을 모색하였다. 헝가리는 NATO가 중부 유럽에 안보 우산을 제공해야 한다고 주장하였다.

1990년 3월 고르바초프 서기장은 베이커 국무장관과의 면담에서 미국이 배후에서 중부 유럽 국가의 NATO 가입을 부추기고 있다고 지적하였다. 그는 통일 독일이 NATO와 바르샤바조약기구(WP) 모두 가입을 희망하였으며 '유럽공동의 집'이라는 범유럽 안보 구상을 제의하였다. 그러나 미국 측은 현실을 무시한 꿈이라고 일축하였다.

1990년 5월 고르바초프 서기장은 베이커 국무장관과의 면담에서 통일 독일의 NATO 가입은 세력균형의 근본적인 변화를 초래하고 소련의 패배로 보인다고 주장하면서 반대하였다. 그는 통일 독일의 중립화[109]를 토대로 새로운 유럽 안보의 구축을 주장하였으며 베이커 장관은 고려하겠다고 답했다. 미국은 통일 독일의 중립화는 서방의 패배로 간주되어 수용하기 어려웠다.

마침내 1990년 7월 고르바초프 서기장은 콜(H. Kohl) 서독 총리와 면담에서 통일된 독일이 NATO에 남아 있을 수 있다고 언급하였다[110]. 그는 NATO 회원국의 지위가 상이하다고 보았다. 핵무기 보유국인 프랑스는 NATO 회원국이나 군사 지휘를 받지 않았으며, 영국도 핵무기 보유국으로서 핵무기를 스스로 운용하고 있었다. 노르웨이와 덴마크는 소련의 입장을 고려하여 평시 자국 내 NATO 군대와 핵무기 배치에 반대하고 있으며 서독은 NATO에 광범위하게 참가하고 있었다.

결국 미국과 서독, 그리고 소련은 독일의 NATO 가입은 가능하나 NATO의 국경선은 동독 넘어 중부 유럽으로 확대하지 않는다는 타협안에 동의하였다. 1990년 10월 3일 동독은 서독에 흡수되었고 독일은 통일되었다. 통일된 독일은 NATO와 유럽연합(EU)의 회원국으로 잔류하였다.

1990년 11월 독-소 우호 조약이 체결되었으며 독일은 소련에

---

109 1952년 한국전쟁 동안 스탈린은 서독에게 중립화 독일통일 방안을 제의하였으나 서독은 외세 개입을 이유로 반대했다. Henry Kissinger, Diplomacy, Simon & Schuster, 1994, pp. 497-506. 참조

110 고르바초프 서기장은 1990년 5월 말 미국을 방문하여 부시 대통령과 회담에서 통일된 독일은 NATO에 가입할 수 있다고 언급하였다. 이언 커쇼 지음, 박종일 옮김, 역사를 바꾼 권력자들(인물로 읽는 유럽정치사), 한길사, 2023, pp. 553-554

240억 마르크를 지원하는 문서에 서명했다. 당시 소련 주민들은 생필품을 구하기 어려울 정도로 소련 경제는 파산 상태였다. 1991년 12월 소련이 해체되고 러시아가 출범하였다. 러시아는 1994년 8월 동독 주둔 러시아군을 철군하였고 이어서 9월 서독 주둔 미, 영, 프랑스군도 철군하였다. 다만 이들 3국 군대 일부는 NATO 군으로 서독 지역에 주둔하였다.

NATO는 동진하지 않으며 서독의 막대한 경제적 지원 조건으로 독일은 통일되었다. 미국은 독일이 서구 진영에 남아 있게 된 것이 소련 안보에 치명적인 타격은 물론 냉전에서 서방의 승리라고 평가하고 앞으로 동구의 탈공산화와 민주화에 기여할 것으로 전망하였다[111].

러시아의 NATO 북대서양위원회(NACC) 참가

1991년 12월 소련의 해체로 탈냉전이 시작되자 미국과 서구는 NATO와 EU의 확대 정책을 통해 자유 국제질서를 전 유럽으로 확산하고 러시아와 관계를 새롭게 정립하고자 하였다. 미국은 '평화롭고 자유로운 유럽통합(a Europe at Peace, Whole and Free)'을 주창하고 NATO 강화를 통해 소련 해체 이후 유럽에서 발생하는 힘의 공백과 혼란을 방지하고자 하였다.

---

111 Donald Stoker, Purpose and Power(US Grand Strategy from the Revolutionary Era to the Present), Oxford University Press, 2024, pp. 527-528.

유럽 공산 국가도 친서구화 정책을 추진하면서 안전보장을 위해 NATO 가입을 희망하였다. 소련 계승국인 러시아는 경제 파산으로 유럽의 소련 위성국가를 지원할 여력이 없었다.

NATO는 1949년 출범 이래 정기적으로 국제 안보 환경을 분석하고 새로운 안보 현안에 대처할 수 있는 정책 방향과 지침을 결정하는 전략개념을 채택해 왔다. NATO는 1991년 제5차 전략개념을 채택하였다.

제5차 전략개념은 1) 냉전기와 달리 탈냉전기에는 핵무기의 사용 가능성을 최소화하고 2) NATO 설립의 목적인 집단 안보의 틀을 유지하며 3) 소련 위성국가였던 동구권 국가와의 협력을 강조하였다.

NATO는 유럽의 공산권 지역에 주둔한 소련군의 철수와 유럽 안보 문제를 협의하기 위해 1991년 12월 북대서양위원회를 구성[112]하였다. 미국, 러시아, 전 바르샤바조약기구 회원국, 중앙아 국가 등 약 50여 국가들이 NACC에 참가하였다.

1990년대 초창기 러-NATO 간 협력은 유럽재래식무기감축 조약(CFE) 서명 등 유럽의 안보와 통합에 크게 기여했다. 1992년 2월 미-러 간 정상회담에서 미국과 러시아는 핵무기가 겨냥한 상대방 목표를 해제하기로 하였으며 서로 적이 아니라고 선언하였다. 1990년대 엘친 러시아 대통령은 파산 상태의 경제 회복과 시장 경

---

112 북대서양협력위원회(NACC, North Atlantic Cooperation Council)는 전 바르샤바조약기구 회원국들과의 대화 및 협력을 위한 포럼으로 1991년 12월 20일 설립되었고, 동 기구가 1997년 5월 29일 Euro-Atlantic Partnership Council로 대체되면서 유럽의 비NATO 국가와 유럽 주변 아시아 지역 간의 관계를 개선하기 위해 노력해 왔다.

제개혁의 성공적인 추진을 위해 서방의 재정 지원이 절실한 만큼 친서구 노선을 추구하였다. 당시 러시아는 소련의 서구에 대한 부채 650억 달러를 승계받아 부채 청산이 필요하였다.

1992년 러시아 정부가 채택한 '러시아 대외 정책 개념' 문건에는 유럽의 평화와 안보를 위해 러-NATO 간 접촉의 중요성을 강조하였다. 러시아는 NATO, EU와 협력을 강화하면서 유럽안보협력회의(CSCE) 틀 내에서 새로운 유럽안보를 구축하고자 하였다. 1994년 6월 유럽연합과 러시아는 동반자 협력 협정을 체결했으며 서로 협력을 강화해 나가기로 하였다.

냉전 시대 유럽 공산 국가에 주둔한 수십만 명의 소련군이 1994년 철수를 완료하였다. 그러나 러시아군은 몰도바, 발트 3국과 조지아 등 구소련 영토에서 독립한 신생 국가에서 계속 주둔하였으며 영향력을 유지하였다. 러시아는 소련 영토를 배타적인 세력권으로 간주하고 제3국의 진출을 경계하였다.

러-NATO 평화동반자(PfP, Partnership for Peace) 협력(1993-1994)

1991년 구소련 해체 이후 미-러 간 가장 시급한 안보 현안은 구소련의 핵무기의 확산을 방지하는 것이었다. 냉전 시대 소련은 미국과 서구, 중국을 겨냥한 핵무기를 러시아 공화국에 70%, 우크라이나, 카자흐스탄, 벨라루스 공화국에 30%를 배치하였다. 미국은 소련 해체 5개월 전인 1991년 7월 START Ⅰ을 소련과 체결하였다. START Ⅰ은 미-소 간 최초의 핵무기 감축 협정으로 동 협정의 이행 여부가 세계 핵무기 감축에 주요한 시금석이었다.

미국과 러시아는 핵무기 확산 방지에 공통의 이해가 일치하였고 START Ⅰ의 다자화를 통해 소련에 배치된 핵무기의 확산 방지에 합의하였다. 러시아는 자국이 소련 핵무기의 유일한 계승국이며 우크라이나, 카자흐스탄, 벨라루스 3국에 핵무기 보유를 인정할 수 없다는 입장이었다. NATO 유럽 회원국도 미국과 러시아의 입장을 지지하였고 우크라이나가 핵무기를 포기를 하지 않으면 국가승인을 하지 않는다는 입장이었다

결국 미국, 러시아, 우크라이나, 카자흐스탄, 벨라루스는 협상 끝에 핵무기는 러시아로 이전하기로 하고 1992년 5월 리스본에서 START Ⅰ 의정서에 서명하였다. 그러나 미국, 러시아에 이어 세계 3위의 핵보유국인 우크라이나는 앞으로 러시아의 침공 가능성을 우려하여 핵무기 포기 대가로 안전보장 제공을 희망하였다.

미국은 우크라이나에 대한 안전보장의 방안으로 1990년 초 NATO 평화동반자(PfP) 방안을 구상하였다[113]. 유럽 공산 국가들은 탈공산화 이후에 안전보장을 위해 NATO 가입을 희망하였으나 러시아는 강하게 반대하였다. NATO는 유럽 공산 국가와 러시아의 입장을 반영한 절충안으로 PfP를 추진하였다.

NATO는 비차별적 개방을 통해 NATO 비회원국과 협력 채널을 마련하고 냉전 시대의 동-서 경계선이 없는 하나의 유럽 통합을 추

---

113 Edited by Charles Krupnick, Almost NATO(Partners and Players in Central and Eastern European Security), Rowman & Littlefield Publishers, Inc, 2003, p.239.

구하였다. PfP는 법의 지배와 인권 보호, 민주 제도의 정착 지원을 통해 유라시아 평화와 안정을 위한 포괄적 협력을 제도화하는데 주안점을 두었으며 러시아와 협력을 강화해 나가고자 하였다[114].

미국은 우선 PfP에 대한 러시아의 입장을 확인하고자 하였다. 1993년 10월 크리스토프(Christopher) 미국 국무장관은 러시아를 방문하여 옐친 대통령과 면담에서 NATO의 PfP 계획을 설명하였다. 옐친 대통령은 PfP에 동의하고 NATO 확대에 거듭 반대하였다.

1994년 1월 브뤼셀에서 개최된 NATO 정상회담에서 PfP가 마련되었다. PfP는 대상 국가와 지역의 특성에 따라 크게 4개 범주로 구분하였다. 첫 번째는 장래 조건이 충족되면 NATO에 가입할 폴란드, 헝가리, 루마니아 국가들이며, 두 번째는 세르비아, 몰도바, 아르메니아, 벨라루스, 중앙아 5개 국가로서 보다 낮은 수준의 NATO 규정 준수가 요구되는 국가들이며, 세 번째는 핀란드, 오스트리아, 아일랜드, 스웨덴 등 NATO와 가치를 공유하는 유럽 중립국이며, 넷째는 러시아이다[115]. PfP는 NATO 비회원국의 군사 계획, 인도적 지원, 평화 유지, 탐색 및 구호, 신뢰 구축, 그리고 가입 등을 지원하였다.

한편 러시아와 NATO 간 PfP 협력은 쉽지 않았다. 1994년 6월 러시아는 NATO와 PfP 기본 협정(Framework Document)에 서명하였

114 Rebecca R. Moore and Damon Coketta, Editors, NATO'S Return to Europe(Engaging Ukraine, Russia, and Beyond), Georgetown University Press, 2017, pp.170-171.
NATO는 과거 세력균형보다는 민주주의 가치의 유럽 확산을 통해 '자유롭고 평화로운 통합된 유럽(a Europe, whole, free, and at peace)'을 구축한다는 비전을 실현하기 위해 파트너 관계를 강화하였다.
115 상게서, pp. 137-138

다. 그러나 1994년 12월 코지레프(A.Kozyrev) 러시아 외무부 장관(재임 기간: 1990-1996년)은 PfP가 서구가 놓은 덫(trap)이라고 하면서 러-NATO 간 개별 동반자프로그램(IPP)의 서명을 거절하였다.

1994년 러시아 정부는 PfP보다는 부다페스트 CSCE 정상회담에서 CSCE 확대를 통한 유럽 공동안보 방안을 제안하였다. 미국은 반대했으며 옐친 대통령은 불신의 씨가 뿌려지고 유럽은 '차가운 평화(Cold Peace)'에 빠지게 될 것이라고 경고하였다[116].

옐친 대통령의 강경 발언은 당시 유고의 보스니아 내전과 러시아의 불안한 국내 정세에 기인하였다. 1993년 4월 보스니아 내전에서 NATO가 러시아와 같은 슬라브족인 세르비아계를 공습하자 러시아는 NATO를 비난하고 국내에서는 강경파가 급부상하였다.

1993년 9월 옐친 대통령은 의회를 해산하고 12월 총선을 실시한다고 선언하였다. 이에 반발한 공산당이 10월 러시아 의회 건물을 장악하고 농성하자 옐친 대통령은 무력으로 의회를 공격하였다. 러시아군의 공격으로 145명이 사망했고 800명이 부상하였다. 12월 러시아 총선 결과 옐친 대통령의 시장 경제개혁에 반대하는 반서구 보수세력이 크게 득세하였다.

결국 러시아는 1995년 5월 IPP에 서명하고 PfP에 참가하였다. 당시 러시아는 핵무기 강국이었지만 경제적 파산으로 NATO에 대항하기 어려운 여건이었으며 경제회복을 위해 서구의 재정적 지원이 시급하였다. 러시아 정부는 PfP를 NATO 확대를 위한 임시 대안으로 보았으며, 결국 NATO가 확대되어 러시아를 고립시키고

---

116 Edited by Charles Krupnick, 전게서, p.241

봉쇄시킬 것이라고 의심하였다[117]. 러시아는 구소련 지역을 배타적인 세력권으로 간주하고 NATO의 침투를 경계하였다.

NATO의 PfP는 1) NATO의 탄력성을 높이고 2) 중부유럽 국가들의 안보 불안을 해소하며 3) 러시아의 NATO에 대한 불만을 완화하는 데 기여하였다. 그리고 PfP는 NATO와 비회원국 간의 연결고리 역할을 하였으며 민주화를 지원하였다. 우크라이나는 PfP에 참가하였으며 핵무기의 포기 대가로 NATO 가입을 희망하였다. PfP는 우크라이나에게 일단 NATO 가입을 위한 출구를 제공하였다. 클린턴 미국 대통령은 PfP가 러시아를 신유럽 안보에 통합시키는 방안이며 PfP가 없으면 우크라이나가 핵무기를 포기하지 않을 것이라고 강조하였다. 그러나 러시아는 PfP를 러시아에 대한 서방의 봉쇄 정책으로 간주하였다.

보스니아 내전과
NATO-러시아 PfP 협력(1992-1995)

1991년 12월 구소련은 큰 유혈 충돌 없이 해체되었다. 그러나 유고의 세르비아가 민족주의를 강조하면서 여타 소수 민족 공화국의 독립을 허용하지 않자 결국 내전이 발생하였다. 제1차 세계대전 이후 탄생한 유고는 6개 공화국과 2개 자치주로 구성된 연방 국가였

---

117 Charles. W. Kegley, Gregory A. Raymond, Great Powers and World Order(Pattern and Prospects), Sage, 2021, p. 105

다. 이슬람, 가톨릭, 동방정교 등 여러 종교와 알바니아인, 크로아티아인, 세르비아인 등 다양한 인종과 문화가 혼합되어 구조적으로 와해되기 쉬운 허약한 국가였다.

1985년 취임한 고르바초프 서기장의 개혁과 개방으로 촉발된 동구의 자유화 바람이 유고를 강타하자 유고는 분열되었고 내전이 발생하였다. 우선 유고 연방에서 친서구적이고 경제적으로 부유한 슬로베니아와 크로아티아가 1991년 6월 독립하였다.

보스니아 헤르체고비나가 1992년 3월 독립을 선언하자 세르비아가 크게 반발하여 내전으로 비화되었다. 보스니아-헤르체고비나는 이슬람을 신봉하는 보스니아인과 크로아티아인, 동방 정교를 믿는 세르비아인 등 소수 인종이 혼합되어 이해관계가 복잡했다.

세르비아의 지원으로 보스니아-헤르체고비나의 세르비아계가 무력으로 보스니아 무슬림을 공격했고 인종청소를 자행하였다. 1994년 보스니아계와 크로아티아계가 영토의 51%를, 세르비아계가 49%를 차지하는 등 영토는 인종별로 양분되었다. 1994년 영국, 프랑스, 독일, 미국, 러시아로 구성된 접촉그룹이 분쟁 당사자들과 협상하였으나 성과가 없었다.

1995년 세르비아계의 인종청소로 20만 명의 보스니아인이 사망했고 2백만 명의 난민이 발생하는 등 유럽 안보에 심각한 위협이었다. 결국 유엔은 평화유지군을 파병했고 1995년 8월 NATO 공군기는 3,500회 출격하여 세르비아계를 집중 폭격하였다. 러시아는 세르비아계에 대한 NATO의 공습을 자국에 대한 간접적인 공격으로 간주하고 강하게 반발하였다.

결국 1995년 11월 러시아와 미국, 당사국이 참여한 다튼(Dayton)

협정이 체결되어 보스니아 전쟁은 종결되었다. 그리고 세르비아, 보스니아, 크로아티아 3국이 독립하였다.

Dayton 협정의 이행을 감시하기 위해 NATO 회원국과 PfP 서명국으로 구성된 16,000명의 다국적군이 파견되었다. 러시아도 평화유지군을 파병하였으며 NATO의 지휘를 거절하고 미군의 지휘를 수용했다. 현재 유럽연합의 평화유지군(EUROR) 1,100명이 보스니아에 상주하면서 안전과 평화를 유지하고 있다.

1992-95년간 보스니아 내전은 탈냉전의 과도기에 힘의 공백으로 발생하였으며 NATO의 군사 개입으로 해결되었다. NATO가 1949년 창설 이래 처음으로 NATO 이외의 지역에서 개입하였다. 러시아도 평화유지군 파병 등 보스니아 내전의 해결에 참여하였다.

제2장

제1차 NATO 확대와 차가운 평화

미국의 NATO 확대 추진

1993년 2월 취임한 클린턴(B. Clington) 미국 대통령은 국내의 일부 반대에도 불구하고[118] 1994년부터 NATO 확대 정책을 추진하였다. 그 배경은 첫째, 탈냉전의 신유럽안보 질서 구축이다. 1991년 소련 및 바르샤바조약기구가 해체되자 유라시아 심장 지대인 중부 및 동부 유럽 지역에 힘의 공백이 발생하였고 이들 지역에 대한 안전보장 문제가 주요한 현안으로 부상하였다. 당시 유럽의 뒷마당인 유고슬라비아에서 발생한 내전은 유럽 안보를 위한 NATO의

---

[118] 미 국무성은 1993년 7월 NATO 확대가 러시아의 민주주의 실험을 실패하게 할 것이며 유럽은 다시 NATO 가입국과 적대적인 러시아로 분단될 것이라고 지적하고 NATO 확대에 반대하였다. 새로운 유럽 분단선은 긴장과 갈등을 초래할 것이라고 경고하였다. J.J. Mearsheimer and S. Rosato, How States Think(The Rationality of Foreign Policy), Yale University Press, 2023, PP.127-133.

중요성을 부각시켰다.

둘째, 유럽 공산 국가의 서구 통합이다. 미국과 NATO는 중부 유럽의 안정화와 민주주의 확산을 위해 NATO의 가입을 추진하기로 하였다. 중부 및 동부 유럽 국가도 안전보장을 위해 NATO 가입을 희망하였다. 전 바르샤바조약기구 회원국은 1991년 1월 소련의 라트비아 및 리투아니아 침공과 구소련 내 분쟁이 발생하자 안전보장을 위해 NATO 가입에 희망하였다. 1991년 10월 폴란드, 헝가리, 체코슬로바키아 3국은 비세그라드(Visegrad) 정상회담에서 NATO에게 안전보장의 제공을 요청하였고 NATO 개방을 촉구하였다.

셋째, 민주당 클린턴 대통령은 1996년 대선에 출마하여 재선하고자 하였다. 미국에 거주한 폴란드 등 중동부 유럽계 미국인 약 2천만 명의 유권자가 미국 14개 주 선거인단의 40%를 차지하였다. 클린턴 대통령은 중간선거와 대선에서 이들 유권자의 득표가 중요하였다. 미국 공화당과 민주당은 이들 이민자의 표를 의식하여 폴란드, 헝가리, 체코의 NATO 가입을 계속 주장하였다. 클린턴 대통령도 1996년 재선을 위해 NATO 확대를 본격화하였다.

한편 1995년 중간선거에서 공화당이 상원과 하원을 장악하자 대외 정책에 있어 클린턴 대통령의 입지가 좁아지게 되었다. 공화당은 러시아를 견제하기 위해 NATO 확대를 지지하였으며 클린턴 대통령은 러시아와 협력을 통해 핵무기 감축 등 유럽 안보를 강화해나가고자 하였다. 1996년 미국 의회는 NATO 확장촉진법(NATO Enlargement Facilitation Act)을 통과시켰다.

넷째, 당시 러시아와 관련된 주요한 안보 현안이 해결되어

NATO 확장에 대한 부담감이 덜했다. 1994년 동독 주둔 36만 명의 러시아군이 철수했으며 우크라이나, 카자흐스탄, 벨라루스가 구소련 시대 배치한 핵무기를 포기하고 START Ⅰ에 가입하였다.

미국은 러시아의 반대, NATO 확대에 따른 서구식 군사 장비 지원과 군 현대화에 소요되는 막대한 비용을 고려하여 체코, 폴란드, 헝가리 3개국을 후보 국가로 선정하였다. 러시아의 강한 반발을 고려하여 발트 3국은 제외되었다. 북구 노르딕 국가들도 발트 3국과 러시아 간 관계 정상화가 시급하다고 하면서 발트 3국의 NATO 가입에 소극적이었다. 우크라이나는 정권 교체 시마다 대외 정책 변경 등 일관성이 부족했고 러시아-우크라이나 간 전략적 중요성을 감안하여 제외하였다.

미국은 NATO 신규 가입국에게 무차별 회원 자격을 부여하기로 하였다. NATO 회원국의 지위는 여러 종류가 있다. 노르웨이는 평시에는 자국 영토에 NATO 핵무기와 재래식 무기의 배치를 금지하였다. 프랑스는 NATO의 군사 지휘를 받지 않는다. 마침내 체코, 폴란드, 헝가리 3개국이 1999년 NATO에 가입하였다. 전 바르샤바조약기구 회원국의 NATO 가입이 처음 성사되었으며 당시 코모쉐비치 폴란드 총리는 NATO 확대로 얄타 체제가 끝났다고 평가하였다.

독일의 NATO 확대 지지

1990년 10월 독일이 통일되었고 콜 서독 수상이 독일의 초대 수상이 되었다. 그는 중부유럽 국가들과 관계를 정상화하고 러시아의 유럽 진출을 견제하기 위해 NATO 확대를 지지하였다. 우선 안보적 이유이다. 1991년 12월 소련이 해체되자 소련의 세력권이었던 중부 및 동부 유럽은 독일과 러시아 사이에 완충지대가 되었다. 완충지대는 강국인 러시아에게 유리하지만 군사 약소국인 독일에게 불리하였다. 그러나 폴란드가 NATO에 가입하면 우크라이나가 러-독 간의 완충국가가 되어 독일은 안보적으로 유리하게 된다.

독일은 NATO 확대가 유럽통합에 유리하다고 보았다. 콜(H. Kohl) 수상은 자유가 보장되는 유럽의 통합을 지지하였으며 독일 통일이 유럽 평화와 안보, 통합에 기여한다는 점을 강조하였다. 그는 유럽 공동 통화의 도입을 지지했고 독일 통일과 유럽통합을 연계시켜 독일의 경제 발전을 추구하였다. 동구 유럽에 무역과 시장이 확대될수록 세계적인 경쟁력을 가진 독일 경제는 유리하다. 그리고 유럽연합이 확대되면 세계 최대 경제블록으로서 미국과 중국에 대항할 수 있다.

콜 수상은 동독 주둔 러시아군의 철수 문제와 러시아의 반발을 고려하여 NATO 확대의 시기와 방법에 대해 신중하였다. 그는 러시아가 구소련 공산주의에서 민주주의로 이행하는 전환기에 있는 불안정하고 위험한 국가라고 보았다.

콜(H. Kohl) 수상은 러시아가 강경파의 반발로 2+4 독일 통일 조약을 이행하지 않을 것을 우려하였다. 2+4 조약에 의하면 동독 주둔 러시아군은 1994년 철수할 예정이다. 콜(H. Kohl) 수상은 러시아의 국내 상황과 안보적 우려를 고려하여 러시아군의 완전 철수 이후 NATO 확대를 추진할 것을 희망하였다. 미국은 독일의 입장을 감안하여 1996년 옐친 대통령의 재선 이후 NATO 확대를 본격적으로 추진하였다.

1995년 9월 고르바초프 전 소련 서기장은 모스크바 뉴스와 인터뷰에서 1990년 베이커 국무장관이 독일통일의 논의 과정에서 NATO는 동진하지 않을 것을 공약하였다고 발표하였다. 이에 대해 독일 측은 2+4 조약이 중부 및 동부 유럽 국가의 동맹 선택 권리를 제한하지 않는다고 반박하였다.

미국 측은 1975년 헬싱키 협정에 의하면 서명국은 군사동맹을 자유롭게 선택할 권리가 있으며 베이커 장관은 문서가 아닌 구두로 언급하여 법적 효력이 없다고 반박하였다. 그리고 2+4 독일통일 조약에 부속된 합의 의사록(Agreed Minute)에 NATO는 동진할 수 있다는 규정을 원용하였다.

러-NATO 기본 협정(Founding Act) 체결

소련은 1990년 독일 통일의 협상 과정에서 안보를 저해한다는 이유로 NATO 확대에 반대하였다. 소련의 승계국인 러시아는 미국 등 서구 선진국으로부터 경제적 원조 확보가 시급한 만큼 NATO 확대에 대해 공세적으로 대응할 수가 없었다.

클린턴 대통령은 1994년 9월 옐친 대통령에게 유럽의 안보 강화를 위해 NATO는 확대될 것이라고 설명하였다. 이에 대해 옐친 대통령은 1994년 12월 부다페스트에서 개최된 유럽안보협력회의(CSCE)에서 NATO 확대는 유럽을 통합시키는 것이 아니라 새롭게 분단하는 것이며 '차가운 평화(Cold Peace)'를 위태롭게 할 것이라고 경고하였다. 옐친 대통령은 바르샤바조약기구는 1991년 이미 해체되었는데 북대서양조약기구(NATO)가 존재하는 이유에 대해 의문을 제기하였다.

1991년 취임한 옐친 대통령은 NATO 확대에 반대하면서도 다른 한편으로는 NATO 확대에 동의하는 대가로 최대한 경제적 지원을 확보하여 1996년 대선에서 재선하고자 하였다. 서구의 대규모 경제적 지원이 러시아 경제 회복과 국내 안정은 물론 옐친 대통령의 정권 연장에 주요한 수단이었다. 옐친 대통령의 요청으로 국제통화기금(IMF)은 러시아의 재선 시기에 맞추어 102억 달러 지원을 약속하였다. 러시아는 서구의 지원으로 경제 파산을 면했다. 한편 프리마코프(1929-2015) 러시아 외무장관은 당시 소련의 무기력이 NATO 확장에 기여하였다고 지적하였다. 바르샤바조약기구(1955-1991)와 소련 주도의 공산권 경제협의기구인 경제상호원조회의(COME-CON, 1949-1991)의 1991년 해체가 중구 및 동구 공산 국가의 NATO 가입을 촉진시켰다는 것이다. 그는 COMECON의 해체를 목욕하는 아기와 물을 같이 버린 것에 비유하였다. 당시 소련은 경제 파탄으로 유럽 공산 국가들을 지원할 여력이 없었다.

그는 유럽 공산 국가들이 민주화 이후 러시아 위협에 대항하기보다는 정권 유지를 위해 NATO 가입을 희망하며 초강대국인 미국은 러시아와 유럽을 통제하기 위해 NATO 확대를 추진할 것으로 전망하였다.

프리마코프 장관은 1) NATO 확대에 반대하고 NATO-러 관계를 포기하면 냉전의 복귀이며 2) 수용할 경우 러시아의 무조건 항복으로서 심각한 결과를 초래할 것으로 평가하고 NATO 확대의 부정적인 결과를 최소화하는 방안을 선택하였다[119]. 그는 NATO 확장을 중립화하고 러시아의 국익을 보존하는 방안으로 미-러 간 핵 군축 조약의 탈퇴 등 4가지를 고려하였다[120].

1) NATO가 확대를 통해 단거리미사일을 동구 유럽에 배치하는 것은 1988년 발효한 중거리핵전력 조약(INF)의 위반이다. 프리마코프 장관은 러 의회에서 NATO가 확대할 경우 러시아는 START II 비준 거절과 INF에서 탈퇴할 수 있다고 언급하였다.
2) 미국이 관심이 있는 포괄적 핵실험금지 조약(CTBT)을 이용한다.
3) 러시아는 경제 피폐로 재래식 군사력 증강이 어려우며 대신 핵무기를 현대화한다.
4) 독일 통일을 보장한 2+4 조약을 이용한다.

1996년 3월 프리마코프 장관은 2+4 조약에 따라 NATO는 전쟁 이외 평상시에는 NATO 신규 가입국 영토에 핵무기나 재래식 군사력의 배치에 반대하였고 러시아 국경선에 거리를 두고 NATO 군사훈련의 실시를 요청하였다. 이에 대해 미국은 극약 처방이라고 하면서 반대하였다. 프리마코프 장관의 제안은 NATO 확장을

119 Yevgeny Primakov, Russian Crossroads(Toward the New Millennium), Yale University Press, 2004, p.136, 141.
120 M.E.Sarotte, 전게서, p.251.

무용지물로 만들고 동부 유럽을 러시아에게 유리한 비핵지대 혹은 완충 지역으로 만들 의도였다.

NATO 확대에 대한 프리마코프 장관의 대응 방안은 그 이후 러시아 외교 정책의 기조가 되었다. 그는 실용적 민족주의자였으며 러시아의 강대국 복귀를 강조하였다. 그는 냉전의 승리국과 패전국은 없으며 미국과 러시아가 공동 승리자라고 강조[121]하면서 러시아의 손상된 자존심을 회복하고자 하였다. 푸틴 대통령은 2021년 12월 미국이 수용할 수 없는 프리마코프 장관과 유사한 내용을 서방측에 제의하여 2022년 2월 우크라이나 침공을 정당화하였다.

프리마코프 장관은 전 바르샤바 조약 회원국이 NATO 가입하더라도 1992년 발효한 유럽재래식무기감축 조약(CFE)[122] 조항을 준수하여 재래식 군비를 증강하지 못하도록 한계(Ceiling Cap) 설정을 주장하기도 하였다.

1997년 러시아 정부가 채택한 국가안보개념 문서는 NATO 동진이 러시아 안보에 위협적이며 유럽 대륙을 분단시킨다는 이유로 NATO 확대를 수용할 수 없다고 강조하였다.

한편 미국은 NATO 확산에 대한 러시아의 불만을 무마하고 러시아의 민주화를 지원하며 러시아가 유럽안보 질서의 구축 과정에 소외되지 않도록 노력하였다.

클린턴 대통령은 옐친 대통령의 1996년 재선을 지원하고 러시아

---

121 Robert H. Donaldson and Vidya Nadkarni, 전게서, pp. 128-129.
122 1990.11월 북대서양조약기구(NATO) 16개국과 바르샤바조약기구 14개 회원국이 CFE에 서명하였다. 러시아는 자국의 안보를 위해 NATO 신규 회원국의 영토 내 NATO 상비군의 주둔을 방지하고자 하였다. Yevgeny Primakov, 전게서, p.158.

내 반미적인 강경파의 부상을 방지하기 위해 러시아를 G-7 회의에 초청했다. 그리고 서방은 러시아의 시장 자본주의 체제로 전환을 위해 경제적으로 지원하였다.

옐친 대통령은 1996년 대선에 참가하여 주가노프 공산당 후보에 게 13% 차이로 재선되었다. 옐친 대통령은 1996년 재선을 위한 출마를 선언했을 당시 국민의 지지율은 저조했으나 IMF의 370억 달러 차관 공약 등으로 옐친 대통령에 대한 국민의 지지가 상승하였다. 미국은 1993-96년간 러시아에 45억 달러의 차관을 지원했으며 서구의 대규모 경제적 지원이 옐친 대통령의 재선에 기여하였다.

1997년 5월 NATO와 러시아는 기본 협정(Founding Act)[123]을 체결하여 상설합동이사회(PJC, Permanent Joint Council)를 구성하였다. 미국은 NATO 확대에 대한 러시아의 반발을 감안하여 현 안보 환경에서 신규 NATO 회원 국내 핵무기와 실질적(substantial)인 전투 병력을 배치하지 않을 것이라고 명기하였다. 푸틴 대통령은 2022년 2월 우크라이나 침공 3개월 전에 NATO가 1997년 이전으로 복귀할 것을 주장하였으며 NATO는 거절하였다.

PJC는 NATO와 러시아 간 제도적인 포럼이며 러시아는 PJC를 통해 NATO의 심의에 참여하게 되었다. 러시아는 유엔 안보리와 유럽안보협력기구(OSCE)에서와 같이 거부권을 요구했으나 수용되지 않았다. 미국은 유엔 안보리가 러시아의 거부권 행사로 제 역할

---

123 주요 내용은 NATO가 신규 가입국에 핵무기와 병력을 배치하지 않는 것으로 규정하였으며 러시아의 입장이 반영되었다. 러시아와 NATO는 유럽-대서양 공동체 내 모든 국가들의 안보가 불가분하다는 원칙에 따라 유럽의 포괄적 공동안보에 기여해 나가기로 합의했다.

을 못 하는 것처럼 러시아의 거부권 행사로 PJC가 무용지물이 되는 것을 방지하고자 하였다.

러시아는 NATO와 협력에 소극적이었고 NATO 확대를 경계하였다. 프리마코프 외무장관은 러시아와 NATO 관계를 고슴도치와 잠자는 위험한 것으로 비유했다. 러시아의 방책은 고슴도치의 크기를 줄이고 고슴도치의 바늘에 너무 비참하게 되지 않도록 조심하는 것[124]이라고 언급하였다.

그는 미국 주도의 단극 체제에 대항하기 위해 중국, 인도와 협력을 통한 다극 체제의 구축을 주장하였다. 다극적 국제질서의 구축은 21세기 러시아 외교 정책에 반영되었다.

구분 (설립 연월)	주요 내용	비고
러-NATO 기본 협정(1997.5월)	• 양측은 서로 적대자로 간주하지 않는다고 선언함	
NATO-상설합동 이사회(PJC, 1997.7월)	• 양측은 평화유지, 핵 안전 조치, 군비통제 등 주요 정치, 안보 현안에 대해 협의 - 러시아는 투표권이 아닌 협의권만 보유함	
러-NATO 이사회 (2002.5월)	• 이사회가 PJC를 대체함 - 2022.2월 러시아의 우크라이나 침공 이후 미개최 • 러시아는 NATO 회원국과 동등하게 이사회 참석하며 컨센서스 원칙으로 운영함	

1997-2022년간 러-NATO 협력 관계

---

124 David Owen, Riddle, Mystery, and Enigma(Two Hundred Years of British-Russian Relations, TJ Books Limited, 2021, p. 258

러-미 대립과 NATO의 제6차 전략개념 채택

1990년대 초 부시 대통령은 '자유로운 유럽통합'을 주창했고 클린턴 대통령은 NATO의 확대를 통해 동-서간 분단 없는 유럽안보를 구축하고자 하였다. 1999년 3월 폴란드, 헝가리, 체코 3국이 NATO에 가입하였으며 제1차 NATO 확대이다. 이어서 NATO는 1999년 4월에는 불가리아, 에스토니아, 라트비아, 리투아니아, 루마니아, 슬로바키아, 슬로베니아의 회원국 가입계획(MAP: Membership Action Plan)을 마련하고 NATO를 확대해 나가기로 하였다. 다만 러시아의 강한 반발을 고려하여 우크라이나, 조지아는 MAP에서 제외하였다.

1999년 제1차 NATO 확대는 러-미 대립과 러시아 강경파의 득세[125], 그리고 유럽의 안보 구조에 변혁을 초래하였다[126]. 우선 러-미 관계가 대립되었다. 1999년 11월 옐친 대통령은 클린턴 대통령과 마지막 회담에서 서구 국가들이 러시아의 국내 문제인 체젠 사태에 대해 설교하고 있다고 비난하고 미국이 유럽에 간섭하지 말라고 강조하였다.

당시 체첸사태가 NATO의 확대와 맞물려 미-러관계 악화에 일조

---

125 David M. Lampton, Living U. S.-China Relations(From Cold War to Cold War), Rowman & Littlefield, 2024, p.253.
126 NATO 신규 가입국의 무기체계를 서구화, 집단 방어력 증강을 위한 군사비용이 13년 동안 매년 21-27억 달러(미국은 매년 약 2억 달러, 여타 비용은 NATO 회원국이 분담)가 소요되며 각 신규 가입국은 매년 8-10억 달러를 자체적으로 부담해야 한다. 폴란드는 15년간 미국에 매년 2억 달러의 차관 공여를 요청했다. NATO 확장으로 미국, 유럽 국가의 방산업체는 100억 달러의 전투기 판매 등 호황을 맞이하였다.

하였다. 1994년 옐친 대통령이 체첸 반군에 대한 군사적 진압을 허용하였다. 체첸 지역에 대한 러시아군의 무차별 폭격으로 수천 명의 민간인 사상자와 4십만 명이 난민이 발생하였다.

러시아 군부가 NATO 확산에 대한 옐친 대통령의 유화 정책에 불만 표시로 체첸 반군을 과도하게 진압하였다. 소련 위성국가였던 동부 유럽 국가들은 러시아가 언제든지 인접 국가를 침공할 것을 우려했으며 NATO 가입을 강하게 희망하였다.

NATO 확대는 미-러 간 핵 군축과 군비통제의 큰 걸림돌이 되었다. 러시아는 NATO 확산에 대처 방안으로 미국과 체결한 핵 군축 협정인 START Ⅱ 비준을 연기하였으며 유럽 국가와 체결한 유럽 재래식무기감축 조약(CFE)을 비준하지 않았다.

미국 외교 전문가들은 러시아의 반발과 도발 가능성을 우려하였으며 NATO 확대에 반대하였다. 1940년대 미국의 대소련 봉쇄 정책을 주창한 케넌(G. F. Kennan)은 1997년 NATO 확대는 탈냉전기 미국 대외 정책의 가장 치명적인 실수가 될 것이라고 지적하고 러시아를 소외시키는 것은 위험한 결과를 초래할 것이라고 경고하였다.

케넌은 NATO 확대가 러시아 내 민족주의, 반서구, 군사화를 고조시키고 러시아 민주주의의 발전에 역효과는 물론 동-서 관계에 냉전 분위기의 복귀를 초래하게 될 것이라고 지적하였다[127]. 당시 18명의 전직 미국 고위 외교 관리들도 NATO의 동진에 반대하는 서한을 미 의회에 발송하였으며 유럽안보에 러시아를 포함할 것을

---

127 Stephent P. Friot, 전게서 pp. 332-333.

주장하였다[128].

 NATO는 1999년 4월 NATO 창설 50주년 기념 정상회의에서 제 6차 전략개념을 채택하였다. 요지는 1991년 12월 소련 해체와 냉전 종식 이후 유고 해체, 발칸반도 내전 등 지난 10년간 안보 환경의 변화를 평가하고 앞으로 NATO의 지속적인 확대 및 기능을 강화해 나기로 하였다.

 제6차 전략개념은 향후 NATO가 안보 불안정이 큰 지역과 국경을 접하게 될 것으로 전망하고 위기관리(Crisis Management) 및 비회원국과의 동반자 관계(Partnership)를 NATO의 기본 임무로 추가하였다.

---

128 Robert C. Johansen, Where the Evidence Leads(A Realistic Strategy for Peace and Human Security), Oxford University Press, 2021, pp. 128-130.

제3장

제2차 NATO 확대와 푸틴 대통령 부상

코소보 사태와 NATO 개입

1999년 세르비아의 자치령인 이슬람 코소보 주민들이 독립을 선언하자 내전이 발생하였다. 세르비아군의 공격으로 1,500명의 코소보 주민이 사망하였으며 수천 명의 난민이 발생하였다.

미국은 유엔 안보리 동의 없이 코소보에 개입을 결정하였다. 유엔 안보리에서 코소보 사태를 협의할 경우 러시아가 거부권을 행사하면 서구는 대러 경제 원조를 중단할 것이고 러시아가 거부권을 행사하지 않으면 옐친 대통령은 국내적으로 보수 강경파의 비난으로 더욱 입지가 약해질 것을 우려하였다.

NATO는 인도적 이유[129]로 러시아의 반대에도 불구하고 1999년 3월 세르비아의 수도인 베오그라드를 폭격했다. NATO의 인도적

---

[129] 상게서, pp. 106-115

인 군사 개입은 1949년 창설 이래 처음이었으며 논란이 많았다.

이에 대해 러시아 같은 슬라브 민족인 세르비아를 두둔했고[130] NATO의 개입이 러시아에 적대적이라고 분노했다. 러시아는 2백 년간 발칸반도에 관여[131]해 왔으며 당연히 발칸 사태에 개입할 권리가 있다고 보았다.

러시아는 NATO의 세르비아 공습이 유엔헌장에 명기된 내정불간섭 원칙과 국제법의 위반이라고 비난하였다. 러시아는 세르비아가 핵무기가 없어 NATO 공습을 당했다고 보았다.

당시 러시아는 자국의 근내 지역(Inner Abroad)[132]인 북카프카스 체첸에서 분리 독립을 주장하는 이슬람 무장단체에 대해 군사작전을 수행하고 있었으며[133] 미국 등 서방이 인도적인 이유로 체첸 내전에 개입할 것을 우려하였다.

옐친 대통령은 세르비아에 대한 NATO 공격을 러시아에 대한 간접적인 공격이라고 항변하였다. 그러나 러시아는 1998년 재정 파탄과 경제위기, 1999년 루블화의 폭락 등 경제적 어려움으로 세르

---

130 세르비아는 1991년 8월 고르바초프 서기장의 축출을 위한 소련 강경파의 쿠데타를 지지하여 소련 간의 관계가 냉각되었다. 그러나 1991년 12월 소련 해체 이후 러시아는 같은 슬라브 민족이며 정교를 신봉하며 19세기 오스만 튀르크 제국에 대항한 역사 등을 이유로 세르비아와 관계를 강화하였다.
   Serhii Plokhy, The Russo-Ukrainian War(The Return of History), W. W. Norton& Company, 2023, p.80
131 Yevgeny Primakov, 전게서, pp.182-183.
132 Angela E. Stent, 전게서, p.151.
133 레베드(A. Lebed) 장군이 1996년 체첸 측과 합의를 통해 일단 제1차 체첸 전쟁을 종결했다. 그는 러시아 주민들에게 인기가 좋았으며 1998년 시베리아의 크라스야르스크 지역의 주지사에 선출되었다. 그는 옐친 대통령의 후계자로 거론되기도 하였으나 2002년 원인불명의 비행기 추락사고로 사망하였다.

비아를 지원할 여력이 없었다. 당시 러시아는 서방의 막대한 차관과 재정 지원으로 경제를 유지하고 있었다.

1999년 러시아와 NATO는 코소보-세르비아 간 휴전 협정에 서명했으며 러시아는 1999-2003년간 유엔 평화유지군 일원으로 병력을 코소보에 파병하였다. NATO의 세르비아 공습으로 러시아와 NATO 관계는 악화되었으며 양측간 불신이 심화되었다. 러시아는 2003년 발칸반도에 파병된 자국의 유엔 평화유지군을 철수시켰다.

한편 2004년 세르비아 측의 공격으로 코소보 위기가 다시 발발하였으며 2008년 서구의 지원으로 코소보는 독립을 선언하였다. 미국과 22개 유럽 국가들이 코소보 독립을 승인하였으나 러시아는 코소보의 독립 선언이 비합법적이라고 비난하고 코소보를 국가로 승인하지 않았다.

러시아는 코소보를 승인할 경우 러-세르비아 관계 악화는 물론 CIS 동결 분쟁 지역이 독립을 선언할 것을 우려하였다. 2006-2008년간 러시아는 유엔에서 세르비아를 지지하고 거부권을 행사하여 코소보의 논의에 반대하였다.

러시아는 2008년 조지아 침공 시기에 발생한 코소보의 독립 선언을 원용하면서 조지아에서 분리시킨 압하지야와 남오세티야를 독립 국가로 승인하였다.

러시아는 NATO가 발칸반도에서 군사 활동을 중지할 것을 요구하였다. 당시 약 4천 명의 NATO 평화유지군(KFOR)이 코소보에 주둔하면서 치안을 유지하였다.

러시아 강경파 득세와 푸틴 대통령의 정권 장악

1980년 하반기 고르바초프 소련 서기장은 개방과 개혁을 통해 몰락하는 소련의 구제에 노력했으나 공산당 강경파의 반대로 실패했다. 1990년대 옐친 대통령은 러시아의 민주화와 시장 자본주의를 도입하였으나 정경유착과 부정부패, 보수 강경파의 반대로 실패하였다. 2000년 푸틴 대통령은 1999년 발칸반도의 코소보 사태를 계기로 강한 러시아 건설을 주장하면서 부상하였다.

코소보 사태는 푸틴 총리와 러시아 강경파의 득세에 유리한 분위기를 조성하였다. 옐친 대통령은 건강이 악화되고 국내적으로 1998년 경제위기와 코소보 사태에 대한 러시아 정부의 무력감(無力感)으로 국정 운영에 어려움이 많았다. 1990년대 국제통화기금(IMF)과 서구가 지원한 수백억 달러의 차관은 러시아 정부의 부정부패로 인해 제대로 지출되지 않았고 일부는 해외로 유출되었으며 시장 자본주의 개혁은 성과가 미진하였다.

러시아는 천연자원을 수출하고 대신 곡물과 식용품을 수입하는 전형적인 후진국 경제로 전락하였다. 1998년 중반 러시아는 식품의 50%를 수입하였으며 농업은 붕괴되었고 경제는 아사 상태로 악화되었다[134].

옐친 대통령은 수세적인 정국 타파를 위해 1997-1999년간 개각을 단행하고 프리마코프, 체르노미르딘, 키리엔코 등 총리를 3번이나 교체하였다. 그러나 만성적인 부패 등으로 러시아 경제는 호전

---

134 Yevgeny Primakov, 전게서, pp. 216-222.

되지 않았고 빈부격차가 심해지면서 국민들은 보수 강경파를 지지하였다.

결국 옐친 대통령은 코소보 사태로 실추된 국가 위상을 회복하고 국내 혼란을 방지하기 국가보안위원회(KGB) 출신인 푸틴을 1998년 7월 연방보안국(FSB) 수장에 임명하였다. 그는 1999년 3월 국가안보회의 서기로 승진했고 1999년 8월 푸틴은 총리로 임명되었다. 푸틴 총리는 정통한 경제관료도 대외 정책 전문가도 아니었다. 그는 파탄 상태의 경제 회복보다는 정치적 분열을 방지하고 국가 기강 확립에 적합한 KGB 출신이었다.

1998-1999년간의 러시아 정치 위기는 1989년 중국에 발생한 천안문 반정부 시위와 유사하게 심각하였다. 천안문 사태를 계기로 중국 공산당 내 강경파가 득세하고 체제 전복을 방지하기 위해 중앙집권을 강화하였다. 러시아도 보수 강경파가 우위를 점하고 푸틴 총리를 지지하였다.

당시 보스니아 평화유지군으로 파병된 러시아군이 NATO군보다 먼저 코소보의 수도인 프리슈티나(Prishtina) 공항을 1999년 6월 점령하였다[135]. 이는 세르비아-코소보 휴전 협정의 위반이며 냉전시대 소련이 베를린을 점령한 방식과 유사하였다. 당시 NATO는 러시아 군용기가 우크라이나와 동구 유럽의 영공 통과를 불허하도록 하여 프리슈티나 공항에 주둔한 러시아군의 활동을 견제하였다.

푸틴 총리는 앞으로 NATO 확장에 대해 러시아는 재래식 군사력으로 대응하기 어려우며 전쟁이 러시아 영토 내에 발생할 수 있다고

---

135 Peter Apps, Deterring Armageddon(A Biography of NATO), Wildfire, 2024, pp. 327-332.

하면서 전술 핵무기 개발을 지시하였다. 특히 방사능 오염이 심각하지 않으며 전장에서 활용 가능한 전술 핵무기 개발을 강조했다.

푸틴 대통령이 2000년 대선에 당선되어 취임하였다. 그는 미국이 러시아를 견제하기 위해 냉전 시대 대소 봉쇄 전략의 연장으로 NATO를 확대하고 있다고 보았다. 2000년 러시아 정부가 채택한 국가안보개념 문서는 군사블록의 강화와 NATO 동진이 러시아 안보에 주요한 위협이라고 강조하였다.

러시아는 1991년 소련의 해체로 영토가 지난 400년 만에 가장 작은 규모로 축소되었으며 안보에 대해 극도로 민감하였다. 냉전기 소련의 주요한 세력권이었던 중부 및 동부 유럽 지역이 NATO 확대로 상실되었으며 러시아의 안보 불안이 가중되었다. 반면 유럽은 냉전기 소련에게 상실한 지정학적 공간을 회복하였으며 비로소 러-유럽 관계가 정상화되었다고 보았다.

제2차 NATO 확대와 러시아의 강한 반발

2001년 9.11 테러 사태에 대한 미국과 NATO의 아프간 개입, 2003년 미국의 이라크 침공은 동구 유럽과 발트 국가의 NATO 가입에 유리한 여건을 조성하였다. 2003년 미국은 이라크가 대량살상무기를 개발하고 있다고 주장하면서 예방전쟁 차원에서 이라크를 침공하였다. 당시 NATO 회원국인 프랑스, 독일 그리고 러시아는 미국의 이라크 침공에 반대했다.

그러나 1999년 NATO에 가입한 폴란드, 그리고 NATO 가입을 희망한 루마니아는 미국의 이라크 침공 시 다국적군으로 참가하였다. 마침내 2004년 발트 3국, 루마니아, 슬로바키아, 슬로베니아, 불가리아 7개국이 NATO에 대거 가입하였으며 제2차 NATO 가입이다. 이들 7개국은 수년간의 협상 끝에 유럽연합(EU)에도 가입하였다.[136]. 이어서 2009년 알바니아, 크로아티아 등 발칸반도 국가도 안전 보장을 위해 NATO에 가입하였다.

NATO의 제2차 확대는 자유 국제질서의 확산에 기여하였지만 러시아는 동부 유럽의 완충지대를 상실하여 NATO와 국경선을 직접 접하게 되어 전략적으로 큰 부담을 안게 되었다. 냉전 시대에는 NATO 국경선에서 모스크바 간 거리가 1,000마일이었으나 2004년 발트 3국의 NATO 가입으로 500마일로 축소되었다. NATO와 전쟁이 발발할 경우 러시아는 전략적 종심(Strategic Deep)이 단축되어 그만큼 불리하게 되었다[137].

특히 발트 3국의 가입으로 발트해에 인접한 러시아의 유일한 역외 영토인 칼리닌그라드(Kaliningrad)가 러시아로부터 분리될 위험이 증가하였다[138]. 러시아는 발트 3국의 NATO 가입에 대한 항의로서 유럽재래식무기감축 조약(CFE, 1992년 발효)에 규정된 의무 준수를 중단하였다[139]. 푸틴 대통령은 강한 러시아 건설을 주창하면

---

136 2004년 체코, 발트 3국, 헝가리, 폴란드, 슬로바키아, 슬로베니아가 유럽연합(EU)에 가입하였다. 그리고 2007년 루마니아와 불가리아가 EU에 가입하였다.

137 David Owen, 전게서, p.262

138 발트해에 인접한 칼리닌그라드는 폴란드와 리투아니아 사이에 위치해 있어 러시아가 NATO와 전쟁 시 육상 및 해상 접근이 어렵다. Kimberly Maten, Finland's New Frontier(Will Russia Seek to Disrupt Helsinki's NATO Bid?), Foreign Affairs(May 4, 2022), p.3.

139 David Owen, 전게서, p.262.

서 NATO의 팽창에 공세적으로 대응하였다. 그는 2005년 러시아 상원 연설에서 구소련의 멸망은 러시아 역사에서 지정학적 재앙이라고 강조하였다.

1999-2009년 동안 중부 및 동부 유럽 국가들의 NATO 가입은 유럽에서 실질적인 냉전의 종식이었으나 다른 한편으로는 NATO 안보 부담도 증가하였고 미-러 관계는 악화되었다.

NATO는 회원국 수가 증가하자 유사시. 신규 회원국에 대한 집단방위가 중요한 현안이었다. 소련식 무기체계를 NATO의 서구식 무기로 교체하는데 수백억 달러의 국방비가 소요되었다. 2010년 NATO는 정상회담을 개최하여 억제와 방어를 통한 집단안보, 협력안보, 위기관리를 3대 축으로 하는 새로운 NATO 전력 개념을 채택하였다.

NATO 측은 NATO가 적의 공격에 대한 방어동맹이며 러시아에 대한 위협이 아니라고 강조하였다. 그러나 러시아는 1990년 독일 통일 시 NATO의 동진을 추진하지 않겠다는 약속을 위반하였다고 항변하였다. NATO 확대는 NATO 신규 가입국에게 안보적으로 이익인 반면 러시아에게 그만큼 불안을 초래하는 안보딜레마였다[140].

러시아는 안보의 불가분성을 강조하면서 NATO 확대에 강하게

---

140 옐친 대통령은 1991-1999년간 재임 동안 NATO의 확대에 반대하였다. 당시 프리마코프 (Y.Primakov) 러시아 대외안보부장은 NATO 확대의 위험성을 경고하였으며 미국 중심의 단극 체제에 대항하기 위해 다극적인 국제질서를 주장하면서 인도 및 중국과 협력을 추진하였다.

반발하였다[141]. 푸틴 대통령은 2007년 2월 뮌헨안보회의에서 연설을 통해 미국 주도의 국제 단극 체제는 수용할 수가 없다고 강조하고 NATO의 팽창은 도발이라고 주장했다. 그는 미국이 2003년 유엔 안보리의 동의 없이 이라크를 침공하는 등 군사력의 과도한 사용을 비난하고 미국이 추진 중인 유럽 미사일방어망(MD) 설치 계획은 미-러 간 전략적 안정성을 훼손하는 것이라고 강조하였다[142].

푸틴 대통령은 서구의 목적은 단극적인 세계질서의 구축이라고 하고 이는 '유일한 권력과 힘의 센터, 하나의 주권, 하나의 지도자(Master)'를 의미한다고 하면서 이는 세계 민주주의와 무관하다고 강조했다.

당시 뮌헨안보회의에 참가한 게이츠(R.M.Gates) 미 국방장관은 푸틴 대통령의 연설이 러시아, 벨라루스, 우크라이나 3국의 슬라브 국가를 중심으로 러시아 제국을 재건하려는 의도라고 평가하였다[143].

러시아는 2003-2005년 동안 조지아, 우크라이나, 키르기스스탄에서 발생한 색깔 민주혁명의 배후에 미국이 있는 것으로 의심하였다. 그리고 2003년 미국의 유럽 미사일방어망(MD) 설치 추진, 2005년 우크라이나 대선에서 친러 후보인 야누코비치(V.Yanukovych)의 패배에 대해 강경하게 대응하였다.

푸틴 대통령은 2007년을 기점으로 서방과 결별하고 강한 러시

---

141 Michael Mandelbaum, 전게서, pp. 353-366.
142 Andrew Holen & Thom Shanker, Age of Danger, Hachette Books, 2023, pp. 154-158.
143 상게서, pp154-158.

아를 재건하여 미국 패권에 대항하는 수정주의자로 변모하였다. 러시아는 NATO 확대를 방지하기 위해 2008년 조지아를 침공하였다.

NATO의 중앙아 진출과 중-러의 반미 공조

2001년 9월 11일 아프간 탈레반(Taliban) 정권의 지원을 받은 이슬람 극단주의 알카이다(al Qaeda)가 미국에 대해 테러 공격을 감행하였다. 이에 2001년 10월 미국은 테러와의 전쟁을 선언하고 Taliban 척결을 위해 아프간을 침공하였다. NATO도 동맹 조약에 의거하여 미국의 아프간 작전에 참가하였다. NATO는 2003년 국제안보지원군(ISAF)을 조직하여 아프간에 개입하였다. NATO 회원국과 파트너 국가들이 ISAF에 참가하였으며 NATO 역할이 확대되었다[144].

미군과 NATO는 아프간 침공을 위해서는 인접한 중앙아 국가의 협력이 필요하였으며 2001-2014년간 중앙아 국가는 NATO에 병참 기지를 제공하였다[145]. 중앙아 국가도 아프간에 근거지를 둔 이슬람 테러 단체들의 침투 방지가 급선무였다. 1990년대 구소련의 지배에서 독립한 중앙아 5개국은 러시아의 개입을 견제하기 위해

---

144 Rebecca R. Moore and Damon Coketta, Editors, 전게서, pp. 169-170
145 프랑스는 두샨베(Dushanbe, 타지키스탄), 독일은 테르메스(Termez, 우즈베키스탄), 미국은 카르시-카나바드(Karshi-Khanabad, 우즈베키스탄)와 마나스(Manas, 키르기스스탄) 공항에 군사기지를 확보했다.

NATO와 협력을 환영하였다.

NATO의 아프간 개입으로 작전 범위가 중앙아 지역으로 확대되었다. 이미 중앙아 5개국은 1991년에 설립된 북대서양협력위원회에 가입하였으며 1994년 NATO의 평화동반자(PfP) 사업에 참가하였다.[146] 초창기에는 러시아 및 중앙아 5개국은 NATO 병참 물자의 통관을 허용하고 NATO에 군사기지를 제공하였다.

카자흐스탄 카스피해 연안의 악타우(Aktau) 항구는 2009년부터 NATO 군수 물자의 병참 기지 역할을 하였다. 중립국인 투르크메니스탄도 PfP에 참가하였으며 2008년 4월 NATO 정상회담에 참석하였다. 미국은 투르크메니스탄의 메리(Mary) 공군기지를 연료 보급기지로 사용했다.

2010년 NATO 정상회의는 아프간 치안유지 책임을 2014년까지 아프간 민주 정부에 이양한다고 발표했다. 2011년 7월 NATO군은 치안유지 활동을 아프간 군경에 이양하기 시작하였다. NATO는 아프간에서 ISAF 임무를 종료하고 2015년부터 아프간 군경에 대한 군사 훈련 및 자문 활동을 수행하였다.

2021년 8월 미군은 아프간에서 철수하였으며 NATO의 아프간 임무도 종료하였다. 미국의 철군 이후 아프간 민주 정부는 붕괴하였고 이슬람 원리주의를 신봉하는 탈레반이 당시 아프간 정권을 장악하였다. 2024년 9월 현재 국제 사회는 탈레반 정권을 여성의 학업과 취업금지 등 심각한 인권 위반을 이유로 정부로 승인하지 않

---

146 카자흐스탄, 투르크메니스탄, 우즈베키스탄, 키르기스스탄 4개국은 1994년 이후 NATO의 PfP에 가입했고, 타지키스탄은 2002년에 가입했다.

고 있다.

2000년대 미-러 관계의 악화[147]가 NATO-러시아 관계에 부정적인 영향을 미쳤다. 푸틴 대통령은 초창기에 미국의 반테러 전쟁을 지지하고 러시아의 전통적인 세력권인 중앙아시아에서 미군의 활동을 지원하였다. 2002년 NATO 정상회담에서 NATO-러시아 간 안보협력을 제도화하기 위해 NATO-러시아 이사회(NRC)가 창설되었다.

그러나 푸틴 대통령은 2000년대 후반 들어서면서 우크라이나, 조지아에서 발생한 반러 색깔 혁명과 NATO 동진에 대항하기 위해 중앙아시아에서 미국과 NATO를 적극 견제하기 시작하였다. 우선 러시아는 상하이협력기구(SCO)를 통해 중앙아에서 미군 기지의 폐쇄를 추진하였다.

러시아는 중국 및 중앙아 4개국과 함께 유라시아에서 안보협력 강화를 위해 2001년 6월 SCO[148]를 설립하였다. 2001년 9.11 테러 사건은 SCO의 반테러 협력 강화에 구심점을 제공하였으며 SCO

---

147 러시아는 미국의 2002년 ABM 조약 일방적 탈퇴와 NATO의 동진, 2003년 유엔 안보리 결의안을 무시한 미국의 일방적인 이라크 침공, 2003-2005년간 우크라이나, 조지아, 키르기스스탄의 색깔 혁명과 민주화 확산이 자국의 이익에 심각한 위협으로 보고 2008년 조지아 침공, 2014년 우크라이나 크림반도 병합, 2015년 시리아 군사 개입 등으로 공세적으로 대응하였다.
James Goldgeir, U.S.-Russian Relations Will Only Get Worse, Foreign Affairs, April 6, 2021.

148 2001년 출범한 SCO 회원국은 2024.9월 현재 핵보유국인 중국, 러시아, 인도, 파키스탄, 그리고 중앙아 4개국(카자흐스탄, 우즈베키스탄, 키르기스스탄, 타지키스탄), 이란, 벨라루스 등 총 10개국이다. 이들 회원국이 세계 인구의 40%를 차지하며 경제적으로 세계 GDP의 25%를 점유하고 있다. 지난 20년간 SCO는 러시아와 중국의 주도하에 중앙아시아의 최대 다자안보협력기구로 발전하였다.

는 테러주의, 극단주의, 분리주의를 3대 악으로 규정하였다.

2005년 민주화를 요구하는 키르기스스탄의 튤립 혁명(Tulip Revolution) 및 우즈베키스탄 안디잔(Andijan)에서 반정부 시위가 발생하자 SCO는 배후에 미국이 있다고 의심했다. 마침내 2005년 SCO 정상회의는 중앙아시아에 소재하는 미군 기지의 철수를 요구하였으며, 2005년 우즈베키스탄의 미군기지가, 2014년 키르기스스탄의 미군기지가 폐쇄되었다.

러시아는 미군 기지의 폐쇄를 계기로 중앙아시아에서 우위를 확보하였다. 러시아는 현재 카자흐스탄, 키르기스스탄, 타지키스탄에 군사기지를 보유하고 있으며, 집단안보조약기구(CSTO)를 통해 중앙아시아 국가와 안보협력을 강화하고 있다. 그리고 러시아는 중국과 전략적 유대를 통해[149] 중앙아를 공동 관리하면서 미국과 유럽연합의 중앙아 진출을 견제하고 있다.

---

[149] 러시아와 중국은 5년간의 공사 끝에 2019년 국경선을 통과하는 '시베리아의 힘(Power of Siberia)'이라는 가스관(3,000km)을 개통시켰다. 러시아는 중국에 30년간 4,000억 달러의 천연가스를 수출하게 되었고 중국은 연간 가스 수입량의 1/3을 러시아산 가스로 충당하게 되었다.

제4장

러시아의 조지아 침공과 러-NATO 동결

조지아의 NATO 가입 추진

　1991년 12월 구소련에서 독립한 조지아는 카프카스 지역에 위치하며 2003년까지 러시아와 관계가 원만하였다. 그러나 2003년 장미 혁명 이후 친미적인 사카슈빌리(M.Saakashvili) 대통령(1967-)이 정권을 장악하자 러시아와 관계는 악화되었고 2008년 러시아-조지아 전쟁이 발발하였다.

　1991년 구소련의 외무장관이었던 세바르드나제(1928-2014)가 초대 조지아 대통령이 되었다. 2003년 세바르드나제 정부의 부정부패와 권위적인 통치에 반발하여 정권 교체와 민주화를 요구하는 장미 혁명이 발발하였다.

　장미 혁명 이후 선거를 통해 친미적인 사카슈빌리가 조지아 대통령에 당선되었으며 반러 정부가 출범하였다. 러시아는 장미 혁명의 배후에 미국과 서구 유럽이 있다고 의심하였으며 주변 국가의 친러 정부를 교체하여 안보를 위협한다고 보았다.

카프카스 지역에서 반러 정부의 출현은 러시아는 물론 아르메니아, 아제르바이잔 등 권위적인 친러 정부에 위협이었다. 러시아는 카프카스 지역을 배타적인 세력권으로 보고 서구 민주주의의 침투를 경계하였다.

2004년 취임한 사카슈빌리 대통령의 친서방 정책으로 러시아와 조지아 관계가 악화되었다. 그는 러시아가 조지아의 독립을 인정하지 않고 계속 지배하고 있다고 주장하고 조지아에 주둔하는 러시아군의 철수를 요구하였다. 그는 러시아가 장악하고 있는 압하지야(Abkhazia)와 남오세티야(South Ossetia)를 회복하고자 하였다.

당시 러시아는 1991년 구소련 해체부터 조지아 영토의 20%를 차지하는 압하지야와 남오세티야에 평화유지군을 파견하여 실질적으로 지배하고 있었다. 러시아는 남오세티야 주민에게 러시아 여권을 배포하는 등 러시아화를 본격화하였다.

조지아 정부의 NATO 가입 추진은 러시아의 반발을 초래하였다. 조지아는 NATO의 평화동반자 파트너(PfP)가 되었으며 유럽 국가들과 협력을 강화하였다. 특히 서구 중심의 군사 개혁을 통해 군사력을 증강하였다.

2008년 4월 NATO 정상회담에서 우크라이나와 조지아의 NATO 가입 문제가 논의되었으며 미국과 유럽 국가 간의 이견이 있었다. 독일과 프랑스는 러시아-NATO 관계의 악화를 우려하여 우크라이나와 조지아의 가입에 반대하였으나 미국, 폴란드, 발트 3국은 NATO 가입을 지지하였다. 결국 NATO 정상회담에서는 타협안으로 '우크라이나와 조지아는 NATO 회원국이 될 것이다'라는 문안을 채택하였다.

한편 러시아는 조지아를 배타적 세력권으로 간주하였다. 러시아는 조지아의 NATO 가입이 카프카스 지역에 대한 NATO의 영향력 증가는 물론 자국의 안보에 심각한 위협이라고 보았다.

이미 1999 및 2004년 구소련 위성국이었던 폴란드, 헝가리, 체코, 루마니아, 발트 3국 등 10개국이 NATO에 가입하였다. 러시아는 NATO를 주요한 적으로 규정하고 러시아와 국경선을 맞대고 있는 조지아, 우크라이나의 NATO 가입에 적극 반대하였다.

라브로프(S. Lavrov) 러시아 외무장관은 2006년 6월 조지아와 우크라이나의 NATO 가입은 세계 지정학에 큰 변화를 초래할 것이라고 경고하였다. 번스(W. Burns) 전 주러 미국 대사는 2008년 회고록에서 우크라이나의 NATO 가입이 러시아 지도층에게 최고 한계선(red line)이라고 강조하였다. 러시아는 지리적으로 조지아를 통해서만 동맹국인 아르메니아에 접근할 수 있어 조지아는 전략적으로 중요하였다.

러시아와 조지아는 카스피해의 에너지 개발 문제에 대립하였다. 카스피해에서 생산된 원유와 가스는 러시아를 우회하여 조지아를 통해 유럽으로 직접 수출되었으며 러시아에게 불리하였다. 아제르바이잔-조지아-튀르키예에 송유관과 가스관이 2000년대 하반기 개통이 되어 카스피해 가스와 원유가 튀르키예에 수출되었다. 조지아는 아제르바이잔에서 에너지를 수입하여 러시아의 에너지 의존에서 독립하였다.

러시아는 아제르바이잔에서 생산된 원유 및 가스가 러시아를 통해 송출되기를 희망하였다. 러시아는 에너지 운송망의 장악을 통해 카프카스 지역에 대해 영향력을 행사해 왔다.

반면 미국과 유럽연합은 러시아의 영향력을 견제하기 위해 카스피해에서 러시아를 경유하지 않고 에너지를 직접 수입하고자 하였다. 조지아는 아제르바이잔의 가스관과 송유관이 통과하는 중요한 경유국이었다. 미국은 반테러 및 송유관 보호를 위한 1990년대 조지아에 12억 달러를 지원했으며 군사고문단을 파견했다.

러시아의 조지아 침공과 유럽연합(EU)의 평화 중재

2004년 8월 조지아가 남오세티야를 공격하였고 조지아와 러시아 간 갈등이 악화되자 러시아는 강온의 양면 정책으로 대응하였다. 러시아는 2005년 조지아의 주요한 흑해 항구인 바투미(Batumi)에 주둔하는 러시아군의 철수 문제를 조지아와 합의했다. 한편 러시아는 강경책으로 2006년 2월 남오세티야에 평화유지군을 증원하고 러-조지아 간 무역을 통제하였다. 그리고 2006년 가을 조지아에 공급하는 가스 가격의 인상을 발표하고 겨울에는 가스 공급을 중단하였다.

2008년 8월 조지아 정부군은 남오세티야 수도를 포격하였으며 10여 명의 러시아 평화유지군이 사망하였다. 당시 북경 올림픽에 참가 중이던 푸틴 총리는 급히 귀국하였다. 그리고 러시아 정부는 2008년 8월 8만 명의 병력을 동원하여 조지아를 침공하였으며 조지아의 압하지야와 남오세티야를 점령하였다.

사카슈빌리 대통령은 미국과 NATO의 지원을 기대하였으나

NATO는 러시아의 대립을 우려하여 조지아를 지원하지 않았다. 마침내 조지아 전쟁은 5일 만에 러시아의 승리로 종결되었다. 전쟁의 결과 조지아인 수백 명이 사망했고 수천 명의 난민이 발생하였다.

한편 러시아의 조지아 침공에 대한 대응 방안을 두고 NATO와 유럽연합(EU)의 회원국 사이에 이견이 있었다[150]. 프랑스와 독일, 네덜란드는 중립적인 입장을 견지하고 러시아와 조지아 간 휴전을 촉구했다. 반면 영국, 벨기에, 스웨덴, 덴마크, 동구 국가들은 러시아의 침공이 국제법 위반이라고 비난하고 대러 제재 등 강경한 입장을 취했다.

특히 폴란드와 발트 3국은 러시아와 유럽연합 간 전략적 동반자 협상의 중단과 국제군의 조지아 파견을 요구하였다. NATO가 조지아의 NATO 가입 신청을 거부한 것이 러시아의 행동을 대담하게 하였다고 주장하였다. 미국 부시 대통령은 2008년 8월 11일 러시아의 조지아 침공을 비난하고 침공 목적이 반러적인 사카슈빌리 대통령의 축출에 있다고 지적하였다.

프랑스가 당시 유럽위원회 의장국으로서 유럽연합을 대표하여 조지아 사태의 종전과 평화적 해결을 주도하였다. 독일은 프랑스 입장을 지지하고 NATO와 EU 간 이견을 조정하였다[151].

마침내 프랑스의 중재 노력으로 조지아, 러시아는 2008년 8월 16일 종전 평화 협정에 서명하였다. 그러나 러시아는 협정을 준수하

---

150 Liana Fix, German's Role in European Russia policy, Palgrave Macmillan, pp. 33-65. 상세 내용은 참조

151 상게서, p. 64.

지 않고 러시아군을 계속 조지아에 주둔시켰다.

러시아는 당시 코소보 독립을 조지아 사태에 유리하게 활용하였다. 2008년 8월 26일 압하지야와 남오세티야 2개 지역은 러시아의 사주로 독립[152]을 선언하자 러시아는 이를 승인하였다. 러시아는 2008년 2월 서방의 지원으로 코소보가 세르비아로부터 독립 선언한 것처럼 압하지야와 남오세티야 공화국의 독립 선언도 문제가 없다고 강조하였다.

이에 대해 NATO와 EU는 러시아를 비난하고 대러 제재 방안에 대해 협의하였다. 프랑스와 독일은 대러 제재에 반대하였다. 미국은 G-8 회담에서 러시아의 배제를 요구하였으나 프랑스와 독일은 반대했고 러시아는 G-8 회담에 잔류하게 되었다. NATO와 EU의 대러 제재는 정치적인 수준으로 러시아에게 거의 타격이 없었다.

2008년 10월 유럽연합의 평화유지군이 조지아에 파견되고 조지아 주둔 러시아 군대는 철수하였다. 그러나 평화유지군은 러시아의 반대로 압하지야와 남오세티야 공화국에 접근이 허용되지 않았다.

푸틴 총리는 유럽연합 회원국 간의 이견을 이용하여 조지아의 탈러시아를 방지했으며 2012년 대선에 출마하여 3선 대통령이 되었다. 조지아 정부는 2008년 러시아와 단교하였으며 아제르바이잔과 튀르키예와 경제협력을 강화하였다. 그리고 2014년 3월 러시아의 크림반도 점령으로 러-서방 관계가 악화되자 동년 6월 조지아는 유럽연합과 제휴 협정(AA)을 체결하였다.

---

152 러시아, 니카라과, 베네수엘라, 나우루, 시리아 등 친러 국가만 남오세티야 독립을 승인했다.

결론

러시아의 조지아 침공은 조지아의 NATO 가입과 친서구화를 방지하고 압하지야와 남오세티야 공화국의 독립 선언 등 러시아의 위상을 제고하였다. 러시아의 조지아 침공은 1991년 구소련 해체 이후 근외 지역에 대한 최초의 군사적 개입이었으며 성공적이었다. 러시아는 그간 에너지 공급 중단과 가격 인상 등 경제 수단을 통해 근외 지역을 통제해 왔으며, 군사적 개입을 자제하였다.

한편 러시아의 조지아 군사 작전은 열악한 군사 장비와 병사들의 전투력 부족으로 문제가 많았다. 그 이후 러시아 정부는 군사 현대화를 강화하였다.

사카슈빌리 정부의 탈러시아 정책은 실패하였다. 조지아 정부는 러시아와 전쟁 시 NATO의 군사 지원을 기대하였으나 성과가 없었다. NATO와 유럽연합은 러시아와 협력 중요성을 감안하여 소극적으로 대응하였다. NATO는 조지아가 NATO 회원국이 아니며 러시아와의 무력 충돌을 우려하여 개입하지 않았다. 조지아의 친서구화 정책은 실패했고 조지아에 친러 정부가 설립되었다. 러시아의 배후 공작으로 친러 조지아 드림(Dream) 정당이 2012년 정권을 장악하고 현재 통치하고 있다. 친러 조지아 정부는 2022년 2월 러시아의 우크라이나 침공에 대해 친러 중립적인 입장을 유지하고 있다. 조지아 정부는 위험을 회피하는 실용적인 정책으로 러시아와 서방과 우호 관계를 유지하고 있다.

한편 조지아 사태를 계기로 독일의 영향력 증대하였다. 독일은 1990년 10월 통일 후 NATO와 EU의 대러시아 정책 결정에 영향력을 높였다. 독일은 유럽의 최대 경제 대국이며 NATO와 EU는 독일의 동의 없이는 대외 정책 결정이 어려운 실정이었다. 미국은 조지아의 NATO 가입과 대러 제재를 희망하였으나 독일은 반대하였다.

독일은 EU-러시아의 관계 개선에 노력하였으며 2008년 11월 EU-러시아 정상회담이 개최되었고 2009년 NATO-러시아 위원회 회의가 재개되었다. 독일은 러시아의 입장을 고려하여 카프카스 지역에서 NATO의 최소한 역할을 지지했으며 NATO-조지아 위원회를 설치하는 수준에서 대응하였다. 그러나 2010년 러시아 외교안보 문건은 NATO를 적이라고 명기하였으며 탈냉전 20년 만에 러시아와 NATO는 적대 관계가 되었다.

제5장

유럽연합(EU) 확대와 유럽통합

EU의 유럽통합 강화와 유로화 도입

서구 국가들은 제2차 세계대전의 폐허에서 경제를 재건하고 미국과 소련을 견제하기 위해 유럽통합을 추진하였다. 프랑스는 유럽의 정체성과 독자성을 강조하고 서독과 함께 유럽의 통합을 주도하였다. 프랑스와 독일은 19-20세기 100년간 3회 전쟁을 했으며 유럽통합과 상호 의존을 통해 양국의 적대감을 해소하고자 하였다.

EU와 NATO는 냉전기 유럽 안보와 번영을 위한 2개 축이었다. EU는 정치적 경제적 통합을 주도했고 NATO는 군사적으로 회원국의 집단안보를 보장하였다. 탈냉전기 EU와 NATO는 회원국 확대를 통해 유럽의 안정과 민주 제도의 확산, 번영에 주도적인 역할을 하였다.

우선 EU는 회원국을 확대하였다. 1986년 포르투갈과 스페인의 가입으로 유럽 공동체(EC) 회원국은 12개국이 되었다. 1991년 소런 붕괴 이후 1992년 마스트리트 조약이 체결되고 EC가 유럽연합 (EU)으로 1993년 출범하였다. 중립국인 오스트리아, 핀란드, 스웨덴이 1995년 1월 EU에 가입하였다.

21세기 EU는 러시아 및 동구 유럽 국가들과 경제교류와 상호의존을 통해 유럽의 안보와 공동번영을 추구하였다. 2004년 5월 중부 및 동부 유럽 8개국과 지중해 2개국 등 10개국이 가입하였으며 EU 회원국은 총 25개국이 되었다. 특히 8개 유럽 공산 국가의 EU 가입은 제2차 세계대전 이후 냉전의 잔재를 청산하는 역사적 사건이었다[153]. 1991년 소련 해체와 1990년대 유고 내전의 발발과 안보의 공백, 유럽의 고도 경제성장이 EU 확대에 유리한 여건을 조성하였다.

2004년 EU 회원국이 25개국이며 5억 명의 인구로서 세계 GDP의 30%를 차지하였다. 교역 규모는 세계 교역의 40%를 점유하는 등 최대 정치경제 통합체가 되었다. 경제적으로 미국에 버금가는 경제주체로서 큰 영향력을 행사하게 되었다.

1990-2007년 불가리아, 루마니아 공산 국가는 자본주의로 체제전환을 거쳐 유럽연합의 가입에 17년 소요되었다. 유럽연합의 가입협상에 평균 5년 소요되었으며 핀란드, 스웨덴은 2년 걸렸으나, 스페인, 포르투갈은 8년이 소요되었다.

1972년 유럽연합 회원국은 6개국에서 2013년 28개국으로 5배 급증하였다. 2020년 1월 영국은 EU를 탈퇴하였으며 2024년 9월 현재 EU 회원국은 27개국이다.

---

153 김승민 지음, EU와 국경, 높이깊이, 2022, pp.84-85

21세기 유로화 도입은 유럽통합을 한 단계 격상시켰다. 1990년 독일 통일 후 유로화의 도입이 논의되었으며 유로화의 통용은 환전 비용을 제거하고 유럽연합을 경제통화동맹(EMU)으로 발전시키는 데 기여했다. 유로화[154]는 1999년 1월 유럽연합의 회원국에 도입되었으며 2024년 5월 현재 유럽연합 27개 회원국 중 20개국이 사용하고 있다.

유럽연합은 유럽의 안정과 민주주의 확대에 기여했으나 위기에 직면하기도 하였다. 2008년 유로화의 위기, 2015-16년 난민 위기, 2020년 1월 영국의 유럽연합 탈퇴, 미국 트럼프 대통령(2017-2021)의 유럽연합 무시 등 어려움이 많았다.

러시아는 우크라이나의 EU 가입을 방지하기 위해 2014년 크림반도를 병합했고 2022년 우크라이나를 침공하였다.

EU 회원국 간 이견도 많았다. 독일은 유럽연합의 확대를 지지하나 프랑스는 세르비아, 보스니아, 알바니아 등 서발칸 국가의 유럽연합 가입에 소극적이다. 2003년 유럽연합은 서발칸 국가의 가입에 동의했으나 이들 국가는 가입을 위해서는 국내 제도의 개혁은 물론 서로 분쟁을 해결해야 한다[155]. 그리스는 알바니아의 가입에 반대하고 있다. 이슬람 국가인 튀르키예는 1999년 이래 유럽연합의 가입 후보가 되었으나, 가입 협상에 진전이 없다.

---

154 2018년 기준 유로화는 미국 달러에 이어 세계 2위의 기축통화가 되었다. 유로화는 글로벌 결제의 36%, 전 세계 중앙은행 외환보유고의 20%를 차지하였다. 유로화는 19개 유로존 국가의 3억 4천만 인구가 사용하는 단일통화이다. 1억 5천만 명의 아프리카 CFA 프랑 통화권 회원국은 자국의 화폐 단위를 유로화에 고정하고 있다.

155 세르비아는 유럽연합 가입을 위해 코소보의 독립을 인정해야 하며 보스니아는 현재 국제 감시하에서 탈피하여 주권 국가가 되어야 한다.

한편 EU는 비회원국, 아시아, 아프리카, 중동 등 역외 지역과 협력을 통해 외연을 확대하고 있다. 유럽연합은 동방 인근 정책(East Neighbourhood Policy, ENP)으로 구소련의 영토인 우크라이나, 벨라루스, 몰도바, 아제르바이잔, 아르메니아, 조지아 등 총 6개국의 유럽 통합을 지원하고 있다. 반면 러시아는 이들 6개국에 대한 배타적인 세력권을 주장하고 유럽연합의 가입에 반대하고 있다.

유럽연합의 공동안보 국방 정책 채택과 다국적군 창설

1991년 구소련이 해체되자 유럽통합이 촉진되었다. 1990년대 NATO와 EU 회원국들은 병력과 군사비를 대폭 감축하고 경제 발전에 전용하였다. 27개 EU 회원국 중 22개국이 NATO 회원국이다. NATO 회원국 국방비는 1980년 후반 GDP의 3.1%에서 2010년 1.7%로 감소하였으며 소위 탈냉전에 따른 평화배당금이었다.

그러나 EU는 유고 내전 발생과 2014년 러시아의 크림반도 점령과 러-미 대립, 미-중 간 패권 경쟁 등 새로운 안보 환경에 대응하기 위해 공동안보 국방 정책(CSPD)을 도입하였다. 1992-1999년간 유고 내전이 발발하자 유럽연합은 공동 안보 정책을 수립하였다. EU는 1999년 코소보 사태 이후 CSPD를 효율적으로 시행하기 위해 정치안보위원회(PSC), EU 군사위원회(EUMC)를 설치하였다. 그리고 규범 중심의 자유 국제질서 구축을 강조하는 유럽 안보전략을 발표하였다.

2011년 미국이 '아시아 중시' 전략을 채택하자 유럽연합은 독자적인 안보 역량을 강화하였다. 미국은 2008년 금융위기 이후 국력이 쇠퇴하였으며 러시아는 강대국에 복귀했고 2010년 중국이 미국에 이어 제2의 경제 강국으로 부상하였다. 2011년 오바마 미국 대통령은 중국을 견제하기 위해 아시아 중시 정책을 강조하고 병력 일부를 유럽에서 철수시켰다. EU는 군사적으로 미국 주도의 NATO에 대한 과도한 의존에서 탈피하고 국방력 증강에 노력하였다.

유럽에 대한 러시아의 위협이 유럽연합의 경각심을 고취시켰다. 러시아는 2008년 조지아 침공, 2014년 우크라이나 크림반도를 병합하였다. 이는 제2차 세계대전 이후 최초 국경선 변경이었으며 탈냉전의 유럽안보질서에 대한 근본적인 도전이었다.

EU는 유럽의 위기에 신속하게 대응하기 위해 다국적군을 구성하였다. 1989년 프랑스-독일 여단이 창설되고 독일, 프랑스, 벨기엘, 네덜란드가 참여하였다. 벨기에에서 6,000km 이내 지역에 대해 10일 이내 병력을 파견할 수 있도록 1,500명의 신속대응군(RDC)을 편성하였다. EU는 2021년 유럽국방기금(EDF)을 조성하여 공동으로 무기를 개발하여 무기의 호환성을 강화하였다.

2022년 러시아가 우크라이나를 침공하자 EU-러시아 관계는 단절되었으며 EU는 국방력을 대폭 증강하였다. 2022년 EU는 신속대응군을 5천 명으로 확대했고 27개 회원국의 총 국방비는 2,400억 유로였다. 2024년 독일과 프랑스, 폴란드는 우크라이나와 각각 안보 협정을 체결하였다.

그리고 EU는 NATO로부터 군사 업무의 일부를 인계받아 독자적으로 유럽과 아프리카 분쟁 지역에 평화유지활동에 참가하였다. EU은 발칸반도의 마케도니아, 보스니아, 아프리카의 콩고민주공화국, 소말리아, 중앙아프리카공화국, 말리에 평화유지군을 파병하였다.

몰도바의 유럽연합 가입 추진

메르케 독일 수상은 2008년 러시아의 조지아 침공과 유사한 사태의 재발을 방지하기 위해 러시아와 협상을 통해 몰도바 문제를 해결하고자 하였다[156]. 1991년 8월 동부 유럽의 몰도바는 소련에서 독립하였지만 소련군이 트란스니스트리아(Transnistria)를 장악하여 몰도바는 동-서로 분리되었다. 소련의 계승국인 러시아도 몰도바의 탈러시아를 방지하기 위해 몰도바에 개입하였다.

1991년 12월 소련이 해체되자 러시아의 지원을 받는 Transnistria는 독립을 선언했고 이어서 몰도바와 내전이 발생했으며 1992년 7월 휴전이 되었다. 당시 몰도바 인구 17%가 거주하고 국내총생산(GDP)의 30%를 차지한 Transnistria는 몰도바에서 분리되었다[157].

역사적으로 몰도바는 루마니아 영토로서 대부분 인구는 루마니아계이다. 2004년 루마니아가 NATO에 가입하자 몰도바는 NATO와 국경선을 접하게 되었다. 러시아는 Transnistria를 동결 분쟁화하

---

156 Liana Fix, German's Role in European Russia Policy, Palgrave Macmillan, 2021, pp.91-118.

157 지정학적 기형아인 Transnistria에는 러시아와 우크라이나인의 비중이 53%이며, 몰도바 전기의 대부분을 생산하였다. 러시아는 현재 1,500명의 병력을 Transnistria에 파견하며 친서구적인 몰도바와 우크라이나를 견제하고 있다. 소련 제14부대가 1956년부터 주둔했으며 1991년 소련 붕괴 이후 러시아는 세력권 유지를 위해 군대를 철수하지 않았다.

고 친러 몰도바 정권을 설립하여 영향력을 행사해 오고 있다.

그간 5+2 다자간 형식(러시아, 우크라이나, 미국, EU, OSCE와 몰도바, 트란스니스트리아)을 통해 몰도바 문제를 협의해 왔으나 러시아의 소극적인 태도로 성과가 없었다.

독일은 2010년 러시아-유럽연합 간 정치안보장관급 협의회를 구성하는 조건으로 Transnistria 문제를 해결하고자 하였다. EU와 러시아가 유럽 안보 문제를 협의할 수 있는 제도적 틀을 마련하고 이를 통해 몰도바의 EU 동반자 협력을 강화한다는 것이다.

독일은 미국의 참여 없이 유럽연합이 주도적으로 몰도바 문제를 해결하고자 하였으며 대러 중시 정책(Oastpolitk) 연장으로 몰도바 문제의 악화를 방지하는 데 주안점을 두었다. 독일은 러시아-NATO Council이 2008년 조지아 사태를 해결하는 데 별다른 역할을 못 하자 돌파구가 필요하였다. 독일 측의 노력으로 2010년 11월 몰도바와 루마니아 간 국경 협정이 체결되었으며 5+2 협상도 활성화되었으나 진전이 없었다. 러시아는 유럽 안보 문제의 논의 시 거부권 부여를 요구했고 독일은 수용하지 않았다.

2022년 2월 러시아가 우크라이나를 침공하자 러시아-유럽연합 관계는 적대 관계가 되었다. 유럽연합은 몰도바, 우크라이나에 2022년 6월 유럽연합에 가입할 수 있는 후보자 자격을 부여하였다.

중앙아시아의 민주화와 경제개혁 지원

유럽연합(EU)은 1990년대 중앙아가 독립하자 본격적으로 진출하였다. 지난 30년간의 탈냉전 시대 중앙아는 유럽에 인접한 CIS 지역과 달리 지리적으로 멀리 떨어져 있어 유럽연합이 접근하는 데 한계가 있었다.

유럽연합은 중앙아 5개국이 안정된 민주 국가로 발전하고 자유 국제질서에 통합될 수 있도록 지원하였다. 중앙아 국가들은 외교의 다변화와 투자 유치를 위해 유럽연합의 진출을 환영하였다. 1990년대는 러시아는 경제 파산으로, 중국은 개도국으로 중앙아에 진출할 여력이 없었다. 미국과 서구 선진국은 중앙아 및 카스피해의 에너지 개발에 적극 참여하였다.

지난 30년간 유럽연합의 중앙아 진출은 시기별로 3기로 나누어 볼 수가 있으며 중앙아와 아프간의 안정에 주안점을 두었다. 제1기는 협력의 초창기로서 중앙아 5개국과 우호 협력을 위한 제도적 기반을 구축하였다. 유럽연합은 CIS기술지원(TACIS) 정책을 통해 중앙아 5개국과 동반자협력협정(PCA)의 체결을 추진하였다.

유럽연합은 1992-2007년간 중앙아시아에 경제개혁을 위해 14억 유로의 유상 및 무상원조를 제공했다. 유럽연합은 2020년 카자흐스탄, 2024년 6월 키르기스스탄과 각 확대동반자협정(EPCA)를 체결하여 무역을 확대해 나가기로 했다.

제2기는 2000-2022년간은 중앙아 국가와 반테러 협력기이다. 2001년 9.11 미국에 대한 알카이다의 테러 사건 이후 EU는 미국의 반테러 전쟁을 지원했다. 그리고 아프간에 근거를 둔 이슬람 테러 단체들의 유럽으로 침투를 방지하기 위해 중앙아 국가들과 협력을 강화하였다.

2013년부터 EU-중앙아 외무장관급(EU+CA5) 회의를 개최하여 반테러, 중앙아 국경관리 등 공통 관심사에 대해 논의해 오고 있다. 2019년 9월 EU의 새로운 중앙아시아 전략(New EU Strategy on Central Asia)이 채택되었다. EU는 중앙아의 빈곤 감소, 교육 및 거버넌스 개선에 중점을 두었으며 2014-2020년간 환경 및 수자원 개발에 10억 유로를 지원했다.

제3기는 2022년 러시아의 우크라이나 침공 이후 현재까지이다. 중앙아는 우크라이나 전쟁에 대해 친러적인 중립을 견지하고 유럽 연합과의 협력을 강화하고 있다. 카자흐스탄, 투르크메니스탄은 러시아를 우회하여 가스와 원유를 직접 유럽으로 수출하기를 희망 한다. 유럽연합도 러시아산 가스 수입을 줄이고 중앙아, 카스피해 에서 에너지를 수입하고자 한다.

유럽연합은 중국의 일대일로(BRI) 사업에 대항하고 중앙아 경제 통합을 위해 글로벌 관문(Global Gateway) 전략을 추진하고 있다. 유 럽연합은 우선 중앙아의 운송망을 통합하고 중앙아-카스피해-흑 해-유럽을 연결하는 횡단운송망(TEN-T) 개발사업을 지원하고 있 다. 2023년 10월 지난 30년 만에 처음으로 유럽연합과 중앙아 5개 외무장관 회의가 개최되어 러-우크라이나 전쟁, 경제협력에 대해 협의하였다.

제5부

러시아의 우크라이나 침공과 유럽 분단

제1장

러시아의 크림반도 병합과
러-우크라이나 대립

러시아-우크라이나 대립 30년

1991년 소련이 해체되면서 인구 약 4천5백만 명의 우크라이나가 러시아의 지배에서 400년 만에 독립하였다. 1991년 가을 국민투표에서 우크라이나 국민 90%가 소련으로부터 독립을 지지하였다. 우크라이나는 러시아가 주도하는 CIS 집단안보 조약에 가입하지 않았으며 러시아와 거리를 두었다.

우크라이나는 지난 수 세기간 러시아 지배의 역사적인 질곡에서 벗어나 독립된 주권 국가로서 정체성을 확립하고[158] 러시아와 대등한 관계를 희망하였다. 17세기부터 러시아는 '대러시아'로 우크라

---

158 1991년 독립한 우크라이나가 직면한 주요 현안은 정부 수립, 하나의 민족으로서 정치 공동체 구축, 시장 경제와 민주주의 도입이었다. Paul D'Anieri, Ukraine and Russia(from Civilized Divorce to Uncivil War), Cambridge University Press, 2023, p. 47.

이나는 '소러시아'로 지칭되었고 러시아는 큰 형으로 우월적 지위를 누렸다. 1930년대 우크라이나 주민은 소련의 강압적인 토지 국유화와 공산화 정책으로 3백만 명이 기아로 사망했다.

우크라이나는 유럽과 러시아의 중간에 위치한 지정학적 요충지로서 유럽연합과 러시아 간의 갈등 요인이었다. 우크라이나와 러시아 국경선은 2,063km이며 흑해 연안은 1,729km이다. 우크라이나는 흑토 지대로서 과거부터 유럽의 빵 바구니라고 불릴 정도로 곡창지대이다.

특히 냉전기 우크라이나는 전략적으로 중요한 국가이다. 소련의 우크라이나 공화국은 항공기, 잠수함 생산 등 소련 군수 사업의 30%를 차지하였으며 소련이 핵 강국으로 발전하는 데 크게 기여하였다. 소련 핵무기가 우크라이나에 배치되었으며 크림반도에 소련의 흑해함대가 주둔하였다. 1991년 12월 소련 해체 이후 해외 거주 러시아 동포는 2천5백만 명이었으며 이중 1천 2백만 명이 우크라이나에 거주하였다.

1991년 독립 이후 우크라이나는 러시아를 견제하기 위해 NATO 및 유럽연합 가입을 추진하는 등 친서구화 정책을 본격화하였다. 러시아는 우크라이나의 탈러시아에 반대하였으며 우크라이나가 최소한 비무장 중립 국가로 존속을 희망하였다. 러시아는 당근과 채찍 등 강온 정책으로 우크라이나의 서구 통합을 방지하고자 하였으나 실패하였다. 지난 30년간 러-우크라이나 관계는 러시아의 강대국 복귀와 미-러 대립과 맞물려 불신과 갈등으로 점철되어 왔다.

우선 러시아의 전통적인 강대국주의와 우크라이나의 친서구 정책이 충돌하였다. 2000년 취임한 푸틴 대통령은 20년간 재임 동안 강한 러시아를 주창하면서 강대국 복귀를 위해 유라시아 통합을 추진하였다.

러시아는 우크라이나의 NATO 가입을 경계하였다. 우크라이나가 NATO에 가입할 경우 러시아는 흑해와 우크라이나에 대한 주도권을 상실하게 되어 안보적으로 큰 타격을 받는다. NATO 규정상 NATO 가입을 희망하는 국가는 다른 나라와 국경분쟁이 없어야 한다. 러시아는 크림반도에 대한 소유권 주장 등 영토분쟁을 통해 우크라이나의 NATO 가입을 방지하였다.

2008년 푸틴 대통령은 NATO 정상회담에서 러시아 국경 지역에 군사블록의 출현은 직접적인 위협이라고 지적했다. 우크라이나의 NATO 가입은 러시아의 한계선(red line)이었다.

러시아는 2008년 조지아 침공 이후 NATO의 동진을 견제하기 위해 2008-2016년 동안 국방비를 3배 증강하였다. 특히 러시아는 NATO보다 열세인 재래식 군사력을 보완하기 위해 전술핵 개발에 주력하였으며 적의 재래식 군사 공격에 대한 선제 핵 타격을 강조하였다.

냉전기 소련은 동부 유럽에 공산 위성국가를 설립하고 동-서독의 분단선을 유럽과의 경계선으로 삼았다. 1990년 독일이 통일되고 1999-2004년 동안 10여 개의 유럽 공산 국가들이 NATO에 가입하였다. NATO의 동진으로 러-NATO 간 국경선이 우크라이나로 대폭 이동하였고 러시아 안보에 불리하게 되었다.

크림반도[159]와 인접한 투즈라(Tuzla) 섬의 소유권에 대한 러-우크라이나 간 영토 분쟁이 갈등을 증폭시켰다. 러시아는 우크라이나가 역사적으로 러시아의 영토이며, 2014년 우크라이나 크림반도 병합을 영토 회복이라고 간주하였다. 18세기 러시아는 크림반도를 오스만 튀르크로부터 점령하고 부동항인 세바스토폴에 흑해함대를 1783년 창설하였다. 그 이후 러시아 제국과 소련은 흑해의 주도권 장악을 위해 크림반도를 지배해 왔다.

소련 시대 흐루시초프(N.Khrushchev) 서기장은 우크라이나 공산당의 지지 확보를 위해 1954년 크림반도의 행정적 관할권을 러시아 공화국에서 우크라이나 공화국으로 귀속시켰다. 그러나 1991년 소련 해체 이후 러시아는 흐루시초프(N.Khrushchev) 서기장이 크림반도를 비합법적으로 우크라이나에 귀속시켰다고 주장하고 반환을 요구하였다. 크림반도의 총인구의 70%를 차지하는 러시아계 주민은 크림반도의 러시아 귀속을 주장하였으며 러시아 의회는 1993년 7월 세바스토폴이 러시아의 영토라는 결의안을 채택하기도 했다. 이에 대해 우크라이나 정부는 동 결의안이 독립국가연합(CIS) 국경선을 인정한 1991년 12월의 CIS 조약의 위반이라고 주장하고 크림반도는 자국의 합법적인 영토라고 반박하였다.

2003년 러시아는 Tuzla 모래 섬[160]과 러시아 본토를 연결하는 댐

---

159 Stephent P. Friot, 전게서, pp. 328-332.
160 크림반도에 속하는 Tuzla섬은 아조프(Azov) 해와 흑해를 이어주는 요충 해역인 케르치 (Kerch) 해협에 위치하며 1991년 우크라이나의 독립 이래 러-우크라이나 간 아조프해 경계선 분쟁의 주요한 대상이었다. 러시아가 크림반도와 Tuzla 섬을 장악하여 케르치 해협을 통제하게 되면 우크라이나의 아조프해 연안 지역은 고립되어 흑해 진출이 어렵게 된다. 2014년 러시아는 크림반도를 병합 후 크림반도-Tuzla섬-러시아 본토의 타만 반도를 연결하

을 건설하여 Tuzla 섬을 병합하고자 하였다. 우크라이나는 자국 영토의 침해라고 주장하고 군사력 동원 등 강하게 반발하였다. 2003년 러-우크라이나 간 조약 체결로 일단 평화적으로 해결되었으나 아조프해의 경계선 획정 문제는 해결되지 않았다. 러시아는 Tuzla 섬의 영유권 분쟁을 야기시켜 우크라이나의 NATO 가입을 저지하였다.

러-우크라이나는 흑해함대의 분할을 두고 대립하였다. 1997년 러시아는 우크라이나와 장기간 협상 끝에 흑해함대의 분할[161]에 합의하였고 러시아는 24년 동안 크림반도의 세바스토폴을 임차하였다.

냉전 시대 '소련의 호수'였던 흑해는 1991년 소련이 해체되자 'NATO의 호수'로 바뀌고 러시아는 불리하게 되었다. 2000년대 NATO와 유럽연합이 동유럽으로 확장하면서 흑해에 대한 영향력이 커지게 되었으며 러시아는 이를 경계하였다. 러시아는 흑해를 러시아의 호수로 장악하고자 한다.

우크라이나 내부의 동-서 지역 간 대립이 러시아의 개입에 유리한 여건을 조성하였다[162]. 우크라이나는 드네프르강을 기준으로 서부와 동남부로 대별된다. 서부 지역은 과거 폴란드의 영토였으며, 제2차 세계대전 이후 소련에 합병되었다. 그 결과 우크라이나 서부 지역은 친서구적이며, 가톨릭이 강세이다. 그리고 우크라이나어가

는 크림 대교(18.1km 철도)를 2018년 건설했다.
161 우크라이나가 흑해 함정의 17%(약 80척)를, 러시아가 83%(338척)를 소유하기로 합의하였으며 세바스토폴은 양국 함대의 흑해 총사령부가 되었다.
162 Edited by Charles Krupnick, 전게서, p209.

주로 통용되었다.

반면 러시아와 국경을 접하고 있는 동남부는 정교 중심이며, 러시아어가 주로 통용되고 러시아 민족이 많아 거주하고 있다. 그리고 석탄, 철 등 주요 공업지대이다. 역사적으로 우크라이나 서부 지역은 반러적인 반면 동남부는 친러적이다. 우크라이나의 지역 간 대립이 친러와 친서구의 대외 정책으로 표출되어 분열과 혼란을 초래하였다.

특히 러-우크라이나 가스 분쟁으로 양국 관계는 악화되었다. 1991년 소련이 붕괴하고 러시아와 우크라이나가 독립하자 가스 생산자인 러시아, 경유국인 우크라이나, 소비자인 유럽연합 간의 3자 관계가 유럽의 에너지 안보에 주요한 변수로 부상하였다.

우크라이나는 냉전 시대부터 유럽과 러시아 간 에너지 협력의 교량 역할을 하였다. 1990년대 유럽은 총 가스의 40%를 러시아로부터 수입하였으며, 이들 가스의 80%가 우크라이나의 가스관을 통과하였다.

지난 30년간 러시아와 우크라이나 양국 간의 최대 현안은 러시아 가스의 유럽 수출 문제였다. 우크라이나는 독립 초창기에는 러시아와 우호 관계를 유지하였으나 2004년 오렌지 민주혁명 이후 NATO 및 유럽연합(EU) 가입 추진 등 탈러시아 정책을 추구하였다.

이에 대해 러시아는 2006년, 2009년, 2014년 3회에 걸쳐 가스 공급을 중단하였다. 러시아-우크라이나 가스 갈등은 1973년 중동 석유 위기의 유럽판이었다. 다만 중동 석유 위기는 전 세계적으로 확산된 반면 러시아-우크라이나 가스 전쟁은 유럽에만 국한된 것이 특징이다.

2000년 취임한 푸틴 대통령은 지난 20년간 가스프롬을 세계 최대 국영 가스회사로 발전시키고 가스 공급을 러시아 대외 정책의 주요한 수단으로 활용하였다.

우크라이나는 소련 시대 최대 가스 소비 공화국이었으며 소련에 지불하지 못한 가스 부채가 많았다. 부채 청산 문제가 러-우크라이나 간 주요한 현안이었다. 러시아는 가스 부채의 탕감 조건으로 우크라이나 가스 보급망의 인수를 요구했으나 우크라이나는 주권 침해를 이유로 거절하였다. 결국 가스 부채는 러시아 가스 통과료와 러시아가 장기 임차한 크림반도의 세바스토폴 군사기지 임대료에서 서로 상계하였다.

러시아의 우크라이나 크림반도 병합과 돈바스 점령

푸틴 총리가 2012년 다시 대통령으로 복귀하자 우크라이나와 러시아 관계가 악화되었다. EU는 러시아의 2008년 조지아 침공 이후 2009년부터 우크라이나, 조지아, 몰도바, 아르메니아, 아제르바이잔, 벨라루스 6개 동부 유럽 국가의 유럽통합을 위한 동반자 협력(EaP)을 추진하였다. 2011년 유럽연합(EU)은 우크라이나와 제휴 협정(AA)을 체결하고자 하였으며 러시아는 강하게 반발하였다. 이들 6개국에 대한 세력권 확장을 두고 유럽연합과 러시아가 대립하였다.

우크라이나는 유럽의 최대 영토 국가로서 양측 모두에게 중요한 국가였다. 우크라이나-유럽연합 간 제휴 협정 서명은 러시아-우크라이나 간 크림반도에 소재하는 러시아 흑해함대 기지의 임차 협정과 연관되어 러시아에게 안보적으로 민감한 사안이었다[163].

2013년 러시아는 우크라이나와 유럽연합 간 제휴 협정 체결을 방지하기 위해 33% 할인된 가격의 가스 공급을 제안(1000 입방 미터당 가스 가격을 402$에서 268.5$로 인하)하였다. 당시 러시아는 유럽연합에 대항하기 위해 유라시아경제연합(EAEU)의 설립을 추진 중이었으며 우크라이나는 EAEU 창설에 주요한 국가였다. 러시아는 우크라이나의 탈러시아를 방지하기 위해 우크라이나에 150억 달러의 차관을 제의하였다.

2013년 야누코비치 친러 정권이 유럽연합과 제휴 협정 서명을 거절하자 2013년 11월 마이단(Maidan) 혁명이 시작되었다. 결국 2014년 2월 야누코비치 대통령은 우크라이나 의회에서 탄핵당하고 러시아로 피신하였다.

러시아는 야누코비치 대통령이 하리코프에서 우크라이나와 별개의 독립 정부를 수립하여 친러 성향의 우크라이나 남동부 8개 주를 지배할 것을 제의하였으나 그는 거절했다[164].

러시아는 우크라이나 신정부를 불법 정부라고 비난하고 정권 교체의 배후에 미국 등 서방의 지원이 있었다고 주장하였다. 그리고 2014년 3월 우크라이나 크림반도를 침공하고 병합하였다.

---

163 1997년 우크라이나는 러시아 흑해함대의 기지로서 크림반도의 세바스토폴을 20년간 임차하는 협정을 러시아와 체결했고 2010년 4월 25년간 임차 기간을 다시 연장하였다. Richard Sakwa, The Lost Peace(How the West Failed to Prevent a Second Cold War), Yale University Press, 2023, p. 246

164 Thomas Graham, Getting Russia Right, Polity, 2024, p.140.

러시아는 크림반도 병합 후 러-우크라이나 간 가스 합의를 폐기하고 가스 공급 가격을 80% 인상하였으며(485달러/1000 입방미터) 이는 유럽에서 최고 가격이었다. 당시 러시아의 대유럽 가스 공급 가격은 385달러였다.

야누코비치 대통령 이후 포로셴코 대통령(2014-2019), 젤렌스키 대통령(2019-)은 NATO 가입 추진 등 친서구화 정책을 본격화하였다. 2015년 러시아의 대우크라이나 가스 공급은 거의 중단되었으며 우크라이나는 국내 가스전을 개발하고 가스를 유럽에서 역수입하였다.

러시아는 2008년 코소보 독립을 유리하게 활용하였다. 2014년 3월 푸틴 대통령은 러시아 의회 연설에서 유럽이 코소보를 2008년 친러 세르비아 국가에서 분리 독립시킨 것처럼 러시아가 크림반도를 독립시켰다고 강조하였다. 그는 서구가 세르비아로부터 코소보의 독립을 승인하여[165] 타국에 속한 영토의 일방적인 분리 독립을 합법화하였다고 주장하였다.

한편 러시아의 지원을 받은 무장 반군들이 우크라이나 동부 지역의 돈바스를 점령하였다[166]. 우크라이나는 이들 반군을 테러 요원으로 간주하고 영토를 회복하고자 하였다. 러시아는 우크라이나의

---

[165] 2024. 5월 현재 110국이 코소보를 국가로 승인하였다. 러시아, 중국, 세르비아, 스페인, 그리스, 루마니아, 슬로바키아는 국가로 승인하지 않고 있다.

[166] 매틀랙(J.Matlock) 전 주러시아 미국 대사(재임 : 1987-1991)는 2014년 2월 우크라이나의 정치경제 개혁 문제를 동-서 전쟁으로 전환시킨 것은 러시아와 유럽연합, 특히 미국의 큰 전략적 실수라고 지적하고 우크라이나가 러시아와 우호적인 관계를 유지하지 못하면 결코 자유롭지도, 풍요롭지도 민주적이지도 못할 것이라고 주장하였다. 기메탕 지음, 김창진/강성희 옮김, 루소포비아, 가을의 아침, 2022, pp. 113-114.

유럽연합 가입을 방지하기 위해 돈바스 지역에 불안을 조성하였고 167 지역 주민168에게 러시아 여권을 발급하였다.

돈바스 사태가 발생한 이후 우크라이나 경제는 급속히 악화되었다. 우크라이나 최대 석탄 철광 지대인 돈바스 지역에서 친러 반군과 우크라이나군과의 교전이 지속되어 철도, 교통 등 산업 인프라가 파괴되었으며 생산력이 20% 감소하였다. 그리고 우크라이나 및 러시아 양국의 병력 1만 4천 명이 전사하였다.

우크라이나는 동부 지역의 교전에 매일 약 7백만 달러의 전비를 지출하였으며 국가 재정에 큰 부담이 되었다. 2014년 말 현재 700억 달러의 국가 대외채무 등 경제적으로 파탄 상태이며 민간 분야를 포함한 우크라이나의 총 대외채무는 1,290억 달러로 추정한다. 우크라이나는 2015년 상반기 46%의 물가 상승과 17%의 마이너스 경제성장을 기록하였으며 미국, EU의 자금 지원으로 국가를 운영하였다.

미국과 유럽연합의 러시아 제재

러시아의 크림반도 병합은 제2차 세계대전 이후 최초의 무력에 의한 유럽 국경선의 변경이었다. NATO, 바르샤바조약기구(WP) 회

---

167 Serhii. Plokhy, 전게서, pp. 120-123
168 2021년 돈바스주 인구는 230만 명, 루간스크주 인구는 140만 명이었으며 약 75만 명의 주민이 러시아 여권을 받았다.

원국은 1975년 헬싱키 의정서를 통해 유럽국경선의 현상 유지에 합의하였다.

NATO는 러시아의 크림반도 병합이 우크라이나의 주권을 침해하였으며 러시아와 NATO 간 협력의 원칙을 위반하였다고 강하게 비난하였다. 미국과 유럽연합은 크림반도 병합에 대해 강력한 러시아 제재 조치를 단행했으며 선진국의 모임인 G-8에서 러시아를 축출하였다[169].

대러 경제 제재 조치로 인해 러시아는 1991년 독립 이래 최악의 경제 침체를 경험하였다. 국제유가가 1배럴당 100$에서 50$로 절반으로 폭락하였다. 러시아 경제는 큰 타격을 받았고 러시아의 화폐 가치가 70% 폭락하였다. 서구에 대한 채무상환이 어려운 러시아 민간기업은 러시아 정부의 금융 지원에 크게 의존하게 되었고 러시아는 국가 자본주의가 되었다[170].

러시아도 서구에 대해 농산물 수입금지 조치 등 경제보복 조치를 단행했고 제조업과 수입대체 사업을 적극 육성하였다. 특히 러시아는 석유와 가스의 유럽 수출이 감소할 경우에 대비하여 그 대안으로 튀르키예와 중국으로 수출을 확대하였으며 미국에 대항하기

---

169 미국은 1997년 NATO 확대에 대한 러시아의 불만을 무마하고 1998년 러시아의 경제위기 극복에 대한 서구의 지지 차원에서 1998년 러시아의 G-8에 참가를 허용했고 러시아는 2002년 정식 회원국이 되었다. 그러나 러시아는 크림반도 병합 이후 국제법을 위반하였다는 이유로 G-8에서 퇴출되었다. 당시 독일 측은 G-8이 서구가 러시아와 협의 할 수 있는 유일한 fomat이라고 하면서 반대했다. Martin Daunton, The Economic Government of the World(1933-2023), Allen Lane, 2023, pp. 759-760, 688-689.

170 러시아 정부가 경제의 70%를 통제하였다. Rebecca R. Moore and Damon Coketta, Editors, 전게서, p. 272.

위해 중국, 이란, 북한, 베네수엘라, 쿠바 등 반미 국가의 유대를 강화하였다.

NATO 회원국은 러시아산 에너지 수입을 이유로 대처 방안에 대해 이견이 있었다. 독일, 프랑스, 이탈리아는 글로벌 주요 문제의 해결을 위해 러시아와 협력이 필요하다는 이유로 균형적인 입장을 표명하였다. 폴란드 등 일부 회원국은 러시아에 대한 강력한 제재 조치를 주장했다

메르켈 독일 총리는 2015년 다보스 세계 포럼에서 러시아와 자유무역 협정 체결을 제안하였다. 독일은 2015년 6월 러시아산 가스 수입을 위해 우크라이나를 우회하는 Nord Stream Ⅱ 가스관 건설에 러시아와 합의하였다. 약 120억 달러의 가스관 건설 사업에 러시아, 독일, 이탈리아, 영국 등 유럽 5개국이 참가하였다.

Nord Stream Ⅱ 사업은 미국과 유럽연합의 러시아 제재 효과를 반감시키고 러시아의 크림반도 병합을 간접적으로 인정하는 결과를 가져왔다. 미국은 Nord Stream Ⅱ 사업에 반대하였다. 미국은 유럽연합이 러시아의 과도한 에너지 공급으로 안보 불모가 되어 유럽 안보를 저해할 것이라고 경고하였다.

트럼프 미국 대통령은 2019년 12월 Nord Stream Ⅱ 에 참여하는 기업과 정부에 대해 제재 조치를 단행하였다. 결국 Nord Stream Ⅱ 건설 사업으로 미국-유럽연합 간 대립이 표면화되었으며 폴란드 등 여타 회원국들은 독일을 불신하게 되었다.

러시아는 2014년 러시아의 크림반도 병합 이후 에너지를 무기화하여 반러국가와 친러국가로 구분하여 가스 공급을 조절하였다. 러시아산 천연가스의 의존성이 증가한 유럽연합 회원국은 체코, 독

일, 이탈리아, 네덜란드이며 반면 감소한 국가는 그리스, 슬로베니아, 오스트리아, 리투아니아, 루마니아이다.

2021년 1분기 유럽연합이 천연가스를 수입한 국가의 비중은 러시아 46.8%, 노르웨이 20.5%, 알제리 11.6%, 미국 6.3%, 카타르 4.3%, 기타 10.5%였다. 2021년 러시아 가스 총수출의 61.7%가 유럽으로 송출되었으며 유럽은 러시아 가스의 주요한 고객이었다.

한편 중국은 러시아의 크림반도 합병을 국경의 자연스러운 조정이라고 보며 친러 중립적인 입장을 견지하였다. 언제가 기회가 되면 중국은 동중국해나, 남중국해에서 분쟁 중인 도서와 대만을 기습적으로 점령할 수도 있으며, 이 경우 러시아의 지지가 필요하다. 반면 중국이 러시아의 크림 병합을 공개적으로 지지할 경우 소수민족의 거주지역인 신장, 티벳의 독립을 조장할 수가 있어 조심하였다.

미국의 우크라이나 지원과 NATO 강화

미국은 러시아의 크림반도 병합을 유럽 안보에 심각한 위협으로 간주하고 앞으로 군사적 도발 방지를 위해 NATO 군사력을 강화하였다. 미국이 러시아의 크림반도 합병에 대해 소극적으로 대응할 경우 중국이 대만 침공 시도 등 공세적인 전략을 추구할 빌미를 줄 수 있었다.

오바마 미국 대통령은 2014년 3월 NATO 동맹국의 영토를 방어할 것이라고 천명하고 유럽의 국경선을 무력으로 수정할 수 없다

고 강조하였다. 그러나 미국은 우크라이나에 대한 과도한 지원을
자제했고[171] 방어용 무기의 지원을 공약했다. 미국은 2016년 유럽
에 대한 군사비 지원 예산을 4배 증가하여 34억 달러를 책정하였
다. G-8에서 러시아의 퇴출, 제한적인 우크라이나 지원 등 미국의
소극적 러시아 제재 조치는 러시아에게 큰 영향을 미치지 못했다.

2014년 9월 NATO 정상회의에서 NATO는 비회원 국가들과 무
기의 호환성(interoperability) 강화를 위해 동반자 협력을 확대하였다.
NATO는 중립국인 오스트리아, 핀란드[172], 스웨덴 그리고 조지아,
요르단 5국과 고위파트너(EOP, Enhanced Opportunities Partners)로서
동반자 관계를 강화하였다.

2015년 9월 NATO는 정상회의를 개최하여 긴급행동계획(RAP,
Readiness Action Plan)을 마련하고 국내총생산(GDP)의 2%를 국방비에
지출하기로 합의하였다. 그리고 NATO는 폴란드, 발트 3국 등 일
선 국가에 4천 명의 전투 병력을 순환직으로 배치하기로 하였다
[173].

---

171 Alexander Ward, The Internationalists(the Fight to Restore American Foreign Policy after
    Trump), Penguin, 2024. p. 190.
172 핀란드는 1994년 NATO 평화를 위한 파트너십(PfP)에 가입했고 1995년 EU에 가입하였으
    며 2007년 대외적으로 군사 위협에 직면한 회원국을 상호 지원하는 리스본 조약을 비준하
    였다. 핀란드는 발칸, 이라크, 아프간에서 NATO 작전에 참가하였다.
173 2014년 러시아의 크림반도 병합 이후 1997년 NATO-러시아 관계를 규정한 기본 협정
    (NATO-Russia Founding Act)의 해석에 대해 NATO 회원국 내 논란이 있었다. 동 Act는
    NATO와 러시아가 유럽의 안정을 유지하는 데 노력한다는 것을 전제로 NATO는 신규 가
    입국에 전투 병력 주둔 및 핵무기를 배치하지 않으며, 러시아도 호혜적인 대응 조치를 취한
    다는 내용을 담고 있었다. 폴란드는 러시아가 유럽 안정을 저해한 만큼 상시 NATO군 배치
    를 주장하였으며 일부 국가는 반대하였다. 결국 NATO는 1999년 이후 NATO에 가입한 국
    가 내에 순환 배치의 방식으로 NATO 병력을 배치하였다. 이는 '상시(permanent)' 배치가

당시 NATO 일부 회원국은 NATO군의 상시 주둔을 제안했으나 독일, 프랑스는 러시아와 관계를 고려하여 반대했다. 2015년 NATO 국방장관 회담에서 5천 명 규모의 신속 대응군(Spearhead Forces)을 창설하였다.

러시아의 크림반도 병합은 발칸 국가의 NATO 가입을 촉진시켰다. 러시아의 반대에도 불구하고 2017년 몬테네그로가, 2020년 북마케도니아가 NATO에 가입했다[174]. 러시아는 몬테네그로의 가입을 저지하기 위해 2016년 반정부 쿠데타를 선동하였으나 실패하였다[175]. 북마케도니아의 NATO 가입으로 NATO 총 회원국은 30개국이 되었으며 유럽 지역의 대부분은 NATO의 관할권이 되었다.

한편 러시아의 유럽 안보에 대한 위협 수준과 러시아 제재 여부를 두고 NATO 회원국 간 이견이 있었다. 미국은 러시아의 크림반도 병합과 돈바스 반군 지원을 유럽 안보에 대한 심각한 위협으로 보고 NATO 회원국에게 군사력 강화를 요청하였다. 그러나 대부분 유럽 국가는 러시아 위협의 심각성을 저평가하고 러시아와 협상을 통해 유럽안보 문제를 해결하고자 하였다.

NATO 유럽 회원국은 국내총생산(GDP) 2%의 국방비 지출 공약

아니기 때문에 1997년 NATO-Russia Founding Act를 NATO 측이 위반한 것을 아니라는 것이 NATO의 해석이었다.

174 북마케도니아는 국명으로 대립해 온 그리스와 협상을 하게 되었고 국명을 타결하여 NATO 가입을 위한 유리한 여건이 형성되었다. NATO 가입을 희망하는 국가는 인접국과 분쟁이 있을 경우 가입할 수가 없다.

175 Kimberly Maten, Finland's New Frontier(Will Russia Seek to Disrupt Helsinki's NATO Bid?), Foreign Affairs, May 4, 2022, p.7

을 준수하지 않았으며[176] 1991-2014년간 국방비는 대폭 축소되어 군사력 증강에 부정적이었다. 유럽연합은 자체적으로 군비 증강에 소극적이며, 미국이 제공하는 안보에 의존하였다.

당시 유럽연합은 유로화 도입에 따른 위기 방지를 위해 재정지출을 축소하였으며 유럽 국민은 복지수당을 깎아 먹는 군비 증강에 반대하였다. 반면 NATO 내 미국의 국방비 부담은 2001-2014년간 63%에서 72%로 증가하였으며 미국은 유럽 동맹국들의 안보 무임 승차에 불만이 많았다.

독일은 러시아와 특수 관계를 감안하여 대러 강경 조치에 반대하고 외교적으로 우크라이나 사태의 해결을 희망하였다. 독일은 1997년 러-NATO 간 Founding Act에 근거하여 NATO군의 순환 배치를 주장했고 우크라이나에 치명적인 공격 무기 지원에 반대했다. 미국은 독일의 입장을 수용하였으나 러시아가 2016년 미국 대선에 개입했다는 의혹이 제기되자 대러 강경 정책으로 전환하였다. 2018년 미국은 공격용 무기를 우크라이나에 제공했다.

우크라이나의 서구 통합 강화

2014년 러시아의 크림반도 병합 이후 러-우크라이나 관계는 2014년 이후 적대 관계로 악화되었다. 우크라이나는 러시아의

---

[176] 2019년 현재 NATO 28개 회원국 중 국내총생산(GDP)의 2%를 국방비에 지출한 국가는 발트 3국, 불가리아, 그리스, 폴란드, 루마니아, 영국, 미국 등 9개국이었다.

2014년 크림반도 병합을 불법적인 영토 강탈로 간주했으며 러시아의 병합에 강경하게 대항하였다.

러시아, 미국, 영국은 1994년 우크라이나의 핵무기 포기 대가로 우크라이나의 독립을 보장한 부다페스트 각서를 체결하였다. 우크라이나 정부는 러시아의 크림반도 병합이 부다페스트 각서의 위반이라고 하면서 개입을 요청했으나 소용이 없었다.

러시아는 2013년 12월 우크라이나의 마이단 혁명으로 합법적으로 선출된 야누코비치의 친러 정권이 전복되고 불법적인 정부가 들어섰다고 하면서 부다페스트 각서를 준수할 이유가 없다고 강변하였다. 각서는 조약도 아니며, 합의사항으로서 미국, 영국이 우크라이나를 지원할 법적인 의무가 없었다.

한편 우크라이나는 러시아에 대항하기 위해 반러 정체성을 강화하고 서구와의 통합을 본격화하였다. 2014년 5월 친서구적인 포로셴코(P.O.Poroshenko) 후보는 1991년 우크라이나 독립 이래 처음으로 대선 1차 투표에서 55%를 득표하여 5대 대통령에 선출되었다. 그 이전 대통령 후보는 대선에서 친러적인 동부 지역과 반러적인 서부 지역 간의 대립으로 1차 투표에서 50% 득표가 어려웠다.

우크라이나는 2014년 6월 유럽연합과 제휴 협정(AA)을 체결하였으며 유럽연합은 2017년 우크라이나인에게 무비자 방문을 허용하였다. 유럽연합은 러시아의 크림반도 점령 이후 우크라이나에게 140억 달러를 지원하였으며 미국은 2021년 30억 달러(안보 지원 25억 달러)를 지원하였다. 2021년 미국, NATO 회원국, 우크라이나군 수만 명이 참가하는 합동군사훈련이 실시되었다.

2014-2021년간 러-우크라이나 돈바스 내전은 우크라이나의 민

족주의와 정체성을 고취시켰다. 우크라이나는 소련을 상징하는 기념물을 폐지하고 우크라이나 역사를 강조하였다.

　우선 우크라이나는 문화적으로 동질화되었다[177]. 우크라이나는 2014년 5월 우크라이나어를 국가 언어로 지정하고 러시아어의 통용을 제한하였다. 우크라이나 의회는 2019년 법을 제정하여 우크라이나 공무원은 우크라이나어를 구사하도록 했으며 러시아어는 부차적인 언어가 되었다.

　우크라이나 정교는 러시아 정교에서 독립하였다. 1686년 우크라이나는 러시아 제국에 통합되면서 콘스탄티노폴리스 교회령에 따라 모스크바 총대주교청의 관할권에 속하게 되었다. 콘스탄티노폴리스 총대주교청은 정교회의 요람이며 정교회 전체에 대한 상징적인 권력을 행사해 오고 있다. 전 세계 정교 신자의 50%가 속한 모스크바 총대주교청은 16세기 이후 모스크바가 제3 로마라고 자칭하면서 새로운 기독교 문명의 중심지라고 주장한다.

　1991년 우크라이나가 소련에서 독립하면서 키이우 총대주교청이 창설되었고 모스크바 총대주교청과 병립하였다. 2014년 러시아가 우크라이나 크림반도를 병합하자 3,500만 명의 우크라이나 정교 신자는 모스크바 총대주교청과 결별하고 키이우 총대주교청에 합류했다.

---

177 Serhii Plokhy, 전게서, p. 133.

제2장

러시아의 우크라이나 침공과
러-서방 대립

2021년 미-러 정상회담 개최

푸틴 대통령은 우크라이나 침공을 8개월 앞두고 2021년 6월 제네바에서 바이든 미국 대통령과 정상회담을 가졌다. 금번 회담은 2021년 취임한 바이든 대통령과 21년간 집권해온 푸틴 대통령과의 첫 번째 정상회담이었으나 별 성과 없이 끝났다.

양측은 전략적 안정(Strategic Stability)에 관한 공동성명서를 발표하고 핵전쟁은 승자가 없다는 원칙을 재확인하였다. 바이든 대통령은 푸틴 대통령과의 첫 통화에서 2021년 2월 만료되는 미-러 간 신전략무기감축 조약(New START)을 다시 5년간 연장하여 2026까지 발효하기로 합의하였다.

지난 40년간 미국과 러시아는 핵 군축을 위해 1970년대 탄도탄 요격미사일(ABM) 조약 및 전략무기제한협정(SALT I 및 II), 중거리핵전력(INF) 조약, 전략무기감축 조약(START I 및 II)을 체결하였으나 현재 발효 중인 조약은 New START가 유일하다.

양측간 최대 쟁점은 우크라이나 사태였다. 바이든 대통령은 우크라이나의 주권과 영토보전을 강조하고 우크라이나 사태의 해결을 촉구했으며 푸틴 대통령은 2015년 체결된 민스크 협정의 이행을 강조하였다.

푸틴 대통령은 지난 7년간 서방의 대러경제 제재 조치로 미국 기업인들도 손실을 보고 있다고 하면서 미-러 간 교역 증대를 강조하였다. 바이든 대통령은 러시아의 북극해 군사화를 지적했으며 푸틴 대통령은 군사화 주장이 근거가 없다고 하고 북극항로는 국제법에 따라 항해가 보장된다고 설명하였다.

양측은 훼손된 외교관계의 복원, 인권, 선거 해킹 등 민감한 양자 현안에 대해 협의하였으며 서로 이견만 확인하였다. 2016년부터 미-러 양국은 서로 선거 개입을 이유로 외교관을 맞추방 하는 등 미-러 관계는 최악이었다.

미국은 2016년 미 대선에 대한 러시아의 해킹을 이유로 러시아 외교관 35명을 추방했다.. 2021년 4월 바이든 대통령은 2020년 러시아의 미 대선 개입과 연방기관 해킹을 이유로 러시아 외교관 10명을 추방하였으며 러시아도 미국 외교관 10명을 추방하였다. 푸틴 대통령도 2011년 러시아 총선에 미국의 개입을 주장하고 2017년 미국 의회가 러시아를 적국으로 선언했다고 지적하였다.

바이든 대통령은 2021년 5월 미국 송유관 운영회사에 대한 랜섬웨어(Ransomware) 공격 배후에 러시아의 해커 조직을 지목하고 앞으로 사이버 공격을 당할 경우 단호히 대응할 것이라고 강조하였다.

푸틴 대통령은 정상회담 이후 기자회견에서 '우크라이나는

NATO에 가입해서는 안되며 벨라루스는 서구의 통제에서 벗어나야 한다'는 한계선(Red Line)를 분명히 했다[178]. 푸틴 대통령은 정상회담에서 우크라이나 사태에 대해 미국의 강경한 입장을 재확인하였고 2022년 2월 우크라이나를 침공하였다. 미-러 양국 관계는 불신과 대립으로 냉전 시대로 복귀하였다.

러시아의 우크라이나 침공 배경

러시아는 2014년 우크라이나 크림반도 병합 이후 8년 만에 2022년 2월 우크라이나를 전면 침공하였다. 미국은 2021년 11월 러시아에게 우크라이나를 침공하지 않도록 요구하였으나 소용이 없었다. 러시아가 우크라이나를 침공할 경우 미국은 러시아와 제3차 세계대전과 핵전쟁의 발발을 방지하기 위해 1) NATO군과 러시아군 간 갈등을 방지하고 2) 전쟁을 우크라이나에 한정하며 3) NATO 단합을 유지하며 4) 우크라이나가 싸울 수 있도록 지원한다는 지침을 마련하였다[179]. 미국은 러-우크라이나 전쟁이 발발하자 NATO군을 우크라이나에 파견하지 않았지만 군사적 경제적 지원은 제공하였다.

2021년 12월 17일 러시아는 서방에 대해 NATO 확대의 중단, 폴

---

178 Robert H. Donaldson and Vidya Nadkarni, The Foreign Policy of Russia(Changing Systems, Enduring Interests), Routledge, 2024, p. 513
179 Serhii Plokhy, 전게서, pp. 143-144.

란드와 발트 3국에 주둔한 NATO군 철수, 유럽에 배치한 미국 핵무기의 철수를 요구하였다. 러시아는 미국과 서방이 수용할 수 없는 요구를 통해 우크라이나 침공을 정당화하였다.

푸틴 대통령은 2022년 2월 21일 TV 연설을 통해 NATO의 동진, 우크라이나의 러시아 공격, 서구 미사일의 러시아 국경선 배치에 대해 분노를 표명했다. 특히 그는 우크라이나가 러시아에 의해 만들어졌다고 주장하는 등 우크라이나의 주권을 인정하지 않았다. 2월 24일 그는 전쟁이라는 용어를 사용하지 않고 특별군사작전이라는 이름으로 우크라이나를 전면 침공하였다.

러시아의 우크라이나 침공 배경은 지난 20년간 NATO 확대와 러시아의 전통적인 강대국주의의 충돌, 그리고 푸틴 대통령의 장기 집권 계획과 맞물려 복잡하게 얽혀 있다.

18-19세기 러시아 제국과 20세기 소련은 전제적 통치의 정통성을 확보하고 강대국으로서의 위상 제고를 위해 영토를 확장하였다. 푸틴 대통령도 재임 20년간 강한 러시아 건설을 주창하면서 러시아 제국의 부활과 소련의 영광을 회복하고자 하였으며 2014년 우크라이나 돈바스 지역과 크림반도를 점령하였다. 특히 푸틴 대통령은 집권 제3기(2012-2018) 이후 미국의 패권 질서에 대항하기 위해 유라시아 통합과 '러시아 세계'의 구축을 강조하였다.

그는 우크라이나 점령을 통해 2024년 3월 대선에서 재선을 희망하였다[180]. 그는 2020년 헌법 개정을 통해 2036년까지 집권할 수

---

180 Paul D'anieri, Ukraine and Russia(From Civilized Divorce to Uncivil War), Cambridge University Press, 2023, pp. 280-281

있는 길을 열었다. 푸틴 대통령은 2024년 3월 대선에서 압도적인 득표로 대통령에 재선되었으며 집권 5기를 맞이하였다.

러시아의 핵무기 보유와 군사력에 대한 푸틴 대통령의 자신감이 우크라이나 침공에 일조하였다. 러시아는 2008년 조지아 침공 이후 7,500억 달러를 투입하여 군사력을 현대화하였다. 러시아는 2014년 크림반도를 무혈(無血) 점령하였고 2015년 시리아에 대한 성공적인 군사 개입으로 위상을 제고하였다.

특히 러시아는 유사시 핵 위협을 통해 미국의 개입을 방지할 수 있으며 최소한 우크라이나 전쟁을 국지화하고 패배를 방지할 수가 있다. 2018년 러시아는 미국의 모든 전략적 공격에 대항할 수 있는 무기를 배치하였다고 주장하였다. 푸틴 대통령은 미국이 핵전쟁을 우려하여 우크라이나 전쟁에 개입하지 않을 것으로 확신하였다.

미-유럽연합 간 갈등과 유럽연합 회원국 내 이견이 러시아의 침공에 유리한 분위기를 조성하였다. 그리고 독일의 러시아에 대한 유화책이 러시아의 우크라이나 침공에 일조하였다. 러시아의 2014년 크림반도 병합 이후 유럽연합 회원국은 러시아와 협력 여부에 대해 이견이 심했다. 폴란드, 체코 등 과거 유럽 공산 국가는 협력에 반대했고 독일은 협력을 지지하였다.

독일은 2015년 러시아산 가스를 수입하기 위해 Nord Stream II를 건설하기로 러시아와 합의하였으며 이는 간접적으로 러시아의 크림반도 병합을 인정하는 결과를 초래하였다. 미국은 러시아산 에너지에 대한 과도한 의존이 유럽 안보를 위협한다는 이유로 Nord Stream II 사업에 반대했다.

메르켈 독일 총리는 2014년 러시아의 크림반도 병합 이후 러시아와 특수 관계를 감안하여 강경 조치에 반대하고 외교적으로 우크라이나 사태의 해결을 희망하였다. 우선 독일이 주도한 노르망디 4자 회의(Normandy Format, 독일, 프랑스, 러시아, 우크라이나)가 2014년 6월 노르망디 70주년 행사 계기에 개최되었다. 이어서 러시아, 우크라이나 정부, 우크라이나 반군은 2014년 9월 제1차 휴전(민스크 협정 I)협정에 서명하였다. 그러나 2015년 1월부터 돈바스 지역에서 전투가 재발하였고 2015년 2월 제2차 휴전(민스크 협정 II)이 체결되었다.

민스크 협정은 크림반도에 대한 언급은 없었으며 돈바스 지역의 휴전과 우크라이나 국가 형태의 변형에 관한 내용으로서 문제점이 많았다. 서방은 핵 강국인 러시아에게 민스크 협정의 이행을 강요할 수가 없었으며 러시아의 크림반도 병합을 묵인한 결과를 가져왔다.

러시아는 민스크 협정을 이행할 의사가 없었고 친러 반군을 배후에서 계속 조종하였다. 2017년 러시아는 유엔평화유지군의 우크라이나-돈바스 경계선에 파견을 제의했으나 우크라이나 측은 평화유지군의 돈바스 전역에 파견을 주장하였다. 2019년 4월 젤렌스키가 73%를 득표하여 우크라이나 대통령에 당선되었으며 국내 반러 민족주의들의 압력으로 민스크 협정을 준수하지 않았다[181].

돈바스 내전의 악화가 우크라이나 전쟁의 도화선이 되었다. 러시아는 돈바스 지역의 분리 독립을 위해 친러 반군을 지원했으며 우크라이나는 돈바스 지역의 탈환을 위해 항쟁했다. 지난 8년간

---

181 Richard Sakwa, 전게서, pp. 249-251.

돈바스 내전으로 우크라이나와 러시아의 병력 1만 4천 명이 사망하였다.

2015년 2월 러시아의 돈바스 개입에 관한 보고서를 준비하던 전 러시아 부총리 보리스 넴초프(1959-2015)가 모스크바에서 암살당했다. 러시아는 2022년 2월 우크라이나가 민스크 협정을 위반했다고 주장하면서 우크라이나를 침공하였다.

러시아와 우크라이나는 같은 슬라브 민족으로서 역사적 문화적으로 서로 밀접한 관계이며 러시아는 우크라이나의 탈러시아를 수용하기 어려웠다.

우크라이나의 키이우는 슬라브 민족의 발원지이다. 러시아인에 있어 키이우는 어머니이며, 모스크바는 심장이었다[182]. 10세기 우크라이나 키이우 공국이 비잔틴 제국으로부터 정교를 도입하였으며 지난 1,000년간 정교는 러시아의 문화와 정체성의 지주였다. 1990년대 초 고르바초프 소련 서기장은 우크라이나와 러시아는 한 몸이라고 주장하면서 우크라이나의 독립 방지에 노력하였으나 실패했다.

2021년 7월 푸틴 대통령은 '러시아와 우크라이나 역사적 단합'이라는 에세이를 통해 위해 러시아와 우크라이나는 하나의 민족(one people, a single whole)이며 역사적으로 단일 영토라고 강조하였다[183]. 그는 과거 솔제니친(A. Solzhenitsyn)이 주장한 러시아, 우크라이나, 벨라루스, 카자흐스탄의 북부 지역을 통합하는 범슬라브 국가의

---

182 J. H .Billington, 전게서, p.3.
183 Serhii Plokhy, 전게서, pp.136-138.

창설을 지지하였다.

푸틴 대통령은 러시아의 위대한 역사와 러시아 제국의 부활을 주창하였다. 그는 역사적으로 러시아의 적국이 13세기는 몽골, 15-16세기는 폴란드, 19세기는 오스트리아-헝가리 제국과 폴란드, 20세기는 독일이었다고 지적하고 현재 서구의 반러 세력이 러-우크라이나 통합을 방해하고 있다고 강조하였다. 그는 서구가 민주주의를 확산시켜 러시아와 우크라이나를 분리시키고 있다고 주장하고 행동으로 이를 저지할 것이라고 천명하였다.

러시아의 우크라이나 침공과 영토 점령

러시아는 이미 2021년 초부터 우크라이나 침공을 위해 8만 명의 병력을 우크라이나 국경선에 배치하고 동년 9월 7만 5천 명을 동원한 최대 군사훈련을 실시하였다. 미국은 2021년 가을 NATO 회원국과 우크라이나 정부에게 러시아의 우크라이나 침공 가능성을 설명하고 정보를 공유하였다[184]. 우크라이나 정부도 2021년 11월 러시아가 2022년 1월 말 침공할 것이라고 전망하였다[185]. 11월 미국과 우크라이나는 양국 간 안보, 정치, 경제 협력을 강조하는 전략적

---

[184] 미국은 2014년 러시아의 크림반도 점령을 방지 못 한 실책의 재발을 방지하기 위해 2021년 10월 NATO 회원국과 우크라이나에 러시아의 우크라이나 침공 가능성에 대해 설명하고 대비를 요청하였다. 그러나 NATO 대부분 회원국과 우크라이나는 회의적이었다. 우크라이나 정부는 미국이 충분한 무기를 지원하지 않고 있다고 불평했다. Alexander Ward, 전게서, pp. 189-213.

[185] 상게서, p. 210.

동반자 헌장에 서명하였다. 미국은 중국 정부에게도 러시아의 우크라이나 침공 가능성을 설명하였으나 친러적인 중국은 신뢰하지 않았다.

지난 2년간 러-우크라이나 전쟁은 4단계로 진행되었으며 2024년 8월 현재 러시아가 우크라이나 영토의 20%를 장악하고 있다. 1단계는 2022년 2-6월간으로 러시아의 기습 단계이다. 러시아는 특수작전이라는 이름으로 약 40개 여단의 20만 명의 병력과 탱크, 전투기를 동원하여 우크라이나를 전면 침공하였다. 우선 특수부대가 우크라이나 수도인 키이우를 기습하고 동시에 탱크를 통해 우크라이나 여러 방면을 침공하는 1979년 아프간식 속전속결 전략이었다. 1979년 소련은 아프간 침공 시 특수부대가 수도 카불의 대통령궁을 먼저 점거하고 이어서 10만 명의 병력을 동원하여 아프간을 성공적으로 점령하였다.

러시아는 수일 내에 우크라이나 수도인 키이우를 점령하고 친러 정부를 수립한다는 계획이었으나 우크라이나의 강한 저항으로 실패하였다. 우선 우크라이나 대통령은 미국의 권유에도 불구하고 해외에 피신하지 않았고 우크라이나 국민과 함께 항쟁하였다. 우크라이나 병사들은 러시아의 침공에 대해 애국심으로 저항하였고 사기가 높았다. 반면 훈련 목적으로 동원된 러시아 병사들은 전쟁의 이유를 이해하지 못했고 대부분 병사들은 전쟁 경험이 없는 초병이었다.

러시아군의 실패 이유는 첫째, 러시아 정부의 오판이다. 러시아 병력이 우크라이나를 침공하면 우크라이나 국민이 러시아를 지지하고 우크라이나 정부에 대해 반기를 들 것으로 생각하였다. 특히 러시아는 우크라이나 군부가 쿠데타를 일으켜 친러 정부를 수립할 것을 기대하였다.

1991년 독립 이래 우크라이나 동부 지역은 러시아인이 대부분이며 친러 성향이 강했다. 그리고 2014년 러시아가 크림반도를 점령하고 무혈로 병합한 것은 당시 크림반도 인구의 70%를 차지하는 러시아인의 지지 덕분이었다. 그러나 우크라이나 국민은 크림반도를 자국 영토라고 주장했고 러시아의 불법적인 병합에 분노하였다.

둘째, 러시아군의 작전 실패이다. 러시아는 유럽에서 최대 영토인 우크라이나 장악을 위해 20만 명을 동원하였으며 공군력이 지상군의 공격을 엄호하지 못했다. 러시아군은 단기간에 키이우를 점령할 것으로 보고 충분한 보급품을 준비하지 않았다.

러시아는 1991년 독립 이래 수십만 명의 병력을 동원하여 외국을 침공한 것은 처음이며 지난 30년간 대규모 전쟁 경험이 전무하였다. 푸틴 대통령은 집권 20년 동안 현대전에 대비하여 군사 현대화를 위해 노력해 왔으나 큰 진전이 없었다.

셋째, 러시아는 NATO가 신속하게 우크라이나를 지원하지 못할 것으로 오산하였다. 2014년 러시아의 우크라이나 크림반도 침공 시 NATO는 군사적으로 우크라이나를 지원하지 않았다. 그러나 2022년 2월 러시아가 우크라이나를 침공하자 미국의 주도하에 NATO는 신속하게 우크라이나를 지원하였다. 2023년 1월 현재 미국은 268억 달러를 군사적으로 지원하였다.

러시아는 지난 4개월간 전투에서 도네츠크, 루간스크, 자포로지에, 헤르손 등 우크라이나 영토의 18%를 장악하였다. 이들 지역은 아조프해와 흑해 연안을 연결하는 해안의 회랑으로서 우크라이나에게 전략적, 경제적으로 중요한 지역이다.

우크라이나는 주요한 수출품인 곡물을 아조프해와 흑해 연안의 항구를 통해 수출한다. 러시아가 아조프해를 통제하면 우크라이나는 해상으로 수출입이 어렵다. 러시아가 헤르손을 장악하면 우크라이나는 드네프르 강을 통한 키이우에서 흑해연안의 오데사 항구 간 해상교통이 어렵다.

헤르손 등 우크라이나 남부 지역은 곡창지대이며 물류 중심지이다. 헤르손은 2014년 러시아가 병합한 크림반도의 주요한 상수도 공급원이다. 자보로지예는 유럽 최대의 원자력 발전소가 있어 우크라이나 전체 전력의 25%를 공급하는 산업의 요충지이다. 마리우폴에는 유럽 최대 제철소가 있다. 돈바스 지역에서 헤르손을 연결하는 회랑과 크림반도는 18세기 에카테리나 대제가 오스만 튀르크와 전쟁에서 승리하여 정복한 영토이며 신러시아라고 명명하였다.

이들 지역은 러시아 제국의 영광이 서린 땅이지만 우크라이나에게는 주요한 산업과 공업단지이다.

우크라이나의 반격과 영토 회복

제2단계는 2022년 7-9월간 우크라이나의 영토 회복과 러시아의 후퇴이다. 러시아는 키이우 장악에 실패하자 군사전략을 대폭 수정하여 이미 점령한 영토 방어에 주력하였다. 러시아의 군사력은 2022년 2월에 비교하면 50% 감소되어 공격할 여력이 없었으며 전투는 소강상태였다.

우크라이나와 러시아는 각각 지난 10개월간 전투로 투입된 군사력의 50%를 상실하였다. 러시아는 3,400대의 탱크 중 1,688대가 파괴되었고 우크라이나는 900대의 탱크를 동원하여 450대를 상실하였다. 우크라이나는 1년간 165만 발의 포탄을 사용했으며 러시아 사상자의 85%는 우크라이나 포격으로 발생하였다.

우크라이나는 서구의 군사 지원으로 반격하여 러시아가 점령한 영토의 50%를 회복하는 등 전세를 역전시켰다. 한편 우크라이나의 공격에 대해 러시아는 신속하게 후퇴하였다. 2022년 7월 현재 러시아의 우크라이나 방어선이 1,000마일이었으나 하리코프 지역에서 철수하자 600마일로 축소되었다.

제3단계는 2022년 10-12월간으로 정체된 상태에서 소모전이 특징이다. 푸틴 대통령은 러시아 병력 손실을 만회하기 위해 9월 3십만 명의 부분 군사동원령을 발동하였다. 러시아 정부는 우크라이나의 점령지를 방어하기 위해서는 최소 30만 명의 병력이 필요하였다. 10만 명은 전투에서 사망하고 부상한 러시아군의 보충이며 나머지 20만 명은 러시아가 우크라이나 전선을 사수하는 데 필요한 최소 병력이었다.

러시아의 동원령은 우크라이나 전황이 러시아군에 매우 불리하다는 것을 의미하였다. 당시 러시아 국민의 반응은 부정적이었다. 1백만 명의 러시아인들이 동원령을 피해 해외로 피신하였다.

러시아 정부는 막대한 군사비 지출을 위해 경제 운영을 전시 체제로 전환했으며 우크라이나와 '전쟁'이라는 용어 사용을 금지하는 등 엄격히 언론을 통제하였다.

러시아는 2022년 9월 말 점령한 우크라이나 4개 지역에 대해 강압적인 주민투표를 통해 러시아 영토로 병합을 선언하였다. 국제 사회는 러시아의 영토 병합이 국제법을 위반이라고 비난하고 인정하지 않았다. 그러나 북한, 벨라루스는 영토 병합을 인정하였다.

2022년 9월은 러시아에게 최악이었다. 푸틴 대통령은 병합한 우크라이나 영토를 포함한 러시아 영토가 위기에 처할 경우 전술 핵무기 사용의 위협 등 긴장을 고조시켰다.

러시아의 방어 전략과 전선의 교착

2022년 가을 러시아 정부는 장기전에 대비하여 점령한 영토의 방어에 주안점을 두었다. 우선 9월부터 우크라이나 주둔 러시아 사령부를 하나로 통합하고 작전을 총괄하도록 하였다. 러시아 신규 병사들은 전투 경험이 없으며 훈련시킬 시간이 필요하였다. 우크라이나가 2022년 11월 헤르손 지역으로 진격하자 러시아는 2만 명의 병력을 신속히 후퇴시켜 손실을 최소화하였다.

러시아는 무기가 고갈되었다. 러시아는 대부분 무기를 소모하였으며 서방의 대러제재 조치로 반도체 등 부품을 구입하지 못해 미사일, 항공기 등 첨단무기 생산이 어려웠다. 결국 러시아는 군용 드론기, 탄약 등을 중국, 북한, 이란 등 친러 국가로부터 수입하였다. 그리고 이미 러시아 무기를 수출한 미얀마, 인도로부터 역수입하였다.

2022년 10월 러시아는 방어 중심의 전략을 강화하였다. 러시아는 점령지 주변에 지뢰 매설과 참호 구축 등 3중의 방어 진지를 구축하였다. 러시아군과 우크라이나군은 그간 전투 경험으로 서로의 장단점을 잘 알게 되었고 어느 편도 전투에서 쌍방 간에 대등한 피해 없이는 승리를 장담하게 어렵게 되었다.

2022년 겨울 러시아는 미사일과 이란산 군용 드론기를 이용하여 우크라이나 전력 공급망, 산업 인프라를 무차별 공격하였다. 2023년 1월 현재 우크라이나의 에너지 인프라 40%가 피해를 당했고 1천만 명에게 전기가 공급되지 않았다. 러시아는 우크라이나의 산업 생산력에 타격을 주고 우크라이나 국민의 저항 의지를 약화시키고자 하였다.

제4단계는 2023년 1월부터 현재까지이다. 러시아의 재공세와 우크라이나의 반격으로 전선은 교착되었다. 러시아는 2023년 1월 러시아군 최고 책임자인 게라시모프(Gerasimov, 1955-) 참모총장을 우크라이나군 총사령관에 임명하였다. 그는 체첸 내전에 참전하는 등 전투 경험이 풍부하였으며 러시아의 최고 군사 전략가였다[186].

러시아는 2023년 1-5월간 전세의 주도권 장악을 위해 우크라이나 동부 지역의 바흐무트(Bakhmut) 지역을 집중 공격하였다. 러시아는 5만 명의 바그너 용병을 최전선에 투입하고 러시아 정규군이 후방에서 지원하는 형태로 작전을 전개했다. 수개월간 전투 끝에

---

186 게라시모프 참모총장은 러시아가 국내총생산, 인구, 국방비에 있어 미국에 열등한 만큼 미국과 정면 대결을 피하고 대신 비정규 게릴라 전술을 개발하여 대결해야 유리하다고 주장하였다. 그는 미국의 2003년 이라크 침공과 2001년 아프간 전쟁에 대한 연구를 토대로 현대전은 테러와의 전쟁 등 정규전과 비정규전의 구분이 모호한 하이브리드 전쟁이 특징이라고 지적하고 이에 대응하기 위해 특수부대, 사이버 부대의 양성을 강조하였다. Edited by Hal Brands, The Makers of Modern Strategy(from the ancient world to the digital age), Princeton University Press, 2023, pp.1007-1019.

5월 러시아는 바흐무트를 점령하였으나 큰 피해를 입었다.

한편 2023년 상반기 미국, 프랑스, 독일은 우크라이나에 경전차, 탱크 등 공격용 무기를 지원하였다. 서방의 군사 지원으로 2023년 6월 우크라이나가 크림반도가 인접한 헤르손 지역으로 진격하자 러시아는 6월 9일 카호우카 수력 발전소 댐을 폭파시켜 인접 지역을 침수시켰다. 러시아는 2022년부터 댐을 장악하고 물을 최대한 저장하였으며, 우크라이나군이 진격하자 폭파하였다. 침수된 지역은 진흙땅이 되어 우크라이나 탱크가 진격하기 어려웠다.

2023년 7월 우크라이나가 크림반도의 무기고를 폭파하고 크림반도와 러시아 본토를 연결하는 케르치 다리를 공격하자 러시아도 우크라이나 오데사 등 주요 항구를 미사일로 공격하였다. 2023년 8월 우크라이나 드론기가 모스크바를 공격하였으며 러시아도 미사일로 우크라이나 도시와 민간 시설을 공격하였다.

결국 우크라이나의 반격은 러시아의 견고한 방어로 성과가 없었다. 우크라이나는 크림반도와 러시아 본토를 연결하는 육로를 단절하기 위해 헤르손과 자뽀로지에 지역을 공격했으나 실패하였다.

2023년 10월 미국과 NATO는 전쟁 피로감과 국내 반발 등으로 우크라이나에 대한 군사 지원을 축소했다. 2023년 한 때 우크라이나는 전선에서 하루 7,000발의 포탄을 발사하였으나 2023년 말에는 하루 2,000발의 포탄을 사용하였다.

반면 러시아와 우크라이나 간 야포의 비율이 10대 1로 러시아가 우세하였다. 러시아는 2023년 7백만 발 포탄을 사용하였으며 수백만 발의 포탄과 수십 기의 미사일을 북한에서 수입하였다. 그리고 중국으로부터 이중 용도의 전자장비와 부품을 구입하여 자체적으로 무기 생산에 주력하였다. 러시아는 계속해서 병사들을 충원하여 600마일의 전선에 50만 명의 병력을 전선에 투입하였다.

2024년 미국의 우크라이나에 대한 무기 지원이 지연되자 러시아는 우크라이나 동부 전선을 공세적으로 공격하여 2024년 5월 영토를 추가로 점령하였다. 러시아는 드론과 미사일을 이용하여 우크라이나 후방의 전력과 에너지 시설, 곡물 수출용 항만을 집중 공격하였다. 우크라이나도 드론을 이용하여 러시아 후방의 군사기지와 정유공장을 공격하였다. 러시아는 정유공장의 파괴로 일시적으로 원유 수출을 중단했으며 2024년 5월 정유 생산량이 4-6% 감소하였다.

2024년 4월 말 미국은 610억 달러의 우크라이나 추가 지원을 결정하였으며 2024년 7월 서방이 지원하는 F-16 전투기가 우크라이나에 도착하였다.

우크라이나군은 서방의 지원으로 전열을 정비하고 2024년 8월 러시아 남서부 쿠르스크주를 기습하여 80여 개의 마을을 점령하였다. 2022년 러시아의 침공 이래 우크라이나군의 러시아 본토 점령은 처음이며 러시아에 큰 충격을 주었다. 러시아와 우크라이나는 앞으로 휴전 협상에서 유리한 위치를 확보하기 위해 서로 영토 점령에 주력하고 있다.

러시아 바그너 용병부대의 반란

2014년 러시아 국방부는 바그너 용병회사(Wagner Group)를 창설하였다. 프리고진(Y. Prigozhin)이 용병부대의 수장이 되었다. 그는 1990년대 상트페테르부르그에서 식당업으로 성공했고 러시아 군부에 막대한 식자재, 물품의 조달 사업을 따내면서 기업가로 성공하였다. 그는 푸틴 대통령의 요리사라는 별명을 가질 정도로 정치적 인맥을 이용하여 바그너 용병부대를 운영하였다.

러시아 용병부대는 소련 해체 이후 러시아 자본주의의 산물이다. 러시아는 1990년대 공산주의에서 시장 자본주의로 이행하면서 주요 사업을 민영화하였다. 그리고 에너지 국영회사가 주요 국가 시설을 보호할 수 있도록 무장 경비요원을 자체적으로 고용하도록 하였다.

러시아 에너지 국영회사들은 수만 명의 구소련 보안 및 특수부대 출신을 무장 경비원으로 채용하였다. 무장 경호원을 소개하는 민간 회사가 민간 기업인들에게 경호원을 제공하면서 용병회사로 발전하였다. 당시 러시아는 불안한 체제 전환기로서 마피아에 대항하기 위해 경호원에 대한 수요가 급증했다. 민간보안회사의 창립자는 전직 KGB와 국방부 특수부대 간부가 대부분이었으며 러시아 정부의 인맥을 통해 발전하였다.

2023년 8월 현재 러시아에는 10여 개의 민간 용병회사가 활동하고 있으며 정규부대와 함께 전투 참가, 병력 운송, 병참 지원 등 군사 업무를 보조하였다. 바그너 용병회사는 형식상 민간 회사이나 사실상 러시아 정부로부터 무기 지원을 받는 등 비공식 국가 군사 조직이다.

바그너 용병은 대외 군사 사업을 성공적으로 대행하여 명성을 쌓았다. 바그너 용병부대는 2014년 러시아의 우크라이나 크림반도 병합, 2015년 러시아의 시리아 군사적 개입에 참가하였으며[187] 리비아 내전에도 개입하였다.

2023년 7월 현재 5천 명의 바그너 용병이 말리, 수단, 중앙아프리카공화국 등 아프리카에 파견되어 군부 정권을 보호하는 대가로 금, 우라늄 등 광물개발 사업을 확보하였다[188].

바그너 용병부대는 2022년 2월 러시아의 정규군과 함께 우크라이나 침공에 참가하였으며 우크라이나 도시를 점령하는 데 주도적인 역할을 하였다.

바그너 용병부대는 2023년 초 러시아 죄수들을 대거 영입하여 약 5만 명까지 확대되었으며 러시아인은 물론 중동, 아프리카 및 중앙아 출신도 충원하였다. 바그너 용병은 대부분 러시아, 세르비아, 우크라이나, 몰도바 등 구소련권 특수부대 출신이며 소련 무기와 전술에 익숙하였다.

그러나 2023년 5월 바그너 용병부대는 수개월간 고전 끝에 우크라이나 동부 전선의 바흐무트(Bakhmut)를 점령하였다. 그러나 수만 명의 용병이 사망하거나 부상하는 등 큰 피해를 입었다. 2023년 5월 프리고진은 바흐무트 승리로 인해 러시아 여론조사에서 러시아

---

187 바그너 용병들은 2015-2016년간 시리아 파병 시 매월 3,800달러를 받았다. 우크라이나 전투 참가 경우 용병은 매주 960달러를 받았고 전투에서 사망할 경우 유족보상금으로 32,000-48,000달러가 지급되었다.

188 유럽연합은 2021년 12월 바그너 용병부대가 우크라이나, 시리아, 중앙아프리카공화국에 개입하여 정세 불안 등 유해한 영향력을 행사하고 있다는 이유로 러시아 용병회사에 대해 제재 조치를 단행하였다. 미국은 2017년 바그너 용병부대를 경제 제재 대상에 포함시켰지만 대외테러단체(FTO)로 지정하지 않았다. FTO는 이란의 국경수비대, ISIS, 나이지리아의 보코하람 등 이슬람 단체들이다. 바그너 용병부대가 아프리카에서 진출하면서 확보한 다이몬드 개발 회사도 제재 대상이 되었다.

의 가장 인기 있는 5대 정치가에 선정되었다[189].

프리고진은 2023년 5월부터 러시아의 무기 지원이 부족하다고 불평하고 러시아 군부가 소극적으로 우크라이나 전쟁을 수행하고 있다고 비판하였다. 그는 러시아 군부가 전선 확대를 회피하며 전세를 악화시키고 있다고 비난하고 군사동원령을 내려 우크라이나를 공격할 것을 주장하였다. 그리고 러시아가 우크라이나군을 더욱 강하게 만들어 우크라이나 전쟁에 실패했다고 주장하였다.

프리고진은 2023년 6월 24일 6천 명의 바그너 용병을 이끌고 반란을 주도하였다. 그는 쿠데타가 아니며 '정의의 행진'이라고 주장하면서 모스크바로 진격하였다.

푸틴 대통령은 바그너 용병의 반란을 국가에 대한 반역 행위로 규정하고 '등 뒤에 칼을 찌르는 이적행위'라고 하면서 진압을 지시하였다. 결국 6월 25일 루카센코 벨라루스 대통령의 중재로 바그너 용병부대의 반란은 하루 만에 일단락되었다.

바그너 용병의 반란은 우크라이나 전쟁을 둘러싼 러시아 군부 지도층의 내분이며 지난 20년간 푸틴 대통령의 통치에 치명적인 타격이었다. 푸틴 대통령은 프리고진을 해고하였으나 바그너 용병회사는 존속시켰다. 러시아는 우크라이나 전쟁에서 승리를 위해 수천 명의 바그너 용병이 필요하였다.

한편 중국, 북한, 중앙아시아 국가는 바그너 용병의 반란이 러시아의 국내 문제라고 하고 푸틴 대통령의 반란 진압을 지지한다고

---

189 Tatiana Stanovaya, Putin's Age of Chaos(The Dangers of Russian Disorder), Foreign Affairs(August 8, 2023), 참조

발표하였다. 프리고진은 2023년 8월 러시아에서 원인불명의 비행기 추락사고로 사망하였다.

러시아의 벨라루스 전술 핵무기 배치

러시아는 NATO의 우크라이나 개입을 견제하기 위해 벨라루스에 전술 핵무기를 배치하였다. 러시아는 이미 2014년 크림반도 병합 이후 핵과 재래식 무기를 장착할 수 있는 이중 용도의 미사일 개발을 주력하였다.

루카셴코 벨라루스 대통령은 1991년 독립 이래 러시아와 국가 통합을 추진하면서 러시아의 후원으로 지난 30년간 장기 집권하고 있다. 그는 러시아의 지원으로 2025년 대선에 출마하여 재선을 희망하고 있다. 푸틴 대통령은 2024년 3월 대선에서 압도적인 득표로 재선하였으며 종신 집권의 길을 열었다.

러시아는 벨라루스의 유일한 동맹국이며 벨라루스는 경제적으로 러시아에 종속되어 있다. 벨라루스 총수출에 있어 러시아의 비중은 2021년 49%에서 2023년 70%로 증가하였다.

미-러 관계가 악화되자 벨라루스의 전략적 가치가 재평가되었다. 2004년 발트 3국이 NATO에 가입하고 우크라이나의 탈러시아가 가속화되자 러시아는 유럽에 대항하기 위해 일선 국가인 벨라루스를 적극 활용하고 있다. 벨라루스는 서방과 러시아 사이에서 완충국 역할을 하며 러시아-유럽 가스관이 벨라루스를 통과한다.

벨라루스는 러시아의 병참기지로서 2022년 2월 러시아의 우크라이나 침공을 적극 지원해 오고 있다. 2022년 3월 2일 러시아의 우크라이나 침공을 비난하고 러시아군의 철군을 촉구하는 유엔 총회의 결의안 투표에 141개국이 찬성했으나 러시아, 북한, 벨라루스, 에리트리아 등 5개국은 반대했다.

우크라이나-벨라루스 국경선은 1,000km이며 벨라루스 국경선에서 우크라이나 수도인 키이우 간 거리는 90km이다. 2022년 러시아군이 벨라루스에서 키이우를 기습하였다. 2022년 가을 러시아는 전세가 불리해지자 30만 명의 부분 동원령을 내렸고 징집된 신병 일부가 벨라루스에서 군사 훈련을 받았다.

벨라루스는 러시아와 함께 우크라이나를 침공하였으며 서방의 제재를 당했다. 루카셴코 대통령은 벨라루스 국민의 반발과 반정부 군사 쿠데타를 우려하여 벨라루스 병력을 러-우크라이나 전선에 직접 파병하지 않았다. 러시아는 전투 경험이 없는 벨라루스군의 파병을 원하지 않았다. 벨라루스는 우크라이나 전쟁의 종전을 위해 중재자 역할을 자처하나 서방은 거절하였다.

러시아는 수천 명의 병력을 벨라루스에 주둔시켜 우크라이나 병력의 전선 이동을 견제하고 있다. 유럽연합은 2023년 푸틴 대통령과 루카셴코 대통령을 우크라이나 전쟁 범죄자로 국제형사재판소(ICC)에 제소하였다.

루카셴코 대통령은 2022년 2월 26일 벨라루스 국민투표를 통해 헌법을 개정하여 독재 권한을 강화하였다. 그리고 우크라이나 전쟁이 장기화하자 안보 강화를 위해 러시아 핵무기를 배치하고자 하였다. 그는 2021년 미국이 동유럽의 NATO 신규 회원국에 핵무기를 배치할 경우 러시아 핵무기의 벨라루스 배치를 주장하는 등 러시아의 입장을 대변하였다, 그리고 2022년 3월 헌법에 규정된 중립과 비핵화 조항을 삭제하여 러시아 전술핵 배치의 장애물을 사전에 제거했다.

2023년 3월 말 벨라루스와 러시아는 전술 핵무기를 벨라루스에 배치키로 합의하였으며 5월 양국 국방부 장관은 전술핵 배치에 대한 협정을 체결하였다. 러시아는 S-400 방공망과 핵탄두를 적재할 수 있는 이스칸데르(Iskander) 단거리탄도미사일을 벨라루스에 제공하고 벨라루스 전투기가 핵탄두를 적재할 수 있도록 지원하기로 하였다. 핵탄두는 구소련 시대 벨라루스에 건설된 핵무기 저장 시설을 개보수하여 보관하기로 하였다.

러시아는 핵탄두와 투발 수단으로 미사일, 전폭기를 벨라루스에 제공하였으며 이는 냉전기 소련이 폴란드와 체코슬로바키아에 제공한 핵 공유와 유사한 방식이었다. 러시아는 핵탄두를 통제하여 핵확산금지 조약(NPT)을 준수하고 있다고 강조하였다.

2023년 6월 16일 푸틴 대통령은 제25회 상트페테르부르크 국제경제포럼(SPIEF)의 연설에서 러시아 전술 핵무기 일부가 벨라루스에 배치되었으며 2023년 말까지 추가로 배치 예정이라 발표하였다.

2023년 6월 13일 미국, 우크라이나, 한국 등 서방 44개국은 제네바 유엔군축 회의에서 러시아의 핵무기 배치 결정은 무책임한 행위라고 비난하고 배치 결정의 취소를 요구하였다. 그러나 푸틴 대통령은 전술핵 배치를 단행하였다.

러시아의 벨라루스 전술핵 배치는 1991년 구소련 해체 이후 지난 30년간 해외 처음이며 우크라이나 전쟁에 대한 초조감의 반영이다. 이는 유럽 안보에 대한 실질적인 위협이며 NPT 위반 등 세계 핵 비확산 체제에 대한 심각한 도전이다.

냉전기 소련은 북대서양조약기구(NATO)에 대항하기 위해 당시 소련 공화국이었던 우크라이나, 카자흐스탄, 벨라루스에 핵무기를 배치하였다. 1991년 12월 구소련이 해체되자 독립한 이들 3국과 미국, 러시아, 영국은 1994년 부다페스트 양해각서(Budapest Memorandum)에 서명하고 핵무기의 러시아 이전에 합의했다.

벨라루스는 독립과 안전보장을 제공 받는 대가로 1993년 비핵국가로 NPT에 가입하였다. 그러나 2014년 러시아의 우크라이나 크림반도 병합과 이번 전술핵 배치로 부다페스트 양해각서는 휴지가 되었다.

스톡홀름 국제 평화연구소(SIPRI)의 통계에 의하면 2023년 1월 현재 러시아는 5,889개의 핵탄두 보유국으로서 세계 최대이다. 탈냉전 이후 러시아는 미국과 NATO에 대항하고 재래식 군사력의 열세를 보완하기 위해 전술핵 개발에 주력해 왔다.

푸틴 대통령의 전술핵 배치 배경은 첫째, 우크라이나 사태에 대한 대응이다. 푸틴 대통령은 2022년 2월 우크라이나 침공 이래 전세가 불리해질 때마다 핵무기 사용 가능성을 언급하면서 핵 공포를 조성하였다. 그는 2023년 2월 21일 우크라이나 침공 1주년을 맞이한 러 의회 연설에서 핵 감축 협정으로 미-러 간 유일하게 발효 중인 신전략 무기 감축 협정(New START)의 참여 중단을 선언하였다.

러시아는 2022년 12월-2023년 5월간 우크라이나 동부전선을 공격했으나 우크라이나의 저항으로 큰 성과를 거두지 못했다. 2023년 6월 초 우크라이나의 반격이 본격화되자 러시아는 6월 중순 전술핵을 벨라루스에 배치하였다. 우크라이나 사태는 벨라루스 안보 문제와 연계됨으로써 새로운 국면에 직면하게 되었다.

둘째, 미국과 NATO를 겨냥한 핵 확장억제 전략이다. 미국은 냉전 시대 NATO에 배치된 수천 개의 핵무기 대부분을 철수하였으나 러시아의 침공에 대비하여 백여 개의 전술 핵무기를 독일, 이탈리아, 튀르키예, 벨기엘 등 NATO 4개 회원국에 배치, 운영해 오고 있다. 이에 대해 러시아는 최근 초음속 미사일 개발 등 핵무기 현대화에 노력하고 있다.

러시아는 전술핵의 전진 배치를 통해 최근 핀란드와 스웨덴의 NATO 가입에 대응하고자 한다. 핀란드와 스웨덴은 러시아의 침공을 견제하기 위해 2022년 5월 NATO 가입을 신청했고 핀란드는 31번째 회원국으로 2023년 5월 가입하였다. 러시아는 핀란드와 스웨덴의 NATO 가입에 반대하였으며 벨라루스에 배치된 전술 핵무기를 통해 우크라이나는 물론 NATO 회원국인 폴란드, 발트 3국과 독일 지역을 강타할 수가 있다.

셋째, 러시아의 전술핵 배치는 러시아-벨라루스 간 군사 통합을 강화하고 벨라루스의 안보 불안을 무마하는 데 있다. 우크라이나와 인접한 벨라루스는 러시아와 유럽 간 완충국가로 지정학적으로 중요한 국가이다.

그리고 러시아는 벨라루스에 배치된 전술핵을 차후 우크라이나 사태 해결을 위한 협상에서 흥정물로 활용할 수가 있다. 푸틴 대통령은 우크라이나 전쟁이 장기화될 것으로 보고 핵 카드를 적절히 활용해 나갈 것이다. 우크라이나 전세가 불리하게 전개되고 러시아 국민의 불만이 고조될 경우 돌파구로서 핵 카드가 유용한 수단이다. 푸틴 대통령은 우크라이나 전쟁에서 패배할 경우 이를 만회하기 위한 방안으로 벨라루스를 합병할 수도 있다.

제3장

우크라이나 전쟁의 장기화와
유럽 분단

우크라이나 전쟁의 장기화와 소모전

지난 2년 6개월간 우크라이나 전쟁은 전선이 우크라이나에 국한된 제한전과 소모전이 특징이다. 러시아는 핵사용 위협을 통해 NATO의 군사 지원을 견제했으며 미국도 우크라이나에 대한 무기 지원을 제한하여 확전을 경계하였다. 러시아는 우크라이나가 드론으로 크림반도 및 러시아 본토 공격 등 금지선(Red Line)을 위반할 경우 우크라이나 민간 시설에 대한 무차별 공습을 감행하여 전선의 국지화에 노력하였다.

그러나 2024년 8월 우크라이나가 처음으로 러시아 쿠르스크 지역을 점령하자 전선은 러시아 본토로 확장되었고 전쟁은 새로운 국면으로 접어들었다.

우크라이나 전쟁은 장기화되면서 승자도 패자도 없는 소모전 양상을 띠고 있다. 러시아와 우크라이나는 상대방의 산업시설 파괴 등 최대한 피해를 주는 전략을 추구하고 있다. 러시아는 핵 강국이지만 군사적으로 서방의 지원을 받고 있는 우크라이나를 점령하기 어려우며 특히 패배 시 푸틴 정권의 붕괴 위험을 감수해야 한다.

전쟁터인 우크라이나는 인구 4천1백만 명 중 30%는 난민이 되었으며 경제는 40% 축소되는 등 피해가 심각하다. 우크라이나는 지난 2년간 전쟁으로 주요한 산업 지대와 곡창 지역을 상실하였으며 3십만 명의 병력이 사망하였다. 2022년 3월 러시아는 우크라이나 부차(Bucha)에서 민간인 400여 명을 학살하였다[190].

우크라이나는 서방의 지원으로 버티고 있다. 2023년 3월 국제통화기금(IMF)은 우크라이나에 150억 달러의 차관을 지원하기로 하였으며 54개국이 우크라이나에 한 달에 60억 달러를 지원하였다. 서방의 경제 지원으로 2023년 우크라이나 경제성장률은 4.5%이며 이자율도 2023년 초 25%에서 13%로 하락하였다.

러시아 경제도 서방의 대러 제재와 과도한 군비 진출로 어려움이 가중되고 있다. 러시아는 그간 4십만 명의 병력 손실과 러시아 보유 탱크의 2/3가 파괴되었다. 연간 물가 인상률이 7%이며 러시아 중앙은행은 경제 안정을 위해 이자율을 17%에서 2024년 9월 19%로 인상하였다. 2022년 러시아는 매일 3억 달러의 전비를 지출하였으며 2023년 러시아 국방비는 정부 총지출의 30%를 차지하였다. 러시아는 부족한 무기 생산을 위해 재원의 대부분을 방산 산업

---

190 2022년 4월 유럽연합은 러시아군의 부차(Bucha) 거주 민간인 학살 사건을 전쟁범죄라고 규탄하고 200명의 러시아 외교관을 국가 안보에 위해를 준다는 이유로 추방하였다. 독일은 40명, 프랑스는 35명, 슬로베니아는 33명, 덴마크는 15명, 스페인은 25명, 포르투갈은 10명의 러시아 외교관을 각 추방하였다.

에 투입하는 등 전시 경제 체제를 운영하고 있다.

지난 2년간 우크라이나 전쟁으로 러시아 경제 규모는 5% 축소되었다. 국제통화기금(IMF)에 의하면 러시아 명목경제성장률은 2022년 -2.1%, 2023년 3.2%였다. 연간 7%의 높은 물가상승률을 감안하면 2023년 러시아의 실질경제성장률은 마이너스였다.

우크라이나 전쟁은 러-우크라이나 양국 간 강한 불신과 러-미 간 대립으로 장기화되고 있으며 당분간 평화 협상의 가능성은 희박하다. 러시아와 우크라이나 정부는 2022년 상반기 수회 휴전 협상을 개최하였으나 강한 불신으로 실패하였다. 우크라이나는 러시아가 점령한 영토 회복은 물론 특히, 자국의 안보가 확실히 보장되지 않는 한 휴전 협정을 체결하지 않을 것이다. 반면 러시아는 우크라이나의 비무장 중립을 주장하고 병합한 영토를 포기할 의향이 없다.

러시아와 우크라이나의 국내 정세는 안정적이며 국민의 정부 지지가 높다. 푸틴 대통령은 2024년 3월 대선에서 87%로 득표로 재선되었다. 우크라이나 국민의 젤렌스키 대통령에 대한 지지도 높다. 우크라이나는 병력 충원을 위해 징집 연령을 27세에서 25세로 조정하였다.

특히 중국의 러시아 지원이 우크라이나 전쟁의 장기화에 일조하고 있다. 러시아는 우크라이나 전쟁을 러-중국 대 미국 전쟁이며 신냉전이라고 주장하면서 중국의 지원을 확보하려고 한다. 러시아가 서방의 제재에 대항할 수 있는 주요한 보루는 중국이며 현재 중-러 간 균열 조짐은 보이지 않는다. 2023년 3월 시진핑 중국 주석이 러시아를 방문하였고 10월 푸틴 대통령은 중국을 방문하여 우의를 다졌다. 2024년 5월 집권 5기를 맞이한 푸틴 대통령은 취임 후 첫

국가로 중국을 방문하였다.

서방의 대러 제재와 우크라이나 지원

　미국과 유럽연합(EU) 등 약 50여 국가는 러시아의 우크라이나 침공에 대해 강한 제재 조치를 단행했다[191]. EU는 러시아로부터 가스, 원유, 석탄 등 에너지 수입을 축소하였다. 러시아는 2021년 EU 가스의 40%를 공급하였으며 주요한 에너지 공급원이었다. 그리고 러시아에 진출한 맥도날드, 폭스바겐 등 서구의 1,000여 개 기업들이 대거 철수하였다.

　미국은 우크라이나 전쟁을 민주 진영과 권위주의 진영 간 대립으로 보고 우크라이나에 대규모 군사적 지원을 제공하고 있다. 바이든(J.Biden) 미국 대통령은 우크라이나 전쟁의 1주년인 2023년 2월 20일 키이우를 방문하여 우크라이나에 4억 5천만 달러의 추가 군사 지원을 공약하였으며 우크라이나를 포기하지 않을 것이라고 강조하였다. 2023년 9월 현재 미국은 우크라이나에 1,000억 달러를 지원했으며 2024년 3월 610억 달러의 추가 지원을 공약하였다.

　미국은 러시아의 유럽 침공에 대비하여 미군을 증강하였다. 유럽

---

[191] 서방의 대러 제재 요지는 아래와 같다.
　1) 러시아의 해외외화 보유고 6,000억 달러를 동결한다. 2) 러시아 은행의 국제결제시스템(SWIFT) 접근을 배제한다. 3) 러-독 간 Nord Stream Ⅱ 가스관의 운영을 중단한다. 4) 푸틴 대통령 및 그의 요트 등 자산을 동결하며 러시아 고위 관리, 국영기업체 기업인에 대해 제재한다. 5) 군사 및 민간용 이중 용도 기술의 대러 수출을 금지한다. 6) 러시아 항공기의 서방 취항을 금지한다

주둔 미군은 10만 명이며 이 중 약 2만 명은 2022년 2월 이후 추가 배치된 병력이었다. 특히 미국은 우크라이나와 접경한 폴란드에 미군의 전진 배치 등 유럽 방위에 대한 강한 의지를 표명하였다. NATO는 30만 명 규모의 신속대응군(NATO Response Force)을 설립하기로 하였다. 2023년 7월 NATO도 정상회의를 개최하고 러시아가 유럽 안보의 직접적인 위협이라고 규정하고 우크라이나에 대한 군사적 지원을 공약하였다.

서방은 우크라이나의 복구 지원을 위해 1,000억 달러를 지원했다. 2024년 1월 현재 유럽연합은 군사 장비 및 물자 등 안보 지원 300억 달러, 인도적 지원 등 총 770억 달러를 우크라이나에 지원하였으며 2024년 2월 2024-2027년간 540억 달러를 추가로 지원하기로 하였다. 서구는 우크라이나에 79대의 F-16 전투기를 지원하기로 공약하였다.

러시아의 에너지 무기화와 비서방 국가와 협력

러시아는 에너지 수출과 비서방 국가와 협력을 통해 연간 수천억 달러의 군비를 충당하고, 서방의 제재 조치에 대항하고 있다. 2022년 서방의 대러 제재에도 불구하고 유럽연합과 러시아 간 에너지 협력은 진행되었다. 유럽연합은 주요한 에너지 소비국이며 가스의 40%를 러시아에서 수입하고 있어 이를 대체할 에너지 확보가 어려운 실정이다. 러시아는 대서방 에너지 수출을 통해 매월 70억 달러의 외화를 확보하였다.

러시아는 지난 50년간 우크라이나, 발트해, 흑해, 튀르키예, 벨라루스를 경유하는 수천 km의 가스관을 통해 천연가스를 유럽에 수출하였다. 가스관을 통한 가스 공급은 크게 감소했으나 대신 액화천연가스(LNG) 수출은 크게 증가하였다. 러시아의 LNG는 서방의 러시아 제재 품목이 아니다.

러시아는 가스를 무기화하면서 영향력을 행사하고 있다. 러시아는 유럽연합 회원국에게 가스 대금을 미국 달러가 아닌 자국 통화인 루블로 결제를 요구하였다. 불가리아가 루블화로 러시아산 가스 대금 지불을 거절하자 러시아는 2023년 4월 가스 공급을 중단하였다. 헝가리는 러시아산 가스 의존도가 95%이며 터키 스트림(Turk Stream)를 통한 러시아산 가스의 안정적인 확보를 위해 러시아와 협력을 강화하고 있다.

유럽연합은 재생에너지 개발과 미국산 가스 수입을 통해 2027년까지 러시아산 가스 수입을 중단할 예정이다. 2023년 유럽연합은 총수입 LNG의 40%를 미국에서 수입하였으며 러시아와 카타르 양국이 13% 차지하였다.

러시아는 원자력 발전용 우라늄 연료의 주요 수출국이며 세계 우라늄 생산 시설의 40-46%를 보유하고 있다. 유럽연합의 5개국이 보유한 15개 원자력 발전소는 러시아식 설계로 건립되었고 유럽연합은 2022년 자체 소비의 우라늄 20%를 러시아에서 수입하고 있다. 미국은 2022년 원자력 발전을 위해 12%를 러시아산 우라늄으로 충당했으며 30%는 카자흐스탄과 우즈베키스탄에서 수입하였다. 서방이 러시아의 우라늄 수입을 대체하는 데 약 10년이 소모되며 러시아는 당분간 우라늄의 주요 수출국으로 남아 있을 것이다.

러시아는 서방의 제재 조치에 대응하기 위해 중국, 인도, 튀르키에, 중앙아시아 등 비서방 국가와 경제협력을 강화하였다. 특히 가스, 원유를 저렴하게 인도와 중국에 대량 공급하였다. 2022년 1-10월간 러시아의 대중국 에너지 수출은 64% 증가하였으며 러시아는 중국의 주요한 에너지 공급원이 되었다. 러시아의 대외무역에 있어 서방과의 교역이 대폭 축소되고 반면 중국과 교역이 급증하였다.

2022년 국제 에너지 가격의 상승으로 인해 러시아는 무역 수지가 3,000억 달러의 흑자였으며 우크라이나 전쟁의 비용 조달에 여유가 있었다. 그러나 서구의 제재 조치가 강화되자 2023년 러시아의 무역 흑자는 1,670억 달러(수출 5,920억 달러, 수입 4,250억 달러)로 감소하였다.

러시아는 원유 및 천연가스가 전체 수출의 60%, 재정수입의 35%를 차지하는 등 에너지 의존 경제이다. 앞으로 국제 에너지 가격이 러시아의 전비 조달에 큰 변수가 될 것이다. 러시아는 막대한 군비 지출, 물가 상승의 억제, 건실한 경제성장 달성을 위한 거시경제 조정에 많은 어려움에 직면할 것이다.

러시아의 버티기 전략과 전시 외교

러시아는 우크라이나 전쟁을 서방과의 대립으로 보고 군사적 승리에 주력하고 있다. 러시아는 전쟁이 장기화될 것으로 전망하고 버티는 전략으로 일관하고 있다. 우선 징집 연령자의 해외 도피를 엄격히 통제하며 징집 연령을 18-27세에서 18-30세로 상향 조정하였다. 러시아군은 1/3의 징집병과 2/3의 지원병으로 구성되어 있다[192].

2022년 9월 러시아 하원은 중앙아시아 국민에게 1년 동안 러시아 군대에 복무할 경우 시민권을 부여하는 법안을 승인하였다. 러시아는 2022년 9월부터 죄수들이 군 복무 시 형을 감형해 주기로 하였으며 약 4만 명의 죄수가 입대하였다. 그리고 2023년 초 러시아 정부는 병사 월급을 2,600달러로 대폭 인상하였으며 이는 러시아 국민의 평균 월급에 3배였다.

러시아는 핵과 군사력 증강에 우선순위를 두고 있다. 러시아는 2014년 크림반도 병합 이후 미국과 NATO의 직접적인 군사적 개입을 방지하기 위해 핵 억제 전략을 강화하였다. 러시아는 핵무기의 현대화를 통해 1) 적대국을 억제하고 2) 잠재적 갈등의 악화를 통제하며 3) 인접 지역에서 미국과 미국의 동맹국을 견제하고자 하였다[193]. 그리고 NATO가 재래식 무기로 공격할 경우 핵무기로 대응한다는 핵 선제 타격의 군사 전략을 강조하였다.

푸틴 대통령은 2023년 2월 21일 러 의회 연설을 통해 현재 러-미 간 유일하게 발효 중인 핵 감축 협정인 신전략무기감축 조약(New START)의 이행 중단을 발표하고 러시아에 대한 서방의 승리는 불가능하다고 강조하였다. 그리고 2023년 6월 러시아는 벨라루스에 전술 핵무기를 배치하여 핵 공포를 조성하였으며 2023년 10월 미

---

192 2020년 3월 현재 러시아군 62만 명은 405,000명은 계약병, 225,000명은 징집병이었다. Zoltan Barany, What the West still gets wrong about russia's Military, Foreign Affairs(September 8, 2023), p. 7.

193 S. Mahmud Ali, The US-China-Russia Triangle, Springer, 2022, p. 204

국이 비준하지 않았다는 이유로 핵실험금지조약(CTBT)에서 탈퇴하였다.

2024년 2월 29일 푸틴 대통령은 연례 국정연설에서 신형 핵무기를 거론하고 핵 태세의 강화를 지시하였다. 그는 서방의 제재 조치에도 불구하고 2023년 러시아 경제성장률이 G-7 국가들의 경제성장률보다 높았다고 강조하고 러시아는 구매력 기준으로 세계 4대 경제 강국으로 부상할 것이라고 전망하였다.

푸틴 대통령은 2024년 3월 대선에서 87% 득표로 재선되어 종신 집권의 길을 열었다. 2024년 5월 집권 5기를 맞이한 푸틴 대통령은 소폭 개각을 단행하였다. 총리, 외무장관 등 대부분 기존 각료는 유임하였으나 2012년 임명된 쇼이군 국방부 장관을 해임하고 대신 경제전문가인 벨로우소프 전 제1부총리를 임명하였다. 푸틴 대통령은 2024년 국방비 1,100억 달러의 효율적인 집행과 부정부패 척결을 위해 경제 전문가를 국방장관에 임명했다. 1,100억 달러의 국방비는 러시아 GDP의 6%를 차지하며 1991년 러시아 출범 이래 최대 규모이다.

우크라이나 전쟁이 장기화되자 국민들의 징집 회피와 전쟁 피로감 등 러시아는 어려움에 직면하고 있다. 우선 러시아는 우크라이나의 정권교체와 비군사화에 실패하였다. 우크라이나 전쟁의 목적이 불투명하며 국민들을 사지로 몰고 있다.

우크라이나 전쟁의 장기화로 푸틴 정권의 권위가 손상되었다. 특히 2023년 6월 바그너 러시아 용병회사의 반란은 푸틴 대통령의 권위에 치명적이었다[194]. 그리고 2024년 3월 이슬람 테러단체인 IS-K의 모스크바 테러 공격은 러시아의 치안에 한계를 보여주었다. 푸틴 대통령은 지난 23년간 강한 러시아를 주장하면서 러시아가 미국에 대항하는 하나의 축으로 부상을 기대하였으나 어렵게 되고 있다.

러시아가 군사 대국이라는 위상이 저하되었다. 우크라이나 전선에서 러시아산 무기의 성능이 의심받게 되었고 무기 수출이 타격을 받게 되었다. 러시아는 무기가 고갈되자 이란, 북한, 중국, 미얀마, 인도로부터 무기를 수입하였다. 러시아는 세계 제2위의 무기 수출국에서 무기 수입국으로 전락하였다. 그간 러시아산 무기에 과도하게 의존한 인도, 중국, 알제리, 베트남은 무기 다변화를 추진하고 있다.

러시아는 안전보장을 위해 우크라이나를 침공하였으나 오히려 유럽연합과 NATO의 결속을 강화시켰다. 중립국인 핀란드와 스웨덴이 NATO에 가입하여 2024년 9월 현재 NATO 회원국은 32개국이다.

집권 5기를 맞이한 푸틴 대통령은 우크라이나 전쟁에서 승리를 위한 유리한 국제 여건을 조성하는 데 주력하고 있다. 1) 다극적인 세계질서를 구축하고 2) 중국, 벨라루스, 이란. 시리아, 북한, 쿠바 등 반미 국가와 유대를 강화하며 3) 인도, 튀르키에, 사우디 등 글로벌 사우스(Global South)와 우호협력을 증진하고 4) 브릭스(BRICS),

---

194 William J. Burns, Spycraft and Statecraft(Transforming the CIA for an Age of Competition), Foreign Affairs(January 30, 2024), pp. 3-4.

상하이협력기구(SCO) 등 반서방 다자협력을 강화하고 있다.

러시아는 2023년 3월 발표한 외교 정책 개념의 문건을 통해 글로벌 균형 유지와 다극 체제 구축의 역사적 사명을 다하고 있다고 천명하였다. 그리고 유럽에 대해 유라시아 동반자(Greater Eurasian Partnership) 구축을 제안하고 평화공존을 강조하였다.

러시아는 지난 10년간 우크라이나 전쟁으로 우크라이나의 NATO 가입을 저지하고 2024년 9월 현재 우크라이나 영토의 20%를 차지하여 부분적으로 승리한 전쟁으로 보고 있다. 러시아 학자들은 탈냉전기 러-서방 간 과도한 세력의 불균형이 우크라이나 전쟁의 원인이었다고 지적하고 앞으로 국제질서는 세계 패권국인 미국이 쇠퇴하고 다극화로 진행될 것이라고 전망하였다.

러-NATO 관계의 동결과 유럽 분단

2022년 러시아의 우크라이나 침공은 탈냉전 시대 NATO에 의해 구축된 유럽 안보질서에 대한 심각한 도전이었다. 지난 30년간 NATO와 러시아가 상호 협력을 통한 유럽안보는 실패로 끝났으며 러시아-NATO 간 협력이 동결되었다. 러시아는 소위 '유럽의 가족'에서 퇴출되었다.

첫째, 같은 슬라브 국가인 우크라이나와 러시아는 서로 적대국이 되었으며 유럽은 탈냉전의 30년 만에 우크라이나를 경계선으로 민주 진영과 비민주 진영으로 다시 분단 되었다. 그간 러-유럽 간 완충 역할을 해온 우크라이나는 반러 국가가 되었고 NATO와 유럽연합 가입을 본격 추진하고 있다. 2024년 영국, 프랑스, 독일 등 9개 국은 우크라이나와 안보협력 협정을 체결하고[195] 우크라이나가 승리할 때까지 지원하기로 하였다.

둘째, 미-러 관계는 적대 관계가 되었으며 냉전으로 복귀하였다[196]. 서방은 러시아의 우크라이나 침공을 규탄하고 대러제재 조치를 단행하였으며 우크라이나를 적극 지원하고 있다.

미국과 유럽연합은 2022년 러시아 정부의 해외자산 3,000억 달러를 억류하였으며 동 자산에서 발생한 연간 30억 유로의 이자를 우크라이나에 지원하기로 2024년 5월 결정하였다. 이에 대해 러시아는 자국 내 서구 자산의 압류 등 보복 조치를 취했다.

셋째, 지난 30년간 유지되어 온 러-유럽 간 공동안보 협력의 기반이 붕괴되었다. 우선 유럽의 국경선과 현상 유지에 합의한 1975년 헬싱키 협정은 유명무실하게 되었다. 러-유럽 간 분쟁 방지와 인권 증진에 기여한 OSCE도 기능을 상실하였다.

1992년 발효한 유럽재래식무기감축 조약(CFE)은 지난 30년간 유럽과 러시아 우랄산맥 지역 사이의 재래식 군비 감축과 군사 충돌 방지에 기여하였다. 그러나 러시아는 우크라이나 전쟁이 장기화되자 2023년 11월 CFE에서 탈퇴하였으며[197] NATO도 참여 중단을

195　Eric Ciaramella, Ukraine Needs More Than Crisis Management(Its Security Depends on Long-Term Commitments From the West), Foreign affairs(May 22, 2024), p2.
196　미국 오바마 행정부의 말기에 미-러 관계는 러시아의 2016년 미 대선 개입으로 최악이었다. 오바마 대통령은 러시아가 미 대선에 개입했다는 이유로 러시아 외교관 추방과 샌프란시스코 주재 러시아 총영사관을 폐쇄하였다. 이에 대해 러시아도 주상트페테르부르그 미국 총영사관을 폐쇄하고 미국 외교관을 추방하였다.
197　1990년 11월 북대서양조약기구와 바르샤바조약기구는 CFE에 서명하였다. CFE는 전차,

선언하였다. CFE의 발효 중단은 러-유럽 국가 간 군비증강을 촉발시켰다.

넷째, NATO 강화와 유럽연합(EU)의 확대로 러-유럽연합 대립이 심화되고 있다.

유럽의 대부분 국가는 NATO 회원국이며 러시아는 유럽에서 세력권을 상실하였고 발트해에서 불리하게 되었다. 발트해는 NATO의 호수가 되었고[198] 러시아는 발트해의 해양 경계선의 재확정을 제기하는 등 반발하고 있다.

유럽연합은 2023년 12월 우크라이나, 몰도바의 EU 가입 협상을 개시하기로 하였으며 조지아에게 EU에 가입할 수 있는 후보 자격을 부여하였다. 러시아는 유럽연합의 확대에 반발하고 있다.

다섯째, 러-유럽연합 사이의 외교 관계도 악화되었다. 2022년 러시아의 우크라이나 침공 이후 미국과 유럽연합은 약 600명의 러시아 외교관을 추방하였으며 러시아도 보복 조치로 서방 외교관을 맞추방하였다. 폴란드, 핀란드, 발트 3국은 러시아 국민에 대해 관광비자 발급을 중단하였으며 러시아 국경선의 통제를 강화하였다.

여섯째, 우크라이나 전쟁이 장기화되면서 러시아와 유럽은 정체성과 문명적 대결로 발전하고 있다. 러시아는 서구 문명은 쇠퇴하

야포, 장갑차, 전투기 등 재래식 무기의 보유 상한을 설정하고 엄격한 검증을 거쳐 상한선을 초과하는 무기는 폐기하도록 규정하였다. 러시아는 NATO 동진에 대항하기 위해 CFE를 준수하지 않았다. 러시아는 2007년부터 군사 정보제공의 거부 등 CFE 의무 이행을 중단했으며 2014년 크림반도 점령 이후 2015년 CFE 합동협의그룹에 참가하지 않았으며 2023년 5월 CFE 탈퇴를 선언하였다.

198 Jussi M. Hanhimäki, The End of Nordic Neutrality(What Finland and Sweden Bring to NATO), Foreign Affairs(May 22, 2024), pp.5-7.

고 있다고 주장하고 서방 주도의 자유 국제질서를 대항하는 다극적 국제질서 구축을 주장하고 있다.

유럽 국가와 러시아는 서로 자국의 전통과 문화를 강조하였다. 동유럽 국가들은 냉전기 자국에 건립된 소련을 상징하는 스탈린 기념물을 철거하였다. 반면 푸틴 대통령은 소련을 건설한 스탈린 기념관을 증설하고 애국주의를 강조하였다.

강대국 세력 재편과 군비증강

2022년 러시아의 우크라이나 침공은 1991년 소련의 해체와 유사한 지정학적 큰 충격을 초래하였다. 1991년 소련이 해체되자 미-소 간 양극 체제가 붕괴하고 탈냉전이 도래하였다. 지난 30년간 탈냉전 동안 미국의 패권과 자유 국제질서가 지배하였다.

푸틴 대통령은 지난 20년간의 집권 동안 강한 러시아 건설을 주창하면서 국력을 회복하였다. 러시아는 탈냉전 동안 유럽에서 상실한 지정학적 공간과 소련의 위상을 회복하기 위해 2014년 크림반도를 점령하고 2022년 우크라이나를 침공하였다. 러시아의 우크라이나 침공은 탈냉전의 단극 체제에 붕괴를 초래했다. 세계 질서는 강대국 간 대립이 심화되고 불안이 가중되는 탈패권적 다극화로 가고 있다.

냉전과 탈냉전 붕괴의 공통점은 러시아가 주역이며 핵무기가 제3차 세계대전을 막는 역할을 하였다. 차이점은 1991년 소련의 해체와 15개 독립국가연합(CIS)의 독립 등 냉전은 전쟁 없이 평화적으로 종식되었다. 반면 탈냉전의 붕괴는 2014년 러시아의 크림반도 점령으로 시작되었으며 2022년 우크라이나 침공 등 무력적인 방법으로 진행되고 있다는 점에서 근본적으로 차이가 있다. 냉전의 붕괴는 강대국인 소련의 몰락이 주된 요인이었으나 탈냉전의 붕괴는 러시아의 강대국 복귀가 주요 요인이었다.

탈냉전의 붕괴는 동-서 간 세력균형에 구조적 변혁을 초래하고 있다. 우선 지정학적 수혜자와 피해자가 역전되었다. 냉전 종식의 수혜자는 통일 독일, 미국, 유럽연합, 일본, 한국 등 자유 진영이었다. 중국도 미국 편에 서서 반사적 이득을 누렸고 특히 적대국인 소련의 해체로 안보적으로 큰 수혜를 보았다.

탈냉전이 붕괴되자 이란, 쿠바, 북한 등 친러 국가들은 러시아와 군사협력을 강화하고 있으며 반미 목소리를 높이고 있다. 중국, 인도, 튀르키예, 아랍에미리트는 중립적인 입장을 견지하여 전쟁 특수를 누리며 러시아와 무역 급증으로 수혜국이 되었다.

지정학적 세력 판도가 바뀌고 있다. 러시아는 2014년 크림반도 병합 이후 미국의 패권에 대항하기 위해 중국을 전략적 동반자로 선택하였다. 우크라이나 전쟁의 장기화로 러시아, 미국, 유럽연합은 국력이 약화되고 민주주의는 후퇴하는 반면 권위주의 중국은 어부지리로 영향력을 제고하고 있다. 중국은 냉전기 미국에 편승하여 소련에 대항하였으며 탈냉전기에는 미국에 대항하기 위해 러시아의 손을 잡았다.

1991년 소련의 해체로 지난 500년간 유럽 대륙에서 세계적 강대국이 사라지고 미국이 유일한 초강대국이 되었다. 탈냉전의 붕괴와 함께 비서구의 중국이 미국의 패권에 도전하는 주요한 강대국으로 부상하였다. 미국과 중국은 서로 문명과 정치 체제가 상이하며 지정학적 대립이 문명적 충돌로 확대되고 있다.

탈냉전의 붕괴로 글로벌 사우스(Global South)가 부상하고 세계 경제는 탈세계화되면서 지역별로 권역화되고 있다. 세계 제2위의 경제강국으로 부상한 중국 주도의 사회주의 자본주의가 서방의 민주 자본주의를 대체하는 새로운 국가 발전의 모델로 부상하고 있다. 국제 사회가 파편화되면서 기후변화, 전염병 및 테러 대처 등 글로벌 현안에 대한 협력이 어려워지고 있다.

최근 국제 사회는 자국의 안보 강화에 우선순위를 두고 군비를 증강하고 있다. 2023년 세계 총국방 예산은 2조 4,430억 달러이며 2022년 대비 6.8% 증가하였다. 6.8%는 2009년 이래 최대 증가치이다. 2023년 미국의 국방비는 9,160억 달러로 세계 1위이며 이어서 2위 중국이 2,960억 달러, 3위 러시아가 1,090억 달러였다.

2023년 NATO 31개 회원국 중 7개국이 국내총생산(GDP)의 2%를 국방비로 책정하였으나 2024년 11개국이 GDP의 2%를 국방비로 배정하였다. 2024년 NATO 회원국 32개국의 국방비는 1조 2,320억 달러였다. EU는 러시아의 침공에 대비하여 군사력을 강화하였다. EU는 신속대응군을 1,500명에서 5천 명으로 증원하였으며 2022년 27개 EU 회원국의 총국방비는 2,400억 유로였다.

제6부

우크라이나 전쟁과 러시아의
한반도 정책

탈냉전과 북한의 핵 개발

소련 해체와 북한의 핵무기 개발

북한은 1991년 구소련의 붕괴 이후 공산 정권의 생존을 위해 강성 대국을 주창하고 핵무기 개발에 주력하였다. 냉전 시대 북한의 수령 유일 체제를 보호해 준 소련이 1991년 붕괴되자 북한은 심각한 생존 위협에 직면하였다. 중국은 1970년대 소련에 대항하기 위해 미국과 손을 잡았고 1980년대 시장 자본주의를 도입하고 개방을 추진하였다. 반면 북한은 냉전기의 폐쇄적인 사회주의 체제를 고수하였으며 만성적인 경기 침체와 식량부족 등 경제적 어려움이 [199] 가중되었다. 북한의 소련에 대한 부채는 30억 달러였으며 러-북

---

[199] 한국은행의 자료에 의하면 북한 경제는 1990~2016년간 연평균 -0.4%씩 감소하였다. 같은 기간 중 인구 성장률 0.8%를 감안할 경우 동 기간 중 북한의 1인당 소득이 매년 1.2%씩 감소하였다. 북한 경제는 1950년부터 현재까지 사회주의 경제 체제로 인해 장기적인 침체 상태에 처해 있다. 이진순, 『국가경제의 흥망성쇠』 문우사, 2018, 447~450쪽.

한 간의 교역은 1992년 50% 감소하였다[200].

특히 1990년 10월 동독 공산 정권이 붕괴하고 서독에 흡수 통일 되자 북한은 한국 주도의 흡수통일 가능성을 극도로 경계하였다. 1990년대 초창기 북한 김일성은 친서구적인 러시아와 신뢰할 수 없는 중국의 위험에 대처하기 위해 위해 유일 초강대국으로 부상한 미국과 접촉을 시도하였다[201]. 김일성은 냉전 시대 적대국이었던 미국과 관계 개선을[202] 통해 북한의 시급한 안보 문제를 해결하고자 하였으나 무위로 끝났다.

북한은 냉전 체제의 붕괴와 유럽 공산 국가의 친서구 정책으로 국제적인 고립이 심화되었다. 한국은 1990년 소련, 1992년 중국과 수교하였으나 북한은 미국과 서방 국가와 수교하지 못해 고립무원이었다.

1991년 미국은 소련과 협상을 통해 핵무기를 감축하였으며 한국에 배치된 전술 핵무기를 일방적으로 철수하였다. 1992년 남한과 북한도 한반도 비핵 선언에 서명하였으며 핵무기 개발의 포기를 공약하였다. 그러나 북한은 임시 미봉책으로 핵 포기를 약속하였으며 비밀리에 핵무기 개발에 전념하였다.

북한은 3대에 걸쳐 수령 유일 체제의 생존과 안보 불안의 해소,

---

200 Robert H. Donaldson and Vidya Nadkarni, The Foreign Policy of Russia(Changing Systems, Enduring Interests), Routledge, 2024, pp. 338-341.

201 Siegfried. S. Hecker, Hinge Points, Stanford University Press, 2023, p. 30.

202 북한은 미국 접촉을 위한 수단으로 벼랑 끝 협상 전술을 통해 핵무기 개발에 주력했고 평화 협정 체결, 체제 보장 및 내정불간섭, 핵 문제 해결을 요구하였다. 2006년 북한은 제1차 핵 실험을 실시하였고, 2009년 2차 핵실험과 장거리 미사일 발사, 2013년 3차 핵실험, 2017년 수소탄 실험 등 지난 10년간 6차례 핵실험과 장거리탄도미사일 실험을 수십 회 감행하였다.

미국과의 협상을 견인하기 위한 방안으로 핵과 미사일 개발을 적극 추진하였다. 핵무기는 고립무원에 처한 북한 정권의 생존을 보장해 줄 든든한 방패였으며[203], 중국과 러시아의 한국 접근을 견제할 수 있는 주요한 수단이었다.

북한은 1990년대 공산 국가인 유고의 붕괴, 2003년 미국의 이라크 침공, 2011년 북대서양조약기구(NATO)의 리비아 폭격으로 40년간 철권 통치한 카다피(M. Gaddafi) 정권의 몰락을 목격하면서 핵무기를 김씨 정권의 생존을 보장해 줄 확실한 보험으로 간주하였다. 2022년 2월 핵 강국인 러시아의 우크라이나 침공은 약육강식의 냉혹한 국제사회에서 자강의 중요성을 새삼 각인시켰다.

북한의 핵 개발 배경은 첫째, 핵무기는 북한 세습 정권의 정당성을 확보할 수 있는 유용한 수단이었다. 북한은 지난 60년간 공산 체제의 쇄국 정책과 구조적인 병폐로 경제는 피폐해지고 세계 최빈국으로 전락하였다. 1991년 소련의 해체와 1980년대 중국의 개방으로 동북아에서 탈냉전이 시작되었으나 북한은 정권 붕괴를 우려하여 개혁과 개방을 거절하였다.

둘째, 북한은 경제 파산으로 한국과의 재래식 군비경쟁에서 승산이 없으며 핵 개발은 한미동맹에 대항하는 데 저렴한 대응 방안이었다.

셋째, 핵무기는 대외적으로 북한의 운신 폭을 넓히는 유용한 수단이다. 최빈국으로 전락한 북한은 국제 사회에서 내세울 것이 없으며 영향력을 행사할 유일한 방안이 핵무기 개발이었다. 북한은

---

203 천영우, 대통령의 외교안보 어젠다(한반도 운명 바꿀 5대 과제), 박영사, 2022년, p. 16.

핵무기 개발을 통해 미국과 협상을 견인할 수가 있으며 위기 시 러시아와 중국으로부터 군사 지원을 담보할 수가 있다.

넷째, 북한은 핵무기 개발을 통해 한반도 주변에 긴장을 고조시키고 냉전 구도를 유지하고자 하였다. 북한은 시장 경제 개혁과 개방으로 1989년 동구 공산 정권이 몰락하였고 1990년대 공산 국가인 유고가 해체되었다고 보았다. 특히 북한은 핵 개발을 통해 남한의 독일식 흡수통일을 방지하고자 하였다.

북한의 핵 개발은 탈냉전의 고난 시기에 김씨 정권의 세습과 맞물려 진행되었다. 1994년 김일성이 사망하고 김정일이 정권을 세습하였다. 김정일은 헌법을 개정하여 선군정치를 강조하고 핵무기 개발에 주력하였다. 1996년 러-북 동맹 조약은 파기되었고[204] 북한 경제는 최악이었다. 1989년 북한의 국민 소득은 177억 달러에서 1997년 57억 달러로 감소했으며 아사자가 속출하였다. 그러나 김정일은 고난의 행군에도 불구하고 2006년 1차, 2009년 2차 핵실험을 감행하였다.

2011년 김정일의 사망으로 권력을 승계한 김정은은 정권 강화와 미국의 대북 적대 정책에 맞서서 핵무기의 고도화를 추진하였으며 2013-2017년간 4회 핵실험을 실시하였다. 이어서 북한은 2017년 핵무장력을 완성하였고 2018년 자국을 보위할 수 있는 전략 국가가 되었다고 선전하였다.

---

[204] 2000년 푸틴 대통령이 북한을 방문하였고 동년 러-북 선린우호 조약이 체결되었다. 북한은 동 조약 체결 시 러시아에 핵우산 제공을 요청하였으나 러시아 측은 거절하였다. 시모토마이 노부모 지음 이혁재 옮김, 전게서, p 216.

2012년 집권 3기를 맞이한 러시아 푸틴 정권과 2012년 취임한 중국 시진핑 주석의 반미적인 공동 연대는 북한의 핵 개발에 유리한 분위기를 조성하였다.

북한은 지난 30년간 핵무기 개발을 통해 3대 김씨 세습 등 공산 정권 유지와 정통성 강화에 성공하였다. 북한은 2017년 핵무기 보유를 공식적으로 선언하고 헌법에 명시하는 등 김씨 정권의 업적을 과시였다.

북한의 핵 전략은 파키스탄과 유사한 비대칭적 핵 선제타격형 (Asymmetric Escalation)이다. 1998년 핵실험에 성공한 파키스탄은 군사 강국인 인도의 공격에 대응하기 위해 선제 핵 타격을 강조하고 있다.

냉전기 미국과 NATO가 소련의 재래식 군사력에 대한 열세를 만회하기 위해 핵무기에 의존했듯이 북한은 한-미 동맹의 압도적인 군사력에 대항하기 위해 선제 핵사용을 강조하고 있다. 김정은은 국가의 근본적인 이익이 침해되면 핵무기를 사용할 것이라고 위협하고 있다.

현재 북한은 수십 개의 핵탄두를 보유하고 있는 것으로 추산한다. 북한은 핵무기의 소형화, 경량화 등 핵무기의 고도화에 주력하고 있으며 미국 본토를 공격하기 위해 핵탄두 적재 대륙간탄도미사일과 잠수함 개발에 노력하고 있다. 김정은은 2021년 1월 조선노동당 제8차 대회에서 '전략무기 부문 최우선 5대 과제'를 선정하고 고체연료 대륙간탄도탄(ICBM)과 다탄두개별유도기술(MIRV), 잠수함발사탄도미사일(SLBM) 개발을 강조하였다.

러시아, 중국, 파키스탄의 북핵 개발 지원

지난 30년간 북한의 핵 개발은 탈냉전의 부산물이며 소련, 중국, 파키스탄 3국의 합작품이다. 북한은 미-중과 미-러 간 대립을 활용하면서 러시아와 중국의 지원을 통해 핵 개발에 성공하였다. 한반도 분단 문제는 1950년 북한의 한국 침공 이래 지난 70년간 동북아에서 대만 문제와 함께 미-중 간 핵심적인 안보 사안이었다.

우선 소련은 냉전 시대 동맹국인 북한의 핵 개발을 지원했다. 소련의 지원으로 북한의 영변 원자로가 완성되어 1986년 운영되었다. 소련은 민간용으로 영변 원자로 건설을 지원했으나 그 용도는 처음부터 군사적으로 전용될 가능성이 많았다. 소련의 압력으로 북한은 핵확산금지 조약(NPT)에 1985년 가입했고 국제원자력기구(IAEA) 안전 협정을 1992년 서명했으나 준수하지 않았다. 그리고 북한은 2003년 NPT에 탈퇴했다.

중국은 1990-2000년대 미국에 대항하고 한반도에 대한 영향력 행사를 위해 유일한 동맹국인 북한의 핵무기 개발을 지원했다. 중국은 한국과 미국의 자유 진영에 의한 북한의 붕괴와 통일보다는 핵무기를 보유한 북한 공산 정권의 생존을 우선시하였다. 중국은 전통적으로 중-북한 관계를 순망치한의 관계로 간주하며 1950년 북한의 한국 침공을 지원했다. 북한의 친중국 정권은 한반도에서 미국과 한국, 일본은 물론 러시아를 견제하는 주요한 수단이다.

중국은 1997-2007년간 북한으로 향발하는 파키스탄 수송기가 농축우라늄 원심분리기를 적재하여 중국 영공을 통과하는 것을 허용했다. 북한은 원심분리기를 받는 대가로 파키스탄에 미사일 기술을 제공하였다. 파키스탄은 중국의 지원으로 1998년 핵실험에 성공하였으며 핵무기 개발 기술을 북한에 전수하였다.

그리고 중국은 유엔의 대북 제재를 위반하면서 북한에 원유 등 에너지를 수출하였다. 중국은 2003-2009년간 개최된 북핵 6자회담에서 북한의 비핵화에 소극적이었으며 유엔 안보리의 북한 제재 결의안에 대한 투표에서 북한을 옹호했다. 다른 한편으로는 중국은 한국의 투자 유치와 경제협력을 위해 북핵 문제를 활용하면서 한국과 북한을 적절히 관리해 오고 있다.

한편 시리아는 북한의 지원으로 비밀리에 핵무기를 개발하고자 하였다. 시리아 정부는 북한 기술자를 초청하여 북한의 영변 원자로와 유사한 원자로를 2000년대 알키바(Al-Kibar)에 건립하기 시작하였다. 그러나 2007년 이스라엘의 공습으로 원자로는 파괴되었으며 시리아 핵 개발은 무산되었다.

북한 비핵화 협상의 실패

북한의 핵 개발은 NPT 체제에 대한 중대한 위반이며 한반도 안보에 심각한 위협이었다. 한국과 미국은 북핵 문제의 평화적 해결을 위해 노력하였다.

미국은 북한의 핵 개발을 저지하기 위해 북한과 양자 협상, 그리고 미국, 러시아, 중국, 일본, 한국, 북한 등 6개국이 참여하는 6자회담을 개최하였으나 결국 실패하였다. 그 배경은 첫째, 북한은 핵무기 개발을 위한 시간을 벌기 위해 협상에 임했으며 핵 개발을 포기할 의사가 없었다. 북한은 일괄적인 타결보다는 단계적인 타결 방안[205]을 주장하였다. 북한은 비핵화 협상을 수십 개의 단계로 세분화하는 살라미(Salami) 전술을 구사하여 최대한 시간을 확보하였고 지연전술을 통해 반대급부를 극대화하였다. 북한은 벼랑 끝 전술과 핵 공갈을 통해 긴장을 고조시키며 협상의 몸값을 올렸다.

둘째, 중국과 러시아는 미국의 패권에 대항하고 동북아에서 자국의 영향력 제고 등 지정학적인 고려[206]를 앞세워 6자회담에서 북한의 입장을 지지하였다. 북핵 문제의 해결 방안에 대해 중국과 미국은 근본적으로 차이가 있었다. 미국은 북한의 정권 교체를 통해 북핵 문제의 해결을 추구하였다면 중국은 동북아에 혼란, 전쟁, 핵확산 없는 3no(no chaos, no war, no nuclear) 정책에 입각해서 북핵 문제를 해결하고자 하였다[207]. 중국은 북한 정권을 교체하지 않고 동북아에 핵확산 없이 외교적으로 북핵 문제를 해결하고자 하였다.

셋째, 미국 행정부의 일관성 없는 대북 정책이 북핵 문제 해결을 어렵게 하였다[208]. 미국 민주당 행정부는 북한과 1994년 제네바 합의(AF, Agreed Framework)를 체결하여 북한의 핵 개발을 동결시켰다.

---

205 협상을 타결하는 방식에는 2가지가 있으며 일괄적인 타결과 단계적인 타결이다. 추가 협상 없이 한 번에 문제가 종결되는 것이 일괄적인 타결이고, 단계적인 타결은 단계별로 부분적 합의를 이어가는 방식이다. 위성락, 한국외교 업그레이드 제언(새로운 북핵, 4강 외교를 위하여), 21세기북스, 2021, p.87, pp.161-165.

206 상게서, pp.39-42.

207 Suisheng Zhao, The Dragon Roars Back(Transformational Leaders and Dynamics of Chinese Foreign Policy), Stanford University Press, 2023, p.72.

208 Siegfried. S. Hecker, 전게서, pp.351-361

그러나 북한이 2002년 비밀리에 농축우라늄을 축출한 사실이 알려지자 미국 공화당 행정부는 북한이 AF를 위반하였다는 이유로 AF 이행을 중단하였다, 소위 제2차 북핵 위기가 발생하였으며 미국은 북핵 문제의 해결을 위해 6자회담을 개최하였다.

미국은 북한 체제의 생존을 거부할 수 있는 수단과 능력을 모두 구비하고 있었지만, 북한 비핵화 목표 달성에 전력을 경주하지 않았다. 미국은 북한에 대해 2017년 6차 핵실험에 성공할 때까지 치명적인 타격을 줄 수 있는 고강도 제재를 미루어 왔다.

넷째, 일관성이 부족한 한국 정부의 대북 정책이 6자회담에 부정적인 영향을 미쳤다. 한국 정권이 보수에서 진보로 교체될 때 마다 북핵 정책이 크게 바뀌었다. 여론도 보수-진보로 분열되어 남-남 갈등이 심화되었다.

결국 6자회담은 2006년 북한의 첫 핵실험으로 좌초되었다. 6자회담은 탈냉전 이후 중국과 러시아가 처음으로 북핵 협상에 참가하는 다자협상이었다.

2009-2017년간 집권한 오바마 민주당 대통령은 전략적 인내를 강조했으며 미-북 관계는 진전이 없었다. 2017년 취임한 트럼프 공화당 대통령은 김정은과 두 차례 정상회담을 개최하였으나 무위로 끝났다[209]. 트럼프 대통령은 2018년 싱가포르 정상회담에서 리비아 모델을 토대로 북한의 핵 포기를 요구하였다. 그러나 북한 측은 북한이 이미 핵무기 보유국이고 리비아는 핵 개발의 초기 단계였

---

209 위성락, 전게서, pp.142-148.

다고 하면서 리비아 모델의 북한 적용에 반대하였다[210].

　미-북 양자 회담 실패의 근본적인 원인은 비핵화 개념에 대한 이견과 북한의 안보 불안이었다. 북한은 안보 불안의 해소를 위해 미국의 선(先)대북 적대 정책의 포기, 후(後) 북한의 비핵화를 강하게 주장하였다. 북한은 미국의 대북 적대 정책이 핵무장의 근본 원인이라고 강조하고 미국이 먼저 적대 정책을 포기해야 핵을 포기할 수 있다고 주장하였다. 그러나 북한이 주장하는 적대 정책의 개념이 모호하고 정치적 필요에 따라 계속 확대되어 왔다는 데 문제의 심각성이 있다. 현재까지 북한이 요구하는 적대 정책 포기의 주요 내용은 유엔의 대북 제재 해제, 한반도 평화 체제 확립, 북한의 안전보장, 미-북 수교 등이다.

　이에 대해 미국과 한국은 무엇보다도 선(先)북한의 비핵화를 강조하였다. 1994년 제네바 합의(AF)와 2005년 6자회담 9.19 공동성명은 비핵화를 근본 목표로 설정하고 이를 전제로 미국의 대북 적대 정책 해소 방안을 명시했다.

　미-북 간 한반도 비핵화 개념의 차이도 큰 문제였다. 한국과 미국이 요구하는 비핵화는 북한의 핵 폐기를 의미하였다. 그러나 북한이 주장하는 비핵화의 개념은 한반도 주변의 비핵지대화(NWFZ, Nuclear Weapon Free Zone)를 의미하였다[211]. 2016년 7월 6일 북한 정부는 대변인 성명을 통해 한국의 핵무장 금지를 넘어 미국이 핵 타격 자산을 한반도와 그 주변에 전개하지 않고 북한에 대해 핵을 사

210　Stephen J. Hadley, 전게서, pp. 278-279
211　천영우, 전게서, p. 43.

용하지 않는다는 보장을 요구하였다.

유엔의 대북 제재 결의안 채택

북핵 6자 회담을 통한 북한의 비핵화가 실패하자 유엔 안보리는 2006-2021년간 10여 차례의 대북 제재 조치를 단행하였다. 유엔 안보리는 2006년 북한의 첫 핵실험에 대해 10월 대북 제재결의안을 통과시키고 유엔 회원국과 북한과의 군사 협력을 금지시켰다.

그러나 중국과 러시아, 아프리카 개도국의 제재 위반으로 별 성과가 없었다. 우선 북한은 부족한 외화 확보를 위해 아프리카 개도국에 무기를 수출하였다. 아프리카 개도국은 유엔의 대북 제재 결의를 위반하면서 저렴한 북한 무기를 구입하였다. 북한이 건설한 군수 공장들이 에티오피아, 마다가스카르, 우간다, 나미비아, DR콩고에서 발견되었다. 2009년 남아공은 콩고공화국으로 향발하는 북한 무기를 적재한 선박을 유엔결의안(1874호) 위반을 이유로 압류하였다.

러시아와 중국은 미국을 견제하기 위해 유엔 안보리에서 북한을 옹호하였으며 유엔의 대북 제재결의안을 성실하게 이행하지 않았다. 북한은 2022년 러시아의 우크라이나 침공 이후 러-미간의 적대 관계를 호기로 러-북 관계를 강화하고 다양한 미사일 발사 시험을 감행하였다. 2024년 6월 푸틴 대통령의 방북 계기에 28년 만에 러-북간 군사동맹이 복원되었다.

2023-2024년간 북한은 우크라이나 전쟁에 사용될 수백만 발의

포탄과 단거리 미사일을 러시아에게 공급했다. 이에 대해 유엔 안보리 상임이사국인 러시아는 북한에 첨단군사 기술을 지원하였으며 유엔 안보리의 추가 대북 제재에 반대하였다. 러-북간 군사협력은 유엔 안보리의 대북 제재 결의안 위반이지만 국제 사회는 속수무책이었다. 북한은 러시아의 지지를 통해 유엔의 대북 제재를 무력화(無力化)하고 있다.

결론

지난 30년간 북한은 핵 비확산 규범을 위반하고 도발과 기만 등 비행(非行) 전략(Strategic Delinquence)으로[212] 핵무기 개발에 성공했다. 그러나 북한은 1990년대 수백만 명이 기아로 사망하였으며[213] 유엔 안보리의 제재 조치로 인해 경제는 악화되었다. 그리고 북한은 국제 사회에서 악의 축, 불량국가로 낙인찍히고 세계 최빈국으로 전락하였다.

---

[212] 북한은 핵비확산 규범을 위반하고, 군사적 도발, 기만의 비행 전략(Strategic Delinquence) 으로 핵 개발에 성공하였다. 북한은 핵 개발을 통해 미국 및 한국에 대한 핵 억지력의 확보 등 안보 강화, 김씨 세습 정권의 붕괴 방지, 국제 사회에서 경제 지원의 확보, 동등한 주권 국가로 인정을 받고자 하였다. 반면 북한은 핵 개발로 인해 국제 사회의 제재 조치로 경제는 악화되었고, 국제 사회에서 불량국가로 낙인찍히고 고립되는 등 대외적 위상이 추락하였다. Edward Howell, North Korea and Global Nuclear Order(When Bad Behaviour Pays), Oxford University Press, 2024, PP. 51-84.

[213] 소련은 제2차 세계대전 이후 핵 개발로 1946-1947년간 100-200만 명이 기아로 사망했고 중국은 1950년대 핵 개발로 2-3천만 명이 기아로 사망하였다. 북한도 1990년대 경제적 어려움에도 핵 개발로 200만 명이 기아로 사망하였다. 시모타모이 노부오 지음, 이혁재 옮김, 전게서, P.211

2011년 집권한 김정은은 미국의 대북 적대 정책에 대항한다는 명분으로 핵무기 개발의 정당성을 강조해 왔으며 '핵무기 개발과 경제 발전'의 병진 전략을 추진하고 있다. 북한은 핵무장의 고도화를 통해 미국이 대북 적대 정책을 포기하게 만들어 안보와 경제문제를 모두 해결한다는 것이며 실패하였다.

북한의 병진 전략은 경제적으로 중국에 과도한 의존을 초래하였으며 북한은 중국에 종속되었다. 북-중 무역은 2000-2015년간 10배 증가하였으며 2023년 북한의 중국 경제 의존도는 90%이다.

북한은 국제적 고립이 심화되자 러시아, 이란, 시리아, 벨라루스, 쿠바 등 반서방 국가와 유대를 강화하고 있다. 북한은 코로나-19 전염병의 발병으로 폐쇄한 국경을 2023년 개방하였고 우선 러시아, 중국, 쿠바, 몽골 4국에게 평양에 대사관의 재개설을 허용하였다.

한국 정부는 미국, 일본과 공조를 통한 북한의 핵 도발에 적극 대응하고 있다. 미국은 북한의 미사일 위협에 대항하기 위해 2017년 고고도미사일방공망(THAAD)을 한국에 설치하였다. 이에 대해 러시아와 중국은 자국의 안보를 위협한다는 이유로 강하게 반발하였으며 중국은 한국에 경제 제재조치를 단행했다.

한국과 미국은 2023년 한-미 핵협의그룹(NCG)을 창설하였으며 대북확장억제를 강화하였다. 2023년 5월과 8월 한-미-일 정상회의가 개최되었으며 북한 핵 문제와 아태 지역의 안보협력을 위한 3개국 간 전략적 협력을 제도화하였다.

지난 17년간 국제 사회의 강한 제재에도 불구하고 북한이 버티고 있는 것은 중국, 러시아, 여타 국가들의 허술한 대북 제재 이행[214], 그리고 최근 북한의 수십억 달러에 달하는 암호화폐의 채굴과 불법적 무기 수출의 덕분이다.

북한 해커 조직 라자루스(Lazarus Group)는 2018-2023년간 30억 달러의 암호화폐를 절취하였으며 이들 화폐는 중국에서 세탁되어 북한의 핵 개발에 전용된 것으로 추정한다. 북한은 외화 확보를 위해 시리아, 이슬람 무장단체인 하마스, 헤즈볼라, 그리고 내전 중인 수단 등 아프리카 국가에게 무기를 불법 수출하고 있다.

북한의 비핵화를 위해서는 앞으로도 유엔 회원국들의 성실한 대북 제재 이행이 필요하다[215]. 국제 사회의 지속적인 대북 제재는 장기적으로 북한의 핵 보유에 따른 비용과 손실이 이익을 압도하게 하여 북한의 전략을 수정할 수가 있다.

---

214 북한은 지난 23년간 마약 밀매 등 불법 활동을 통해 국제 사회의 제재를 회피하고 수십억 달러를 확보하여 핵미사일 개발에 사용하였다. 북한은 2000년대 연간 달러 위조로 5억 달러, 마약 밀매로 1-2억 달러를 벌었다. 그리고 2014년 13억 달러, 2017-2018년간 5개 아시아 암호화폐 거래소에서 5억 달러의 암호화폐를 훔쳤다. 북한 대외무역의 90%를 차지하는 중국이 유엔 대북 제재를 위반하면 유엔의 대북 제재 제재 조치는 큰 성과가 없다. Agathe Demarais, Backfire(how sanctions reshape the world against U.S. interests), Columbia University Press, 2022, pp. 8-15, 42-43, 142.

215 천영우, 전게서, pp. 55-57.

제2장

러-북 군사협력 강화와 한-러 관계 동결

우크라이나 전쟁과 러-북 군사협력

2022년 2월 러시아의 우크라이나 침공이 지난 30년간 소원된 러-북 관계의 강화에 주요한 계기가 되었다. 2023년 7월 쇼이구(S. K. Shoigu) 러시아 국방장관(2012-2024.5월 재임)의 북한 방문, 9월 러-북한 정상회담의 4년 만에 개최 등 러-북한 관계가 급진전하고 있다.

러시아는 우크라이나 전쟁에서 고갈되고 있는 무기를 확보하여 전선에서 주도권을 장악하는 것이 급선무이며 러-북 군사협력에 적극적이다.

푸틴 대통령은 이스라엘과 튀르키예 정부에게 군사용 드론기의 제공을 요청하였으나 거절당하자 2022년 7월 이란을 방문하여 이란산 군사 드론기를 수입하였다. 그리고 러시아는 인도와 미얀마에 수출한 무기를 역수입하였다.

우크라이나 전쟁이 장기화되자 러시아는 북한의 전략적 가치를 재평가하였다. 러시아와 북한은 공히 서방의 제재 대상국이며 국제적 고립에서 탈피하고 미국에 대항하는 데 이해가 일치한다. 러시아는 북한을 동북아에서 완충국가는 물론 반서방적인 이념을 같이하는 국가로 간주한다. 특히 북한은 전통적인 친러 우호 국가로서 러시아에 무기를 제공할 수 있는 최적 국가이다.

북한은 지난 60년간 포탄, 미사일 등 다양한 소련산 무기를 생산하여 양국 간 무기의 호환성이 유지되고 있다. 북한은 러시아에 무기를 제공하는 대가로 만성적인 식량난을 완화하고 차세대 전투기와 정찰위성, 대륙간탄도미사일(ICBM) 엔진, 핵잠수함 제작 기술 등 첨단 군사기술을 확보할 수가 있다.

지난 2년간 러-북한 관계는 우크라이나 전세와 맞물려 시기적으로 2단계로 발전하였다. 첫 단계는 러시아가 우크라이나를 침공한 2022년 2월-2023년 6월까지이며 러-북한 간 군사협력의 초창기이다. 한-러 관계는 소원(疏遠)되었다.

2022년 2월 러시아의 우크라이나 침공에 대해 북한은 러시아를, 한국은 우크라이나를 지지하였으며 한국과 북한은 서방 진영과 반서방 진영의 대척(對蹠)점에 섰다.

러시아의 우크라이나 침공을 규탄하는 2022년 3월 2일 유엔총회 결의안에 미국, 한국 등 141개국이 찬성하였으나 북한, 시리아 등 5개국은 반대하였다. 2022년 9월 30일 러시아가 점령한 우크라이나 동남부 4개 지역을 영토로 합병하자 대부분 국가는 반대 입장을 표명하였으나 북한과 벨라루스는 지지하였다.

특히 북한은 우크라이나 전쟁에 사용할 무기를 러시아에 제공하였다. 미국 정부는 북한이 2022년 10월 바그너 러시아 용병회사에 무기를 지원하였다고 발표하였다.

러시아는 유엔 안보리에서 북한 입장을 옹호하는 방파제 역할을 하고 있다. 북한은 2022년 러시아의 우크라이나 침공 이후 수십 회의 미사일 도발을 감행하였으나[216] 러시아와 중국은 2022년 5월 26일 미국이 제의한 유엔의 대북 제재 결의안 채택에 반대하였다.

2022년 9월부터 우크라이나 전쟁은 소모전의 양상을 띠게 되었고 2023년 5월 시작된 우크라이나의 반격으로 러시아는 방어에 치중하였다. 러시아는 2023년 6월 초 전술 핵무기를 벨라루스에 배치하는 등 핵 카드를 꺼내 들었다. 2023년 6월 말 우크라이나 전선에 투입된 바그너 용병은 무기 지원을 요구하면서 반란을 일으켰으며 무기 확보가 러시아의 최대 현안이 되었다.

두 번째 단계는 2023년 7월 쇼이구 국방장관의 방북부터 지금까지이며 러-북 관계는 강화되었고 한-러 관계는 동결되었다. 쇼이구 장관은 지난 7.25-27일간 북한에서 개최된 한국전쟁 정전 70주년 행사에 참석하여 무기 구입 등 군사협력에 대해 협의하였다. 김정은 위원장이 쇼이구 장관에게 무기를 직접 소개하였다.

---

[216] 미사일 발사 실험의 횟수는 김일성은 15회, 김정일은 16회, 김정은은 2023.4월 현재 214회였다. 미사일 사거리는 1984년 300km, 1993년 1,500km, 2017년 10,000km, 2023년 13,000km로 확대되었다. Scott A, Snyder, Why Is North Korea Turning More Aggressive? Council on Foreign Relations(*February 7, 2024*), 참조.

러-북 정상회담 개최와 전략적 협력

2023년 9월 12-17일간 김정은 위원장의 러시아 방문과 러-북한 정상회담 개최는 양국 관계 발전에 주요한 계기가 되었다. 북한은 이번 정상회담이 양국 관계 증진에 새로운 이정표가 되었다고 높게 평가하였다.

금번 정상회담의 성과는 러-북한 간 단합을 강화하고 김정은 위원장의 건재함을 과시하였다. 김 위원장은 정상회담에서 푸틴 대통령의 방북을 초청하였으며 푸틴 대통령은 동의하였다. 김 위원장의 금번 러시아 방문은 2020년 코로나19 발병 이후 첫 해외 방문이었다.

러-북 정상은 군사, 농업과 운송 등 경제협력 방안에 대해 협의하였으며 회담 결과에 대한 공동성명이나 체결된 협정은 없다. 김 위원장은 러시아 방문 계기에 우주기지, 전투기 생산공장, 잠수함 기지를 방문하는 등 첨단 군사기술에 많은 관심을 표명하였다. 북한은 러시아로부터 첨단 기술을 도입하여 무기를 위탁 생산할 수가 있다. 북한의 포탄은 소련제 구형으로 불량률이 높고 정확도가 떨어지며 현대화가 시급하다.

러-북한 군사협력은 유엔 안보리의 대북 제재 결의안 위반이나 식량 제공은 예외이다. 러시아는 북한산 무기를 구입하는 대가로 북한이 시급한 식량과 에너지를 공급할 수가 있다. 2020년 러시아는 북한에 5만 톤의 밀을 무상 지원했다.

북한은 그간 유엔 안보리의 대북 제재와 지난 3년간 코로나19 방지를 위한 국경 봉쇄로 만성적인 식량난과 경제위기에 직면해 있다. 북한 주민들에 시급한 것은 식량이다. 김 위원장의 방러 계기에 2020년 중단된 블라디보스토크와 평양 간 고려항공의 운항 방안이 논의되었으며 북한은 노동자의 러시아 송출[217] 증가를 통한 외화 확보가 절실하다. 북한은 러-북 경제협력[218]을 통해 국제 사회의 대북 제재에 대항하고 총 대외 무역의 95%가 중국에 편중된 경제 종속에서 탈피하고자 한다.

러시아는 만성적으로 노동력이 부족하며 특히 우크라이나 전쟁에 수십만 명의 병력 동원과 징집으로 부족한 노동력을 보충하기 위해 북한 노동자가 필요하다. 러-북한 정상회담의 후속 조치로 라브로프 러시아 외무장관이 2023년 10월 북한을 방문하였다. 2023년 11월 제10차 러-북한 무역 및 경제 정부위원회가 북한에서 개최되었다. 2024년 1월 최선희 북한 외무상은 러시아를 방문하여 라브로프 외무장관과 회담을 갖고 푸틴 대통령의 2024년 방북을 추진하기로 하였다.

최근 러시아는 유엔의 대북 제재 결의안으로 동결된 북한자산 9백만 달러를 해제했고 북한이 러시아 금융기관에 은행 구좌의 개설을 허용하였다[219]. 이는 유엔 안보리의 대북 제재 결의안 위반이다.

---

217 러-북 간에는 2007년 체결된 '러-북 간 한시적 근로활동에 관한 협정'에 따라 북한 노동자의 러시아 송출이 이루어지고 있다. 그러나 2017년 12월 채택된 유엔 안보리의 대북 제재 결의 2397호는 24개월 내에 유엔 회원국 내 북한 노동자 전원을 송환하도록 하였다.

218 러-북 교역은 2013년 1억 1,300만 달러, 2019년 4,790만 달러, 2020년 4,320만 달러로 감소했다.

219 Jonathan Corrado and Markus Garlauskas, The Arsenal of Autocracy(How North Korean Weapons Fuel Conflict—and How to Stop the Flow), Foreign affairs(February 15, 2024).

해외 언론들은 2023년 8월 이후 북한이 러시아에 250만 발의 포탄과 수십 기의 단거리탄도미사일을 제공하였다고 보도하였다. 미국은 북한이 우크라이나 전쟁에 사용될 무기를 러시아에 제공할 경우 대가를 치르게 될 것이라고 경고하였다.

한-러 관계의 동결과 러-북 강화

우크라이나 전쟁의 장기화는 러-북 관계의 강화에 기여한 반면 한-러 관계의 동결을 초래하였다. 한국은 러시아의 2022년 우크라이나 침공을 규탄하고 2022년 3월 서방의 대러 제재에 동참하였다. 이에 대해 러시아는 한국을 비우호 국가로 지정하고 보복 조치를 단행하였다.

특히 한국이 2022년 7월과 10월 폴란드와 K-2 전차와 K-9 자주포 등 17조 원 규모의 무기 공급 계약을 체결하자 러시아는 한국의 대우크라이나 무기 지원으로 간주하였다. 2022년 10월 28일 푸틴 대통령은 러시아 전문가의 국제모임인 발다이 클럽(Valdai Club) 연설에서 한국이 우크라이나에 무기를 지원할 경우 한-러 관계가 파탄될 것이라고 경고하였다. 러시아는 제3국의 우크라이나 무기 지원을 적대행위로 간주하며 극도로 경계하고 있다.

윤석열 대통령은 2023년 7월 우크라이나를 방문하여 1억 5천만 달러의 인도적 지원을 약속하였다. 반면 2008년 구축된 한-러 간 전략적 협력 동반자 관계는 동결되었으며 한-러 수교 30년 만에 최악의 위기를 맞이하였다. 한-러 간 교역도 감소하였다. 2022년 한-

러 교역은 2021년 대비 22.7% 감소하여 211억 4천만 달러였으며 2023년 150억 2천만 달러로 급감하였다. 2022년 대러 수출이 2021년 대비 36.6% 감소한 148억 1천만 달러였다[220].

러-북한 강화가 한반도 주변에 긴장 고조와 신냉전의 도래, 그리고 한-러 관계의 악화를 초래하고 있다. 우선 북한은 러-북 강화를 통해 국제적 위상을 강화하고 핵무기 고도화를 통해 운신의 폭을 확대하고 있다. 김 위원장은 방러 이후 2023년 9월 최고인민회의를 열어 핵무력 정책을 헌법에 명기하는 등 핵무기 보유를 기정사실로 하였으며 12월 남북 관계를 '적대적 두 국가'로 규정했다. 앞으로 러시아는 대북 군사협력 등 북한 카드를 통해 미국과 한국의 대우크라이나 무기 지원을 견제하고 한반도에 영향력을 강화해 나갈 것이다.

---

220 한국은 중앙아시아에 대한 우회 수출을 통해 대러 수출의 감소를 만회하고 있다. 한국 무역협회의 통계에 의하면 2022.4-2023.3월간 한국의 러 수출은 전년 동기 대비 40.6% 감소하였다. 그러나 같은 기간 한국의 키르기스스탄 수출은 약 330%, 카자흐스탄은 129% 증가하였으며 한국의 중앙아 5개국 수출은 19억 달러 급증하였다.

제3장

러시아의 핵전략과 북한의 핵무장 강화

러시아의 비전략핵무기(NSNW) 강화와 핵사용 위협

북한은 우크라이나 전쟁의 장기화와 러-북 밀착을 통해 핵미사일 전력을 강화하였다. 러-우크라이나 전쟁은 2014년 러시아의 크림 반도 점령에서 시작되었으며 2022년 우크라이나 본토 침공으로 본격화되었다.

러시아는 미국과 북대서양조약기구(NATO)의 우크라이나 개입을 견제하고 열세적인 재래식 군사력을 보강하기 위해 비전략핵무기 (NSNW, non-strategic nuclear weapons)를 강화하였다. 미 국방부는 NSNW를 실제 사용을 위해 개발된 핵무기라고 정의한다.

러시아의 NSNW는 핵무기의 군사적 사용을 전제로 한다는 점에서 냉전기 미국과 소련이 견지해 온 상호확증파괴(MAD) 전략과는 구분된다. MAD는 상대방의 제1차 핵 공격에 대해 충분한 제2차 핵 타격 보복능력을 보유하여 전쟁을 억제한다는 전략이다. 미국과 소련은 핵전쟁이 인류의 공멸을 초래한다는 공포의 균형을 토대로 '핵사용의 금기(Nuclear Taboo)'를 유지하였으며 핵무기를 최후의 수단으로 사용하는 정치적인 무기로 간주하였다.

지난 20년간 푸틴 대통령은 강한 러시아 건설을 주창하면서 미국의 패권과 NATO 확대에 대응하기 위해 NSNW의 현대화에 주력하였다. 러시아는 경제 규모가 미국의 1/10 등 국력의 한계를 감안하여 막대한 군사비가 투입되는 재래식 군비 증강보다는 가성비가 높은 NSNW를 집중 개발하였다. NSNW의 주요 대상은 NATO의 유럽 회원국이며 주력 무기는 전술핵과 미사일이다.

NSNW의 특징은 첫째, Hybrid 전략이다. 러시아는 1991년 소련의 해체 이후 국력의 피폐로 미국과 NATO에 정면으로 대결할 경우 승산이 없다고 보고 재래식 무기와 핵무기, 정규전과 비정규전을 혼용하는 Hybrid 전략을 적극 개발하였다. 러시아는 Hybrid 전략으로 2014년 크림반도를 신속하게 무혈(無血) 점령했고 2015년 정규전과 용병 고용 등 비정규전으로 시리아 군사 개입에 성공하였다.

둘째, 선제 핵 타격을 강조하는 비(非)대칭 확전(Asymmetric Escalation) 전략이다. 동 전략의 목적은 상대방이 우세한 재래식 군사력으로 공격할 경우 선제적으로 핵무기를 사용하여 전쟁을 사전 억제하는 데 있다. 냉전 시대 미국은 소련의 우세한 재래식 군사력에 대항하기 위해 전술 핵무기를 유럽에 배치하고 선제 핵 타격을 강조했다. 현재 파키스탄은 인도의 압도적인 재래식 군사력에 대항하기 위해 비대칭 확전 전략을 유지하고 있다.

러시아는 2020년 6월 발표한 '핵 억제를 위한 핵 정책의 기본 원칙' 문건에서 상대방의 재래식 공격에 대해서도 핵무기를 사용할 수 있으며 핵무기를 도입한 비(非)핵국가에 대해서도 핵을 사용할 수 있다고 명기하였다.

특히 러시아는 '비(非)확전을 위한 확전(Escalation to De-escalation)' 전술을 통해 재래식 전쟁에 저강도 핵무기를 사용하여 주도권을 장악하고 자국에 유리하게 해결하고자 한다. 제3국의 군사적 개입을 방지하기 위해 통제할 수 없는 핵전쟁의 가능성을 경고하고 핵전쟁의 문턱을 낮추었다.

셋째, 러시아는 사거리 5,000km 이하의 정확도 높은 중, 단거리 탄도미사일을 집중 개발하였다. 이를 위하여 1987년 미-소 간 체결된 중거리핵전력협정(INF)을 2019년 파기하고 다양한 미사일을 개발해 나가고 있다. 러시아가 개발한 탄도미사일은 재래식 탄두와 핵탄두 적재가 가능한 이중 용도(dual-use)이며 미국의 미사일방어망이 요격하기 어려운 극초음속(hypersonic)이 특징이다. 러시아는 2022년 2월 우크라이나를 침공하기 수주 전에 핵탄두 탑재가 가능한 초음속미사일 킨잘(Kinzhal, 2,400km)을 배치하였다.

이스칸데르(Iskander, 500km) 미사일은 대표적인 이중 용도이며 우크라이나 전쟁에서 실제 사용되고 있다. 이중 용도의 미사일은 재래식 군사력과 핵전력의 경계선을 모호하게 하며 우발적 핵전쟁의 가능성을 높여 핵 억제 효과를 극대화할 수가 있다.

넷째, 확장억제(Extended Deterrence) 전략이다. 러시아는 동맹국에게 핵우산 제공을 공약하였다. 러시아는 우크라이나 전쟁이 장기화되자 2023년 6월 동맹국인 벨라루스에 전술 핵무기를 배치하였다. 벨라루스 핵무기 배치는 1962년 소련의 쿠바 미사일 배치 이후 러시아 이외 국가로서 처음이다.

다섯째, 러시아는 NSNW의 신뢰성 제고를 위해 정기적으로 핵 위협 발언을 하고 극초음속미사일 발사 실험 등 긴장을 고조시키고 있다. 푸틴 대통령은 우크라이나 전쟁에서 러시아가 수세에 처할 때마다 핵 위협의 수준을 높이고 높은 수준의 핵 준비 태세를 갖추도록 지시했다.

그는 2024년 2월 연례 국정연설에서 서방의 직접적인 군사 개입 경우 핵 무기의 사용을 위협하였으며 9월 국가안보회의에서 비핵국가가 핵보유국의 지원을 받아 러시아를 공격할 경우 러시아는 핵무기로 대응할 수 있다는 내용으로 핵교리를 개정하겠다고 선언하였다. 다른 한편으로는 러시아가 우크라이나 전선에서 전술 핵무기를 사용한 이후 전략적으로 압도적인 우위를 확보하지 못할 경우 러시아 핵 억제 전략의 실패는 물론 핵 강국으로 영향력이 크게 손상될 수가 있다.

지난 10년간 러시아의 NSNW는 1) 미국과 NATO의 직접적인 군사 개입을 방지하고 2) 우크라이나 전쟁을 제한전으로 교착화하였으며 3) 우크라이나 영토 20%를 점령하는 데 일조하였다. 러시아는 2022년 9월 자국 영토로 병합한 우크라이나 동남부 지역이 심각하게 위협을 당하면 핵무기를 사용할 것이라고 협박하였다. 핵 위협 발언은 대외적으로 신뢰성 제고 등 억지 효과가 있으며 대내적으로 국민의 불안을 무마시키고 단합을 촉진시키는 심리적인 효과가 있다.

북한의 핵무력 고도화와 미국의 통합억제 강화

러시아의 우크라이나 침공과 NSNW는 북한의 핵전력 강화와 핵도발에 유리한 여건을 조성하였다. 지난 10년간 북한은 러시아의 NSNW 전략을 모방하여 핵무력을 고도화하였다. 북한은 2017년 제6차 핵실험과 대륙간탄도미사일(ICBM) 화성-15형을 발사한 이후 핵무력 완성을 선언했으며 2022년 9월 핵무력정책법을 제정하여 핵 보유의 강한 의지를 천명하였다.

북한은 한-미 동맹의 월등한 재래식 군사력에 대항하기 위해 선제 핵사용을 강조하는 등 비대칭 확전 전략을 추종하고 있다. 그리고 북한은 상시적인 핵 사용의 위협 발언과 미사일 발사 실험을 통해 핵 전력의 신뢰성을 높이고 한반도 주변 정세를 자국에게 유리하게 이끌어 가고자 한다.

북한은 2022년 2월 러시아의 우크라이나 침공 이후 러시아의 비호 아래 다양한 미사일 발사 실험을 감행하고 있다. 북한의 미사일 발사 실험은 유엔 안보리의 대북 제재 결의안 위반에도 불구하고 러시아는 미국과 한국의 우크라이나 무기 지원을 견제하기 위해 북한을 두둔하고 있다. 러시아는 2024년 3월 28일 유엔의 대북 제재 이행을 감시하는 유엔 전문가 그룹의 임기 연장에 대해 거부권을 행사하였다.

러시아는 앞으로도 우크라이나 전쟁을 자국에 유리하도록 주도하기 위해 NSNW를 강화해 나갈 것으로 전망된다. 러시아는 2023년 2월 미-러 간 유일한 핵 군축 협정인 신전략무기감축 조약(New START) 참여 중단을 선언했고 같은 해 11월 포괄적핵실험금지 조약

(CTBT)의 비준을 철회하였다.

한편 미국은 통합억제(Integrated Deterrence) 전략을 통해 러시아와 북한의 핵 위협에 대처하고 있다. 통합억제는 핵, 재래식 군사력과 동맹 네트워크, 외교 등 비군사 영역의 모든 수단을 동원하여 전통적, 비전통적 군사 위협에 대해 총체적인 억지력을 행사한다는 것이다. 특히 미국은 핵보유국이 자국의 핵 억지력을 믿고 비핵국가에 대한 재래식 침략 행위를 감행하는 것을 방지하기 위해 전장에서 사용이 가능한 저위력 핵무기를 개발하였다.

러시아와 북한의 핵 태세(posture)는 핵 억지력을 이용하여 비핵국가를 침공하는 데 유리한 공세적인 군사전략이며 핵무기의 확산을 초래하는 등 핵확산금지 조약(NPT)에 심각한 도전이다. 핵무기가 전쟁 억제보다는 핵 위협과 재래식 전쟁을 촉발하는 군사적 수단으로 악용될 가능성이 커지고 있다.

최근 북한의 핵미사일 사용 협박은 한국 안보에 심각한 위협이다. 이에 대해 한국은 1) 북한의 핵미사일 발사 징후를 사전 탐지해 발사 이전에 선제 타격할 수 있는 Kill Chain의 역량을 확보하고 2) 다층적인 한국형 미사일 방어 체제를 구축하며 3) 북한의 핵미사일로 공격받을 경우 압도적으로 응징 보복할 수 있는 능력을 갖춘 3축 체계의 조기 구축이 급선무이다. 그리고 한-미 간 대북 확장억제 전략의 실효성을 보다 강화하고 유엔 안보리의 대북 제재 결의안이 성실하게 이행될 수 있도록 외교 역량의 강화가 필요하다.

제4장

러-북 동맹 복원과 한-러 관계 악화

러-북 관계 70년

지난 70년 동안 러-북 관계는 국제정세의 변화에 따라 군사동맹-무(無)조약-일반적 국가 관계의 3단계로 발전하였다.

제1기는 1961-1996년간이며 미소 대립의 냉전기로서 자동군사 개입을 강조한 군사동맹 관계가 특징이다. 동맹 조약은 가상 적국을 전제로 체결한다. 1950년 1월 소련과 중국은 우호동맹 조약을 체결했고 한반도의 공산화를 위해 1950년 북한의 한국 침공을 지원하였다. 1953년 7월 한국전쟁의 휴전 이후 10월 한-미 동맹 조약이 체결되었다.

북한은 한미동맹을 적국으로 간주하고 1961년 7월 6일 자동군사 개입 조항을 명기한 조-소 동맹 조약을 체결하였고 이어서 7월 11일 조-중 동맹 조약을 체결하여 2중으로 안보를 보장받았다. 냉전기 한반도는 미-소 양극체제의 최전선으로 남북한 분단이 고착화되었다.

제2기는 탈냉전의 초창기 1996-2000년간의 무조약 기간이다. 1991년 12월 소련이 해체되고 러시아가 출범하였다. 1990년 한국은 소련과 수교했으며 조-소 동맹 조약은 연장되지 않고 1996년 폐기되었다. 1990년대 하반기 러-북 관계는 양국관계를 규정하는 조약이 없는 최악이었다.

제3기는 2000-2023년간이며 일반적 국가 관계가 유지되었다. 2000년 러시아와 북한은 우호 조약을 체결하였으며 동 조약에 상호원조조항은 삭제되어 일반적 국가 관계가 되었다.

지난 70년간 남-북한 대립, 2010년 이후 미-중 간 전략적 경쟁이 러시아가 동북아에 개입할 수 있는 유리한 여건을 조성하였다.

지난 20년간 푸틴 대통령의 한반도 정책은 러시아의 강대국 복귀를 위한 세계 전략의 일환이다. 러시아는 미국 견제 등 지정학적 이익을 위해 남북한 카드를 적절히 활용해 오고 있다.

러-북 동맹 복원

푸틴 대통령은 2024년 6월 북한을 방문했으며 이는 2000년 처음 방문 이후 24년 만에 두 번째이다. 푸틴 대통령과 김정은 위원장은 정상 회담을 가진 후 포괄적 전략 동반자 조약(신조약)에 서명하였다. 이로써 러-북은 1961년 흐루시초프 소련 서기장과 김일성 북한 지도자가 서명한 조-소 우호협력 조약과 유사한 군사 동맹 관계로 복귀하였다.

북한이 공개한 금번 조약은 총 23개 조로 구성되어 있으며 핵심

조항인 제4조는 '쌍방 중 어느 일방이 개별적인 국가 또는 여러 국가들로부터 무력 침공을 받아 전쟁 상태에 처하게 되는 경우 타방은 유엔헌장 제51조와 조선인민공화국과 러시아 법에 준하여 지체 없이 자기가 보유하고 있는 모든 수단으로 군사적 및 기타 원조를 제공한다'고 명기하였다.

2024년 신조약 제4조는 1961년 자동군사 개입을 명기한 조약 제1조와 대동소이하며 다만 신조약은 유엔헌장 제51조와 북한, 러시아의 법에 준하여'를 추가하였다. 그러나 동맹 조약의 근본 취지와 목적은 변함이 없다.

푸틴 대통령은 금번 방북 계기에 '러시아가 수십 년간 미국과 그 위성국가의 패권적, 제국주의 정책에 싸우고 있으며 북한을 도와 미국의 군사적 위협에 대응하겠다'고 강조했다. 러시아는 유사시 북한과 함께 공동으로 한반도는 물론 전 세계적으로 미국에 대항하겠다는 의미이며 안보의 세계화 현상이 가속화되고 있다.

러-북 동맹 관계의 복원 배경은 우선 우크라이나 전쟁의 장기화이다. 2024년 5월 집권 5기를 맞이한 푸틴 대통령의 급선무는 우크라이나 전쟁에서 사용할 무기를 공급받을 수 있는 병참선을 확보하는 것이며 북한이 최적 국가이다.

신원식 한국 국방부 장관은 2024년 6월 14일 블룸버그(Bloomberg) 통신사와 인터뷰에서 북한은 2023년 480만 발의 포탄이 적재 가능한 1만 개의 컨테이너를 러시아에 송출하였으며 그 대가로 러시아는 북한에 정찰위성 기술과 곡물을 지원하였다고 언급하였다. 해외 언론은 북한이 2023년 2백 5십만 발의 포탄과 수십 기의 단거리 탄도미사일을 러시아에 제공하였다고 보도하였다.

북한산 포탄 250만 발은 2023년 러시아가 사용한 포탄 7백만 발의 35%를 차지하였다. 러시아는 금번 신협정의 체결을 통해 우크라이나 전쟁에 사용될 북한산 무기를 장기적으로 공급받을 수 있는 길을 열었다. 러시아는 NATO의 병력 파견 등 직접적인 개입으로 우크라이나 전쟁에서 위기에 직면할 경우 금번 협정 제4조의 '전쟁 상태에 처할 경우' 문구를 유리하게 해석하여 북한에게 무기 지원과 병력 파병을 요청할 수가 있다.

러시아는 미국과 서방의 우크라이나 지원에 대항하기 위해 러-북 동맹을 복원하였다. 푸틴 대통령은 지난 6월 20일 베트남 방문 계기에 서방이 우크라이나에 무기를 지원할 경우 북한에 군사기술을 지원하겠다고 강조하였다.

최근 러시아는 서방의 우크라이나 지원 확대로 열세에 처해 있다. 200년 동안 중립을 유지해 스웨덴은 2024년 3월 32번째 NATO 회원국으로 가입하였다. 지난 6월 G-7은 정상회의에서 동결된 러시아 자산 3,000억 달러의 수익을 활용해 우크라이나에 500억 달러를 지원하기로 하였다.

최대 무기 지원국인 미국은 지난 4월 610억 달러를 우크라이나에 추가로 지원하기로 공약하였으며 5월 우크라이나가 미국산 무기로 러시아 본토 내 군사시설을 공격할 수 있도록 허용하였다. 미국은 6월 우크라이나와 양자 안보 협정을 체결하고 10년간 미사일 방어시스템 구축 등 군사 지원을 약속했다. 현재 우크라이나와 양자 안보 협정을 체결한 국가는 영국, 프랑스, 독일, 캐나다, 스웨덴, 일본 등 총 17개국이다.

러시아는 서방의 우크라이나 지원과 전쟁의 장기화에 대비하여 2024년 국방비 1,100억 달러를 배정하였다. 1,100억 달러는 러시아 GDP의 6%(정부 지출의 30%)를 차지하며 지난 30년간 최대 규모이다. 러시아는 현재 우크라이나 영토의 20%를 장악하고 있으며 6백 마일의 전선에 40만 명의 병력을 투입하여 공세를 강화하고 있다.

러시아의 아시아 중시 정책

러시아의 대북 강화는 아시아 중시 정책의 일환이다. 러시아는 전통적으로 유럽에서 막히면 아시아로 진출하고 아시아에 진출이 어려우면 유럽으로 복귀한다. 러시아는 1856년 크림 전쟁(1853-1856)에서 패하고 유럽과 흑해 진출이 막히자 상실한 영토와 위상을 만회하기 위해 아시아로 적극 진출하였다. 러시아는 19세기 하반기 러시아는 중앙아와 광대한 극동 연해주 지역을 점령하였다. 비로소 러시아는 유럽과 아시아에 걸친 유라시아 대국이 되었다. 러시아는 1904년 러-일 전쟁에서 일본에게 패하자 유럽으로 복귀하였다. 근대 유럽 국가로서 아시아 국가에게 패한 유럽 국가는 러시아가 처음이다.

푸틴 대통령은 북대서양조약기구(NATO)의 유럽 확대와 미국의 패권에 대응하기 위해 2012년부터 중국, 인도, 아세안(ASEAN)과 유대강화 등 아시아 진출을 본격화하였다.

러시아는 우크라이나 침공(2022년 2월) 2주 전에 중국과 '무제한 협력관계'라는 반(半) 동맹관계를 구축하였다. 러시아와 중국은 공히 권위주의 국가로서 민주주의 확산을 경계하며 반미 다극적 국제질서를 구축하는데 이해가 일치한다.

러시아는 우크라이나 침공 이후 유럽에서의 열세를 만회하기 위해 아시아 진출을 강화하고 있다. 푸틴 대통령은 5월 취임 이후 중국, 벨라루스, 우즈베키스탄, 북한, 베트남 5개국을 방문하였으며 벨라루스를 제외한 4개국은 아시아 국가이다. 2024년 6월 3선 연임에 성공한 모디(N. Modi) 인도총리는 7월 러시아를 방문하여 러-인도 간 우의를 다졌다.

푸틴 대통령은 2024년 북한 방문에 이어 6월 20일 아세안(ASEAN)의 핵심 국가인 베트남을 방문하였으며 서로 적대국과는 동맹을 맺지 않기로 합의했다. 러시아는 베트남의 반러동맹 가입을 사전에 방지하였다. 냉전기 베트남은 적대국인 중국을 견제하기 위해 소련과 동맹을 체결하였으며 1995-2021년간 74억 달러의 러시아산 무기를 구입하였다.

러시아의 남북한 등거리 외교와 북한의 군사력 증강

러-북 동맹 복원으로 북한은 최대 수혜자가 되었다. 우선 러-북은 지난 28년간 일반적 국가 관계에서 전략적 동반자 관계로 크게 격상되었다. 북한은 자칭 핵보유국으로서 유사시 러시아의 군사적 지원을 확보하여 2021년 갱신한 북-중 동맹 조약과 함께 이중으로 안보를 보장받게 되었다. 그리고 에너지, 농업, 보건 등 모든 분야에서 러-북 간 실질 협력을 강화할 수 있는 제도적 기반을 구축하였다. 북한은 대러 무기 지원 대가로 식량, 에너지는 물론 정찰위성, 극초음속미사일 등 첨단 군사기술을 도입할 수 있다.

북한 정권이 직면한 주요 현안은 장기간 침체된 경제 회복이다. 2011년 정권을 승계한 김정은 위원장은 그간 핵 개발과 경제 발전의 병진노선을 추구하였다. 그러나 핵 개발에 대한 유엔의 제재 조치와 중앙통제의 폐쇄적인 경제 운영으로 북한 경제는 정체되었으며 병진노선은 실패하였다. 한국은행이 발표한 통계에 의하면 북한의 국민총소득(GNI)은 2015년 305억 달러, 2019년 305.1억 달러였다. 2015-2019년간 연평균 경제성장률은 마이너스 1%였으며 경제는 악화되었다.

북한은 경제 난국의 타파를 위해 전쟁 특수를 노리고 있으며 러시아의 전후 복구 사업에 참여를 희망한다. 우선 북한은 대러 인력 송출을 확대하여 우크라이나군의 공습으로 파괴된 러시아 산업시설을 복구할 수 있다.

한국은 러-북 동맹 복원의 피해자가 되었다. 우선 우크라이나 전쟁이 한반도와 연계되었다. 러시아는 한국이 우크라이나에 무기를 지원할 경우 북한에 군사기술을 지원하겠다고 협박하고 있다.

러시아는 남-북한 양국에 대해 전략적 동반자 관계를 구축하여 등거리 외교를 완결하였으며 2008년 체결된 한-러 전략적 동반자 관계는 동결되었다. 한반도는 러-북 동맹(2024), 중-북 동맹(1961), 한-미 동맹(1953), 미-일 동맹(1951)으로 냉전기 블록화와 남북한 분단이 보다 고착화되고 있다.

북한은 러시아와 군사협력을 강화하면서 핵무장을 고도화하고 있다. 북한은 2022년 3월 대륙간탄도미사일(ICBM) 발사 시험을 감행하여 2018년 선언한 ICBM 발사 유예 공약을 4년 만에 파기하였다. 그리고 2022년 9월 핵무력정책법을 제정하여 핵 선제공격을 강조하였다.

한-미 동맹 강화와 한-러 관계의 안정적 관리

한국은 북한의 핵 도발을 방지하기 위해 한-미 동맹을 강화하고 한-미-일 3국 간 안보 공조를 제도화하고 있다. 한국은 2022년 12월 발표한『자유, 평화, 번영의 인도-태평양 전략』을 통해 인도-태평양 국가들이 직면한 복잡한 도전에 공동으로 대응하기로 하였다.

2023년 4월 한-미 양국은 북한의 핵 위협에 맞서 한-미 동맹의 확장억제력을 구체화한 '워싱턴선언'을 발표했다. 동 선언에서는 한국에 대한 미국의 확장억제의 실효성을 높이기 위해 '핵협의그룹'(NCG)을 설립하기로 하였다.

한-미-일 3국은 2023년 5월 및 8월에 정상회의를 갖고 북한 핵 문제와 아태지역의 안보협력을 보다 강화해 나가기로 합의하였다. 이에 대해 북한은 "가장 적대적이고 침략적인 행동 의지가 반영된 극악한 대조선 적대시 정책 산물"이라고 비난하였다. 북한은 한-미-일 3국 협력을 최대의 안보 위협으로 보고 있다.

김정은 위원장은 2022년 12월 제8기 제6차 전원회의에서 현재의 국제정세를 '신냉전'이라고 규정하였으며, 한·미·일 3국 협력을 아시아판 NATO와 같은 군사 블록(block)을 만들려는 미국의 핵전쟁

음모라고 비판하였다. 북한은 국제 사회의 고립무원에서 탈피하기 위해 러시아의 반미적인 신냉전 외교 노선을 추종하고 있다.

2024년 6월 러-북 동맹 관계의 복원으로 우크라이나 전쟁과 한반도는 안보적으로 서로 밀접하게 연계되었으며 동북아에 신냉전 구도가 본격화되고 있다. 한국 정부는 한반도 주변 질서가 판이하게 변화한 만큼 새로운 틀에서 한-러 관계 접근 등 대외 정책의 수정이 필요하다.

우선 사활이 걸린 국가이익과 안보에는 타협이 있을 수가 없으며 확고한 입장을 견지해야 한다. 그리고 한국은 NATO와 유대를 강화하여 우크라이나 정세에 대응하고 러-북 관계를 견제할 필요가 있다. 한국은 NATO의 글로벌 파트너 국가로서 2023년 NATO와 개별 동반자협력프로그램(ITPP)을 체결하였으며 2022년부터 IP4(한국, 일본, 호주, 뉴질랜드) 국가로서 NATO 정상회의에 매년 참석하고 있다. 한-NATO는 규범 기반의 국제질서를 유지하고 사이버 방위, 에너지 안보, 테러 등 공동안보에 대한 도전에 공동 대응하기로 하였다.

러시아가 한반도 평화와 북핵 문제의 해결을 위해 중요한 국가인 만큼 러시아 리스크(risk)의 최소화를 위해 한-러 관계의 안정적인 관리가 필요하다. 러시아는 최대 핵보유국으로서 유엔 안보리 상임이사국이며 한반도와 국경을 접하고 있다. 북한이 러시아의 지지를 통해 유엔의 대북 제재를 무력화(無力化)하지 않도록 한국은 유엔 안보리 비상임 이사국으로서 전향적인 대처가 필요하다.

제7부

탈냉전의 붕괴와 강대국 경쟁

러시아, 중국, 인도 3국의
유라시아 세력 경쟁

2022년 러시아의 우크라이나 침공과 중국의 부상으로 강대국 간 세력 경쟁이 본격화되면서 국제질서는 다극화되고 있다. 제2차 세계대전 이후 대부분 전쟁은 미-소가 지원하는 약소국 간 대리전이었으며 국제질서에 큰 영향을 미치지 못했다. 그러나 러시아의 2014년 크림반도 점령과 우크라이나 침공, 최근 중국의 남중국해 도서 점령 등 핵 강국이 미국 패권에 정면 도전하면서 자유 국제질서의 변혁을 주도하고 있다. 우크라이나 전쟁이 장기화되자 유라시아 주도권을 놓고 러시아, 중국, 인도 3국 간 각축이 심화되고 있으며 인도태평양 지역에서는 미-중 간 패권 경쟁이 본격화되고 있다.

러시아의 아시아 중시 정책

　탈냉전기 러시아의 대외 정책 기조는 유럽과 아시아의 양 대륙에서 자국에 유리한 세력 균형을 유지하여 유라시아 강국으로 부상하는 것이다. 러시아는 전통적으로 유럽 진출이 막히면 아시아로 진출한다[221]. 러시아는 1856년 크림 전쟁(Crimean War, 1853-1856)에서 패하고 유럽과 흑해 진출이 어렵게 되자 대신 아시아와 태평양 지역으로 진출하였다.

　19세기 말 러시아는 중앙아시아, 연해주와 광대한 극동 연해주를 점령했으며 유라시아 대국이 되었다. 러시아는 1857-1905년간 아시아 진출을 통해 유럽에서 상실한 영토와 대외적 위상을 회복하고 차르 통치의 정당성을 확보하였다. 그러나 1905년 러-일 전쟁에서 패한 후 유럽으로 복귀하였다.

　러시아는 유럽과 아시아에 걸친 유라시아 국가이며 아시아가 중요하다. 냉전기 소련은 극동과 시베리아에 매장된 대규모 에너지를 개발하여 유럽에 수출하고 경제 발전에 성공하였다.

　1990년대 러시아는 민주화와 자본주의의 도입을 강조하는 서구주의, 러시아의 강대국 복귀와 정체성을 강조하는 유라시아주의로

---

221 러시아 제국은 1856년 크림 전쟁에서 패한 이후 유럽과 흑해 진출이 어렵게 되자 아시아, 태평양으로 진출하였다. 19세기 하반기 러시아는 태평양이 20세기 세계의 축으로 발전할 것을 보고 시베리아 철도 건설과 블라디보스톡에 군항 건설 등 동북아 진출을 강화하였다. 러시아는 만주와 한반도 지배를 두고 일본과 대립하였으며 결국 1905년 러-일 전쟁이 발발하였다. 러시아는 러-일 전쟁에서 패배한 이후 다시 유럽으로 복귀하였다. Robert H. Donaldson and Vidya Nadkarni, The Foreign Policy of Russia(Changing Systems, Enduring Interests), Routledge, 2024, pp. 34-39.

대립하였다. 1990년 서구주의가 우세하였으나 21세기부터 반서구적인 유라시아주의가 득세하였다. 2000년 취임한 푸틴 대통령은 강한 러시아 건설을 주창하면서 극동지역을 개발하고 러시아의 유라시아 강국으로 부상을 위해 아시아 진출을 추진하였다[222].

우선 지난 30년간 러시아는 에너지 수출과 극동 개발에 주안점을 두었다. 러시아는 시베리아에 매장된 풍부한 가스와 원유를 개발하여 인접한 아시아 국가들에 수출하였다. 중국, 일본, 한국, 인도는 에너지 주요 수입국이며 러시아는 주요한 에너지 공급원이다.

러시아는 미국 주도의 유럽-대서양 동맹에 대항하는 유라시아 강국으로 부상을 추구하고 있다. 푸틴 대통령은 유럽연합의 확대로 러시아의 유럽 진출이 어렵게 되자 유라시아 통합을 통해 세력권을 구축하고자 하였다. 러시아가 창설한 유라시아경제연합(EAEU, 2015), 집단안보기구(CSTO, 2001), 브릭스(BRICS, 2009), 상하이협력기구(SCO, 2001) 회원국의 대부분은 아시아 국가들이다.

러시아는 인도, 아세안(ASEAN)과 우호 협력을 통해 영향력을 확대 하였다. 아태 국가들은 중국, 미국을 견제하고 외교와 무역의 다변화를 위해 러시아의 진출을 환영하였다.

러시아는 2023년 3월 발표한 대외 정책 개념의 문건에서 아태 지역의 주요한 당사국이며 비동맹의 접근방식에 기초한 포괄적이고, 개방적이며 평등한 안보 구조[223]의 구축과 호혜적인 협력을 주장하

---

222 Edited by Josukutty C.Y. and Joyce Sabina Lobo, The New World Politics of The Indo-Pacific(Perception, Policies and Interests), Routledge, 2024, pp.90-92.

223 Edited by Jagannath P. Panda and Ernest Gunasekara-Rockwell, QUAD Plus and Indo-Pacific(the Change Profile of International Relations), Routledge, 2022, pp.212-214.

였다. 러시아는 우크라이나 전쟁이 장기화되자 아시아 국가들과 유라시아 동반자(Great Eurasian Partnership)의 구축을 제안하였다.

러시아의 아시아 정책은 지역별로 동북아, 동남아, 서남아로 대별되며 지난 30년간 시기별로 3기로 나누어 볼 수 있다. 러시아는 동북아에서는 중국, 동남아에서는 베트남, 서남아에는 인도를 전략적 협력 국가로 선정하였다.

제1기는 1991-1999년 동안으로 러시아의 외교 수립 등 초창기였다. 옐친 대통령은 시장 자본주의의 도입과 파탄 상태의 경제 회복을 위해 인도·태평양 지역 국가들과 무역 증진, 투자 유치에 노력하였다.

우선 러시아는 중국과 전략적 협력을 강화하였다. 옐친 대통령은 1992년, 1996년, 1999년 3회 중국을 방문하였고 1992년 한국을, 1993년 일본과 인도를 방문하였다. 러시아는 아태지역과 다자협력도 강화하였다. 러시아는 1994년 아세안지역포럼(ARF)에 참석하였으며 1996년 아세안의 완전대화 상대국이 되었고 1998년 APEC 회원국이 되었다.

1996년 프리마코프 러시아 외무장관은 NATO 확대와 미국의 단극적인 패권에 대항하기 위해 다극적 국제질서를 주장하고 러, 중국, 인도 간 3국 협력을 제안하였다. 러시아와 중국은 서방의 냉전적 사고와 진영화 정책을 비난하고 유대 강화를 주장하였으나 동상이몽으로 별 성과가 없었다. 1990년대 러시아와 중국은 핵보유국이었으나 개도국이었으며 미국 주도의 자유 국제질서에 편승하여 경제 발전에 주력하였다.

옐친 대통령은 경제 회복을 위해 유럽 국가와의 관계 증진에 우선순위를 두었고 아시아와의 협력은 부차적이었다. 인도, 중국도 시장 자본주의를 도입하고 투자 유치를 위해 미국과 일본, 한국, 유럽 선진국과 협력에 주안점을 두었다.

제2기는 2000-2014년 동안이며 발전기이다. 러시아는 국제유가의 상승에 힘입어 경제를 회복했고 2008년 조지아를 침공하는 등 강대국으로 복귀하였다. 푸틴 대통령은 20년간의 장기 집권하면서 강한 러시아 건설을 주창하고 NATO와 유럽연합의 확장에 대항하기 위해 인도·태평양 진출을 강화하였다. 1990-2010년간 중국의 연간 10% 경제성장이 러시아의 중국 진출에 견인 역할을 하였다. 중국의 고도 경제 발전에 힘입어 러시아의 중국 에너지 수출이 급증하였다.

중국은 지난 20년간 시장 경제를 도입하고 공산당 주도의 경제 발전에 성공하였다[224]. 중국은 2001년 세계무역기구(WTO)에 가입하고 2010년 미국에 이어 세계 2위의 경제 강국으로 부상하였으며 세계의 공장이 되었다.

푸틴 대통령은 2000-2006년간 4회 중국을 방문했고 2001년 러-중간 선린우호협력 조약을 체결하였다. 또한 2000-2006년간 인도를 방문했으며 러-인도 간 전략적 협력을 강화하였다. 그리고 푸틴 대통령은 2000년 북한, 2001년 한국, 2005년 일본을 방문했다. 푸

---

224 중국은 과거에도 경제 강국이었다. 중국 청나라는 1800년대 전성기에 세계 총 GNP의 60%를 차지하였으며, 유럽은 30%를 차지하였다. 그러나 중국과 아시아 국가 내 무역이 소규모의 물물교환 형식으로 거래되어 중국의 경제 발전은 정체되었다. 중국의 봉쇄적인 고립 정책으로 중국과 유럽 간 무역이 활발하게 지속되지 않았으며, 농업국가인 중국은 충분한 자본을 축적하지 못하고 산업기술도 발전하지 못해 유럽에 추월당했다. 중국은 19세기 유럽 제국주의 침략으로 패망하였고, 1949년 다시 통일되어 공산화되었다.

틴 대통령은 2004년 러-아세안 우호협력 조약에 서명했고 2014년 APEC 정상회의에 참가하였다.

2008년 5월 취임한 메드베데프(D.Medvedev, 1965-) 대통령은 2010년 중국과 인도를 방문하였다. 그는 21세기는 아시아의 세기이며 아태 지역이 주요한 역할을 하고 있다고 평가하였다. 러시아는 2010년 아셈(ASEM) 회원국이 되었다.

오바마 미국 대통령이 중국을 견제하기 위해 2011년 아시아 중시 정책을 주창하자 러시아도 아태지역으로 진출을 보다 강화하였다. 집권 3기(2012-2018)의 푸틴 대통령은 2012년 극동에 매장된 막대한 에너지 개발과 북극해의 신항로 개척을 위해 동방 정책(Pivot to Asia)을 추진하였다. 그는 태평양, 인도양, 수에즈 운하를 경유하는 기존의 바닷길을 크게 단축할 수 있는 북극 항로를 개발하여 동-서 물류망에 주도권을 장악하고자 하였다.

제3기는 2014년부터 현재까지이며 러시아는 아시아 중시 정책을 본격화하였다.

러시아는 2022년 우크라이나 침공 이후 국제적 고립이 심화되고 경제적 어려움이 가중되자 열세를 만회하기 위해 아시아 국가들과 유대를 강화하였다.

러시아는 경제 강국인 중국은 물론 아세안(ASEAN), 이란, 인도, 몽골, 북한과의 실질 협력을 강화하였다. 2021년 아세안 10개 회원국의 총 GDP는 3조 3천억 달러이며 세계 총 GDP의 3.5%를 차지하였다. 러-아세안 간 무역은 2021년 200억 달러이며 아세안의 대러 수출이 126억 달러였다. 러-베트남 무역이 2021년 60억 달러로 2020년 대비 약 20% 증가하였다. 베트남은 러시아가 주도하는

EAEU와 자유무역협정(FTA)을 체결한 아세안의 유일한 국가이며 동 협정은 2016년 발효하였다.

냉전기 소련은 미국과 중국을 견제하기 위해 베트남과 동맹을 체결하였으며 베트남에 100억 달러의 차관을 제공하였다. 1991년 소련의 해체 이후 러시아와 베트남의 최대 현안은 소련의 부채 상환이었다. 2000년 러시아는 100억 달러 부채 중 85%를 탕감했고 15%는 상환받기로 했으며 베트남과 군사, 에너지 협력을 강화하였다. 1995-2021년 베트남은 74억 달러의 러시아산 무기를 구입하였으며 총수입 무기의 80%를 차지하였다. 집권 5기의 푸틴 대통령은 2024년 6월 베트남을 방문하고 양국은 포괄적 전략적 협력을 강화하기로 하였다.

러시아의 아세안 진출은 별 성과가 없다. 2022년 러시아의 우크라이나 침공 이후 미얀마 이외 아세안 국가들은 서방의 제재 조치를 우려하여 러시아와 협력에 거리를 두고 있다. 러-아세안 무역은 2018년 199억 달러에서 2022년 155억 달러로 축소되었다.

푸틴 대통령은 우크라이나 전쟁에 사용할 무기 구입을 위해 24년 만에 2024년 6월 북한을 방문했고 9월 몽골을 방문했다.

러-중 전략적 동반자 관계와 반서방 공조

지난 70년간 중-소 관계는 대내외 정세 변화에 따라 갈등과 대립으로 점철되었다. 냉전기 중-소 관계는 적대 관계로 불안정했다. 1950년 중-소는 동맹관계였으나 1960년대는 이념 대립과 국경분쟁으로 악화되었다.

1970년대 중국은 소련을 주요 적으로 간주하였고 미국과 손을 잡았다. 1978년 소련의 아프간 침공 이후 중국은 소련에 대항하기 위해 1979년 미국과 수교하였다. 1970년 후반 소련은 중국을 견제하기 위해 베트남을 지원하였다. 소련은 1978년 11월 베트남과 상호원조 조약을 체결하였으며 당시 중국과 적대적인 베트남에 무기를 지원했다. 1978년 12월 베트남은 캄보디아를 침공했고 중국은 캄보디아에 무기를 지원하였다.

냉전기 중국과 소련은 인도차이나 반도를 두고 서로 대립하였으며 소련 해체 이후 중-러 관계는 우호 관계가 되었다.

탈냉전의 지난 30년간 러-중 관계는 호혜적인 경제협력, 미국의 패권과 NATO 동진 견제와 민주주의 확산 방지, 다극적 국제질서 구축에 대한 공동 이해를 토대로 전략적인 동반자 관계로 발전하였다[225].

우선 러시아와 중국은 냉전기 상호 불신으로 해결하지 못한 국경 분쟁을 타결하였다. 중국은 1969년 소련과 국경선 분쟁으로 군사적 충돌을 경험한 만큼 국경선의 안전 확보가 급선무였다. 러시아와 중국은 공히 14개 국가와 국경선을 접하고 있어 국경선의 안정이 안보의 최대 현안이다.

1991년 12월 구소련의 해체로 중앙아시아가 독립하자 중-러 간의 국경선이 대폭 축소되어 길이는 4,300km가 되었다. 중국은

---

225 Philip Snow, China and Russia(Four Centuries of Conflict and Concord), Yale University Press, 2023, pp. 487-527.

1989년 천안문 사태 이후 서방의 제재와 동구 공산 정권의 붕괴 등 대내외적으로 어려운 여건이었다.

중국 공산당은 국내 안정과 정권 유지에 최고 우선순위를 두었으며 국제적 고립의 탈피를 위해 인접국과 국경 협정 체결 등 선린우호 정책을 추진하였다. 중국은 1991-1999년간 11개의 국경 협정을 체결하고 대부분의 국경분쟁을 해결하였으며[226] 국경 지역의 신뢰 구축에 주력했다.

1991년 중국과 러시아는 동부 국경 협정, 1994년 서부 국경 협정, 1996년 국경에서의 상호병력 감축 협정, 2004년 동부 국경 보충 협정을 체결하여 국경선을 획정하였다. 마침내 2008년 러-중국 간 국경 협정이 종결되었다. 중국은 중-러 국경선에 배치한 6십만 병력을 감축하게 되었고 절약한 군비는 경제 발전에 투입하게 되었다. 특히 중국은 러시아와 접한 국경선의 안정을 확보하여 남중국해와 대만 등 태평양으로 군사력을 투사하게 되었다.

중-러 간 협력은 군사 분야에서 시작되었다. 1992년 옐친 대통령의 중국 방문 계기에 양국은 군사 및 경제협력에 합의하였다. 중국은 18억 달러의 러시아 첨단 무기를 수입하여 군사 현대화에 주력하였다. 러시아는 당시 파산 상태의 경제 회복을 위해 무기 판매를 통한 외화 획득이 절실하였다[227].

중국은 최신전투기, 장거리 폭격기, 미사일, 탱크, 잠수함 등 주

226 M. Taylor Fravel, Strong Borders, Secure Nation(Cooperation and Conflict in China's Territorial Disputes), Princeton University Press, 2008, p. 126-136.
227 Philip Snow, 전게서, pp. 488-489.

로 공격용 무기를 대거 수입하였으며 그간 수세적인 군사 전략에서 공세적인 전략으로 전환하게 되었다. 1992-1994년간 중국은 러시아의 수출 무기의 97%를 수입하였으며 1993-1997년간 50억 달러의 러시아산 무기를 구입하였다. 1993년 11월 중국과 러시아는 5년간 군사협력 협정을 체결하였으며 방산 협력을 강화하였다.

중국이 1989년 북경에서 발생한 대학생들의 민주 시위인 천안문 사태를 무력 진압하자 미국과 서방은 인권 침해를 이유로 중국에 대해 무기 금수 조치를 단행했다. 중국은 러시아와 군사협력을 통해 서방의 무기 금수 조치에 대항하였다.

당시 중국의 주적은 인도였으며 인도도 중국에 대항하기 위해 러시아산 무기를 대량 구입하였다. 1990년대 러시아의 대규모 무기 수출은 러시아 방산 산업의 발전 등 경제 회복에 기여했다.

2000년 취임한 푸틴 대통령은 지난 20년간 NATO 동진과 미국의 패권에 대항하기 위해 중국과 협력을 강화하였다. 2014년 러시아가 우크라이나 크림반도를 병합하자 서방은 러시아에 대한 제재 조치를 단행하였다. 이에 대해 러시아는 중국과 실질 협력을 보다 강화하였다.

중국도 미국의 단극적 패권에 대항하기 위해 러시아와 협력[228]을 환영하였다. 1996년 장쩌민 중국 주석의 러시아 방문을 계기로 러-중국 간 전략적 협력이 시작되었으며 2001년 러-중 선린우호협력 조약이 체결되었다. 러-중 양국은 2011년 전면적 협력의 동반자 관계로 발전했고 2019년 포괄적 전략 동반자 관계로 격상되었다.

228 Suisheng Zhao, 전게서, pp. 212-217.

러-중 양국은 전략적 협력의 제도화를 위해 정상회담과 고위 인사교류를 정례화하였다. 2012-2024년 5월간 양국 정상은 42회 회담을 개최했고 2022년 2월 이후 양국 외무부 고위급 접촉은 20회였다. 그리고 1993년부터 국방장관급 정기 협의, 1997년부터 고위 군장성급 전략안보협의, 1998년부터 외교 차관급 협의, 2005년부터 부총리급 국가안보협의를 개최하고 있다[229].

2022년 2월 푸틴 대통령은 우크라이나 침공 2주 전에 중국을 방문하였으며 중-러는 무제한 협력하기로 합의하였다. 우크라이나 전쟁이 장기화되자 러시아는 중국에 더욱 의존하게 되었다. 중국은 러시아가 우크라이나 전쟁에서 버틸 수 있도록 주요한 병참선과 조력자 역할을 하고 있으며 전쟁 특수는 물론 미-서방 간의 대립을 통해 반사적으로 지정학적 이익을 누리고 있다.

중국과 러시아는 유엔 안보리 상임이사국으로서 유엔에서 주요한 사안에 대해 반서방 공동보조를 취하고 있다. 양국은 2009년 유엔 안보리에서 서방이 제의한 대짐바브웨 경제 제재안, 그리고 2011년 아랍의 봄으로 발생한 중동의 리비아 내전과 시리아 내전 관련 유엔 안보리의 결의안에 대해 거부권을 행사하였다. 러시아와 중국은 미국을 견제하기 위해 유엔의 대북 제재 결의안을 성실하게 준수하지 않으며 북한의 미사일 시험과 핵 위협을 자국에 유리하게 이용하고 있다.

러-중은 최근 한반도의 동해, 동지나해, 러시아의 극동 지역에서 합동군사훈련을 통해 미국, 인도, 호주, 한국, 일본을 견제하고 있

229 모리 가즈코 지음, 이용빈 옮김, 중일표류(글로벌 파워의 향방), 한울, 2023, pp129-131.

다. 2007년 1,600명의 중국군이 처음으로 러시아에서 개최된 합동 군사훈련에 참가하였으며 중국은 향후 대만을 침공할 경우 러시아의 지원을 통해 미국과 일본의 군사적 개입을 견제하고자 한다.

러-중 양국은 유엔, 그리고 브릭스(BRICS), 상하이협력기구(SCO) 확대 등 다자협력을 통해 미국이 주도하는 NATO와 G-7, 인도-태평양 전략에 대항하고 있다. 중국은 2022-2023년간 러시아의 우크라이나 침공을 규탄하는 유엔 총회의 투표에서 3회 기권하였다.

2023년 6월 러시아와 중국이 주도하는 SCO 정상회의 계기에 미국과 적대적인 이란이, 2024년 7월 SCO 정상회의에서 벨라루스가 가입하였으며 중국은 벨라루스에서 반테러 군사훈련을 실시하였다. 벨라루스는 러시아의 동맹국이며 우크라이나 전쟁이 장기화되자 안전보장을 위해 중국과도 군사협력을 강화하고 있다. 2023년 8월 BRICS 정상회의 계기에 사우디, 이란, 이집트 등 6개국이 새로 가입하였으며 BRICS 범위가 중동으로 확대되었다.

러-중의 미국 달러 패권 견제

러-중 양국은 서방에 대항하기 위해 경제협력도 확대하고 있다. 러-중 간 지리적인 인접성과 상호 보완적인 경제구조가 양국 간 투자와 무역 증대에 유리한 여건을 조성하였다. 중국은 경제 발전을 위해 에너지가 필요하며 러시아는 사할린과 시베리아에 풍부한 에너지를 개발하여 중국에 수출하였다.

중국과 러시아 양국은 전방위 협력 관계를 강화하고 있다. 러시아는 중국에 첨단 무기와 에너지를 수출하며 중국은 러시아에 자동차, 제조품을 수출한다. 중국은 현재 세계 최대 에너지 수입국이며 러시아산 가스와 원유를 대규모 수입하고 있다. 중국은 러시아 이외 다른 국가로부터 첨단 군사기술을 도입하기 어렵다.

중국은 2010년부터 러시아의 제1위 무역상대국이 되었다. 중-러양국의 무역액은 2021년 1,468억 달러이며 2020년 대비 35% 증가하였다. 2023년 러-중 무역액은 2,401억 달러이며 사상 최대를 기록했다. 2021년 중국은 러시아 무역의 18% 차지하고 러시아는 중국 무역의 2%를 차지하였으며 비대칭적이다. 중국의 러시아에 대한 경제적 영향력이 증가하고 있다.

러시아와 중국은 미국의 달러 독점에 대항하고 서방 중심의 국제 금융질서의 개편을 위해 2019년 자국 화폐로 무역 거래를 결제하기로 합의했다. 서방 주도의 국제결제망(SWIFT)에 대항하기 위해 중국은 CIPS, 러시아는 SPFS라는 국제결제망을 별도로 운영하고 있다. 그리고 러시아는 가스와 원유의 수입국에 대해 달러 대신 루블화로 결제를 요구하였다.

러시아와 중국은 2020년 상하이협력기구(SCO) 재무장관 회의에서 무역 대금을 중국, 인도, 러시아 화폐로 결제하기로 합의하였다. 2022년 러-중 양국 무역의 25%는 양국 화폐로 무역 거래를 결제하였으며. 중국은 러시아산 가스를 구입할 경우 자국 화폐 50%, 러시아 화폐 50%로 지불하였다.

러시아는 서방의 대러제재 조치로 미국 달러 거래가 어렵게 되자 중국 위안화와 암호 화폐의 거래를 허용하였다. 러시아 국부펀드의 중국 위안화 비율이 2배로 증가하여 2022년 60%가 되었다.

중국도 미국의 금융 패권에 대항하기 위해 위안화를 대외결제로 사용하고 외국과 통화스왑(Swap) 협정[230]을 체결하였다. 중국은 자국 통화를 국제화하고 자금의 해외 도피를 방지하기 위해 중앙은행이 발행하는 디지털 화폐(CBDC)를 시범적으로 사용 중이다.

그러나 지난 4년간 러-중국의 공조에도 불구하고 미국 달러가 세계 경제에 주도적인 화폐이다. 2023년 8월 현재 세계적으로 달러 결제가 60%, 유로 결제가 20%이며 위안화 결제는 3%이다. 국제통화기금(IMF)은 미국 달러, 유로, 일본 엔, 중국 위안 등을 8개국 화폐를 세계준비통화(Reserve currency)로 지정하였으며 미국 달러가 전 세계 외환 보유고의 59%, 중국 위안이 2.6%를 차지하고 있다.

중국 공산당의 경제통제로 자본 자유화가 성숙하지 못해 위안화의 국제화는 어려운 실정이다. 중국의 대부분 대형 은행들은 국영이며 개인들의 자유로운 외환 송금이 어렵다. 중국 공산당은 자본 자유화가 대규모 자본 유출과 체제 위기를 초래할 것으로 보고 암호화폐의 사용 금지 등 금융통제를 강화하고 있다.

러-중의 편의적 유대와 공조의 한계

2022년 현재 중국은 3조 2천억 달러의 외환보유고를 가진 세계

---

[230] 2008년 미국발 세계 금융위기 이후 인도, 한국, 중국, 일본은 서로 통화스왑 협정을 체결하였다. 중국은 미국의 경제 제재 조치에 대응하기 위해 60개국과 5,000억 달러의 통화 스왑 협정을 체결하였다. 인도는 2018년 750억 달러의 통화스왑 협정을 일본과 체결했다. Agathe Demarais, 전게서, pp. 127-128.

2위의 경제 강국이며 러시아는 세계 최대 핵 강국이다. 중국과 러시아의 유대는 미국의 패권에 도전할 수 있는 이상적인 조합이다. 그러나 러-중 간 국력과 경제력에는 차이가 많다. 러시아는 군사 강국이나 경제 규모는 중국의 1/10 정도이며 경제적으로 약체이다.

러-중의 반미 유대는 공유된 가치에 근거한 동맹이 아니며 미국의 패권에 대한 불만과 지정학적 이익에 근거한 편의적 연합이다. 러-중 관계에는 협력과 대립이 상존하며 국내외 정세의 변화에 따라 양국 관계도 변화될 수 있다. 러-중 양국은 최대한 전략적 자율성과 국익을 추구하며 상대방을 이용하고 있다.

러시아는 자국을 배제한 미-중 양국의 세력 분할을 경계하며 미-중 간 밀착을 견제하고 있다. 러시아는 중국에 과도하게 의존할 경우 중국의 하위 파트너로 전락할 것을 우려하며 다극 체제에서 견제와 균형자로 역할을 희망한다.

러시아와 중국은 공히 반미 수정주의 국가이나 현상타파의 방식에는 차이가 있다. 러시아는 우크라이나 침공 등 무력행사를 통해 자유국제질서를 파괴하고 존재감을 과시하고 있다.

그러나 중국은 소련의 붕괴를 반면교사로 미국과의 정면대결을 자제하고 강한 경제력을 토대로 장기적으로 다방면에서 미국의 패권에 도전하고 있다. 시진핑 주석은 중국이 경제 피폐로 패망한 소련의 전철을 답습하지 않도록 경고하고 있다.

첫째, 중국과 러시아는 지난 200년간 대부분 대립과 갈등 관계였으며 이념적 유대가 부족하였다. 근본적으로 러시아는 유럽 국가이고 기독교 문화권이라면 중국은 아시아 국가이고 유교 문화권으로서 문화와 가치 체계가 상이하였다.

중국은 19세기 하반기 유럽 제국주의의 중국 침략 계기에 러시아 제국이 청나라 영토인 광대한 연해주 지역을 불법적으로 침탈하였다고 보고 있으며 영토 회복의 기회를 노리고 있다. 중국은 1950년 소련과 체결한 동맹이 실패한 경험을 거울삼아 러시아와 거리를 두고 있다.

반면 러시아는 중국인의 이주를 황색 위험(Yellow Peril)으로 간주하고 중국인의 연해주 이주를 통제하고 있다. 러-중 무역에 있어 중국의 과도한 흑자 시현으로 양국 간 무역 불균형이 심화되고 있으며 중국은 과도한 대러 에너지 의존을 경계하고 있다. 중국과 러시아는 완충국인 몽골, 중앙아 그리고 북한에 대한 영향력 행사에 서로 경쟁하고 있다.

둘째, 중국은 전략적 이익을 고려하여 러시아와 선택적으로 협력하고 있으며 러시아의 외국 영토 병합을 지지하지 않는다. 2008년 러시아는 조지아 침공 계기에 압하지야와 남오세티야아를 독립시켜 사실상 병합하였다. 그리고 러시아인의 보호를 명목으로 2014년 우크라이나 크림반도를 병합하였다. 그러나 중국은 티벳, 내몽골, 신장 등 중국 내 소수 민족의 분리 독립을 우려하며 2014년 러시아의 크림반도 병합에 대한 지지 요청을 거절하였다[231].

셋째, 2022년 러시아가 우크라이나를 침공하자 서방은 강한 대러제재 조치를 단행하였다. 이에 대항하기 위해 러시아는 이란, 북한, 쿠바, 니카라과, 베네수엘라, 시리아 등 반미 국가들과 유대를

231 Philip Snow, 전게서, p. 503.

본격화하고 있다. 반면 중국은 러시아의 반미 유대 결성에 거리를 두고 있으며 서방과의 경제협력을 유지하고 있다.

중국은 우크라이나 전쟁에 대해 친러 중립적인 입장을 견지하면서 한편으로는 서방과의 경제협력을 유지하는 등 최대한 실리를 챙기고 있다[232].

중국은 외교적으로 러시아를 지지하고 경제협력을 강화하나 서방의 제재를 우려하여 대러 무기 수출을 자제하고 있다. 우크라이나 전쟁 이후 미국은 중국의 대만침공을 방지하기 위해 대만에 무기를 지원하고 있으며 중국은 대만의 군사화에 반대하고 있다.

2023년 11월 미국과 중국은 정상회담을 갖고 양국 관계의 악화를 방지해 나가기로 하였다[233]. 중국은 미국의 경제 재제 조치로 침체된 경제의 활성화가 급선무이다.

유럽연합(EU)도 러-중 밀착을 견제하고 중국과 경제협력을 유지하면서 위험부담을 최소화하고 있다. 중국은 경제적으로 러시아보다 서방이 더 중요하다. 2023년 중-러 무역은 2,400억 달러이나 중-유럽연합 무역은 8,000억 달러이며 중-미 무역은 6,600억 달러였다.

---

232 우크라이나 전쟁이 장기화되자 중국의 계산도 다양하다. 중국 전문가의 일부는 러시아의 우크라이나 침공은 실패했으며 우크라이나 전쟁에서 러시아가 패하면 중국은 고립될 것으로 우려한다. 반면 미국이 우크라이나 전쟁에 개입하여 중국에 덜 관심을 갖게 되어 중국이 유리하다는 견해도 있다. David M. Lampton, 전게서, p. 349.
233 바이든 미국 행정부의 대중 정책은 경쟁(competition), 협력(cooperation), 대립(confrontation)이라는 세 개의 "C"로 표현된다. 중국은 미국이 미중 관계를 "경쟁"으로 정의하는 데 반대하며 상호존중(mutual respect), 평화공존(peaceful coexistence), 합작공영(win-win cooperation) 등 3대 원칙을 강조했다.

넷째, 중국과 러시아는 글로벌 사우스(Global South) 개도국 진출에 있어 서로 경쟁적이다. 중국은 우크라이나 전쟁의 장기화로 러시아의 국력이 약화되자 이를 호기로 개도국에 적극 진출하고 있다.

특히 중국과 러시아의 대인도 관계는 서로 대립적이다. 러-인도는 우호적이며 중국-인도는 대립 관계이다. 러시아는 중-인도 간 대립 관계를 이용하여 무기 판매 등 실리를 챙기고 있다. 중국과 인도는 러시아 무기의 주요 수입국이다.

다섯째, 러시아는 미국에 대항하기 위해 동북아에 러-중-북한 3국 간의 유대 강화를 기대하나 중국은 소극적이다. 중국은 이들 3국 간의 유대 형성이 한-미-일 3국의 반중 공조를 보다 강화하여 동북아에 신냉전의 도래 등 불리하다고 보고 있다.

중국은 국제 체제의 다극화는 지지하나 진영 간 대립을 의미하는 신냉전의 도래에 반대한다. 중국은 2020년 코로나 사태 이후 악화되고 있는 국내경제 회복에 최대 우선순위를 두고 있다. 중국은 러-우크라이나 전쟁의 평화적 해결을 지지하며 러시아의 핵무기 사용에 반대하였다.

러시아는 중국의 대만 관련 '하나의 중국(One China)' 정책을 지지하나 대만과의 비공식 관계를 유지하면서 중국을 견제하고 있다. 1992년 러시아는 대만과 경제협력 관계를 유지하면서 원유를 수출하고 대신 대만으로부터 반도체와 전자제품, 기계류 등을 수입하고 있다. 양측 간 무역은 2008년 36억 달러에서 2018년 53억 달러로 급증했다. 2019년 약 15,000명의 러시아인이 무비자로 대만을 방문하였다.

러시아의 우크라이나 침공 이후 대만은 서방의 대러 제재에 동참했고 러시아는 대만을 비우호 국가로 지정했다. 그러나 러-대만 관계는 큰 변동이 없다.

러-인도 전략적 협력

러시아는 중국의 과도한 영향력을 견제하고 유라시아에서 우위를 확보하기 위해 인도와 전략적 협력을 강화하고 있다. 인도는 중국에 대항하고 에너지와 무기 수입, 실질 협력 증진을 위해 러시아와 협력을 희망한다. 인도는 세계 5위의 경제력, 세계 4위의 국방력을 보유한 핵 강국이다. 인도는 영국으로부터 독립한 지 100년이 되는 2047년까지 강한 인도의 실현에 박차를 가하고 있다.

냉전기 서남아시아는 중, 인도, 소련, 미국 등 강대국 간의 지정학적 대립으로 불안한 지역이었으며 현재도 국제규범이 잘 통용되지 않는 사각지대이다. 미국은 소련 봉쇄 정책 일환으로 1948년 독립한 파키스탄과 동맹을 체결했고 1978년 중국과 수교하였다. 파키스탄은 미국이 주도하는 반소련 안보동맹인 동남아조약기구(SEATO, 1954-1977)와 중동조약기구(CENTO, 1955-1979)에 가입하였으나 이들 기구는 회원국 간의 이견으로 유명무실하였다.

당시 중국은 1969년 소련과 국경 충돌로 적대 관계였으며 미국과 협력으로 소련을 견제하였다. 반면 소련은 미국-중국-파키스탄의 연합에 대항하고 인도양으로 진출하기 위해 인도와의 관계를 강화하였다. 1955년 11월 소련 흐루시초프(1894-1971) 서기장이 처음으로 인도를 방문하여 우호 협력의 기반을 구축하였다.

한편 영국 식민지에서 독립한 인도는 비동맹 외교 노선을 주창하면서 중국과 파키스탄에 대항하기 위해 소련과 군사협력을 강화하였다. 1971년 초 인도는 소련과 평화우호협력 협정을 체결했으며 소련과 군사동맹을 맺었다. 소련은 중국을 견제하기 위해 인도의 핵 개발을 지원했다.

냉전기 소련과 인도 양국은 사회주의 국가로서 긴밀한 우호 관계를 유지하였다. 서구는 시장 자본주의를 선택했고 인도는 사회주의 자립 경제를 추구하여 서로 경제협력이 어려웠다.

1971년 12월 동-서 파키스탄 전쟁이 발발하자 인도는 서파키스탄을 견제하기 위해 동파키스탄(방글라데시)을 군사적으로 지원하였다. 소련은 인도에게 대규모 군사 지원을 제공했으며 미국과 중국은 서파키스탄을 지원하였다. 인도와 파키스탄 간의 카슈미르(Kashmir) 분쟁이 1974년 발생하자 소련은 인도를 지원하였다.

미국은 소련의 인도양 진출을 방지하기 위해 중국이 군사력을 동원하여 인도를 위협할 것을 요청했다. 당시 닉슨 대통령의 안보 보좌관인 키신저 장관은 1971년 7월 파키스탄을 통해 비밀리에 중국을 방문하여 미-중 수교 추진 등 반소 공동협력을 모색하였다.

1979년 소련이 인도양 진출을 위해 아프간을 침공하자 미국, 중국 등 대부분 국가들은 소련의 침공을 비난하고 철수를 요구했지만 인도는 비난을 자제하였다.

미국은 소련의 아프간 침공이 친미적인 이란과 중동 원유 수송의 길목인 걸프 해안에 대해 심각한 위협을 줄 수 있다고 보고 인도양에 대한 해군력을 강화하였다. 특히 중국은 국경선을 접한 아프간에 소련의 주둔은 큰 위협이었다.

소련의 1979-1989년간 아프간 점령은 미국, 중국, 사우디, 파키스탄의 지원을 받은 아프간 반군의 저항으로 실패로 끝났다. 소련은 과도한 국력 소비로 결국 1991년 12월 해체되었다.

소련의 해체 이후 미국 주도의 자유 국제질서가 확산되었다. 인도는 큰 시장인 소련을 상실하였으며 대안으로 시장 자본주의를 도입하여 서구와의 협력을 통한 경제 발전에 주력하였다[234].

최근 미국의 국력 쇠퇴, 중국의 부상, 러시아의 강대국 복귀 등 국제질서가 다극화되면서 인도와 러시아는 새로운 관계를 모색하였다. 우선 인도는 중국에 대항하기 위해 러시아산 무기와 기술을 도입하였으며 탱크와 전투기, 함정을 생산하고 있다. 인도의 항공모함, 잠수함, 미사일 등 첨단군사 장비의 85%는 러시아산이다. 인도는 2000년 5월과 6월 중-인도 간 국경선 충돌 이후 국력을 증강하고 중국의 위협을 견제하는데 주안점을 두고 있다.

러시아는 미국에 대항하고 중국을 견제하기 위해 인도와 협력을 강화하고 있다. 특히 세계 제2위 무기 수출국인 러시아는 200만 명을 고용하고 있는 군수 사업의 육성을 위해 무기 수출에 적극적이었다.

2016년 러시아는 인도에게 첨단 방공망인 S-400 등 52억 달러의 무기 수출 계약을 체결하였다[235]. 2021년 러시아는 인도를 '특별전

---

234 Alasdair Roberts, Superstates(Empire of the Twenty-first Century), Polity, 2023, p57.
235 인도는 미국의 제재를 회피하기 위해 냉전 시대 소련과 체결한 통화스왑 협정을 통해 S-400 구입 대금을 러시아 화폐와 인도 화폐로 지불하였다. 미국은 러시아산 무기를 구입한 국가에 대해 제재를 가했다. Agathe Demarais, Backfire(how sanctions shape the world against U.S. interests), Columbia University Press, 2022, p.128.

략 동반자(Special Privileged Strategic Partner)' 국가로 격상하였으며 인도와 러시아 간 2+2(외무 및 국방장관) 회담이 처음 개최되었다[236].

2024년 7월 모디 인도 총리는 러시아를 방문하여 푸틴 대통령과 정상회담을 가졌으며 러-인도 간 경제, 군사, 에너지 협력을 강화하기로 하였다.

인도는 기술 패권과 경제성장을 추진하고 있다. 인도는 2022년 호주와 자유무역협정(FTA)를 체결했고 영국, 캐나다, 유럽연합과 FTA 체결을 추진하는 등 자유 경제질서에 참여를 본격화하고 있다. 인도는 디지털 인디아(Digital India) 정책을 통해 반도체, 신흥 기술의 개발에 주력하고 있다.

2022년 2월 러시아가 우크라이나를 침공하자 서방은 강한 대러 제재 조치를 단행하였다. 러시아는 서방으로 에너지 수출이 어렵게 되자 중국과 인도에게 할인 가격으로 대량의 원유를 판매하였다. 중국과 인도가 러시아 총수출 원유의 90%를 차지하였다. 2023년 러시아산 원유가 인도 총 원유 수입의 36%를 차지하여 1위였다. 러-인도 무역 규모는 2019년 116억 달러에서 2023년 657억 달러(대러 수입 614억 달러)로 급증하였다. 2023년 인도는 국내총생산(GDP)에서 세계 5위의 경제 강국이 되었으며 7.2% 경제성장 등 우크라이나 전쟁의 특수를 누리고 있다.

236 Richard Sakwa, 전게서, pp. 309-312.

미-인도 협력과 중-인도 대립

인도는 강대국 간 경쟁을 이용한 선택적 세력균형 정책과 기회주의적 외교를 통해 실리를 추구하고 있다. 우선 주요한 안보 사안에 대해 인도와 러시아 관계는 유동적이다. 우크라이나 전쟁에 대해 인도는 평화적 해결을 촉구하며 친러 중립을 견지하면서 서방과도 호혜적인 관계를 유지하고 있다. 모디 인도 총리는 2024년 8월 우크라이나를 방문하여 대화를 통한 우크라이나 전쟁의 평화적 해결을 촉구하였다.

러-중-인도-미국 4국 관계는 불안전하다. 러-중국 관계는 우호적이나 인도-중국 관계는 대립적이다. 러시아는 NATO 동진과 미국에 대항하기 위해 중국과 전략적 협력에 우선순위를 두고 있다.

중국과 인도는 핵 강대국으로서 전략적 자율성을 최대한 유지하면서 다극 국제질서의 구축을 지지하고 선택적인 균형 전략을 취하는 점에서 유사하나 접근방식에 근본적인 차이가 있다.

중국 공산당은 서방 주도의 자유 국제질서를 자국에 유리하도록 개편하고자 하는 현상 타파적이다. 반면 인도는 민주국가로서 자유 국제질서를 지지하며 미국과 전략적 협력 관계이며 동시에 러시아와 중국 주도의 상하이협력기구(SCO)와 브릭스(BRICS) 회원국이다. 인도는 G-20회원국이며 서방의 민주 진영과 글로벌 사우스(Global South)를 이어주는 교량 역할을 추구한다.

인도는 중국과 파키스탄을 견제하기 위해 인도·태평양에서 미국, 일본과 협력을 강화하고 있다. 인도는 미, 일, 호주 함께 안보협의체인 쿼드(QUAD) 회원국이며, 미국이 주도하는 인태경제프레임워크(IPEF)에 참여하고 있다.

중국은 일대일로(BRI) 사업으로 인도양으로 진출하고 인도를 견제하기 위해 600억 달러의 중국-파키스탄 경제회랑(CPEC)을 건설하고 있다. 이에 대해 인도는 해군력을 강화하고 비동맹 국가들과 네트워크 방식의 안보협력을 추진하고 있다.

인도는 2014년부터 상업(commerce)-문화(culture)-연결(connectivity)의 3Cs에 주안점을 둔 동방 정책(Act East Policy)을 본격화하고 있다.

미국은 2023년 인도가 주최한 G-20 정상회담에서 중국의 일대일로(BRI) 사업에 대항하기 위해 인도가 주도하고 있는 인도-중동-유럽 경제회랑 사업을 지원하기로 하였다[237].

러시아는 미-인도 간 협력을 견제하기 위해 파키스탄에 접근하고 있다. 최근 러시아는 미-인도-일본의 유대에 대항하기 위해 러-중국-파키스탄 3각 협력을 모색하고 있다[238]. 이들 3국은 모두 핵보유국이며 3국의 핵탄두는 약 7,600개이다. 냉전기 소련은 중국에 대항하기 위해 인도와 협력을 강화했고 파키스탄과의 관계는 소원했다.

그러나 최근 인도가 중국을 견제하기 위해 미국과의 협력을 강화하자 러시아는 파키스탄과 관계를 돈독히 하고 있다. 파키스탄도

---

237 2023년 인도에서 개최된 G-20 정상회의에서 미국은 자국이 추진하는 글로벌 인프라 투자 동반자(PGI) 사업과 연계하여 인도가 추진하는 인도-중동-유럽을 연결하는 경제회랑(IMEC) 사업을 지원하기로 하였다. 유럽연합, 사우디, 이스라엘, 요르단, 아랍에미리트가 IMEC에 참가하고 있다. 그리고 미국은 유럽연합, 인도와 함께 아프리카 광물자원 개발을 위해 앙골라-잠비아-민주콩고를 연결하는 Lobitol 회랑을 개발하는 데 협력하기로 하였다.
238 Bawa Singh 외 3인, New Great Game on the Indo-Pacific(Rediscovering India's Pragmatism and Paradoxes), Routledge, 2023, pp. 75-78.

인도를 견제하기 위해 러시아와 협력을 희망한다. 러시아는 2015
년 파키스탄과 국방 협정에 서명하고 20억 달러의 파키스탄 가스
관 건설 사업에 서명했다.

　지난 2021년 8월 아프간에서 미군이 철수하자 이슬람 원리주의
자인 탈레반이 다시 정권을 장악하였다. 중국은 아프간의 안정화와
재건을 위해 인도를 제외한 이란, 파키스탄 등 인접국과 다자협력
을 강화하고 있다. 인도는 러시아, 중앙아 국가와 함께 탈레반 정권
과 협력을 모색하고 있다.

제2장

미-중 대립과 미국의 인도-태평양 전략

중국의 부상과 반미 다극화 추진

21세기 인도-태평양이 세계 경제의 중심이 되면서 강대국의 각축장이 되고 있다. 세계 힘의 중심이 유럽과 대서양에서 아시아와 태평양으로 이동하였다. 인도 태평양 지역은 세계 경제의 60%를 차지하며 중국은 무역의 85%를 해상 교역에 의존하는 등 인도-태평양은 주요한 해역이다. 중국은 에너지 대부분을 인도양과 태평양을 통해 중동과 아프리카에서 수입하며 동남아 말라카(Malacca) 해협은 중국의 생명선이다.

태평양은 전 세계 해수면의 50%, 지구 표면의 33%를 차지한다. 미국은 태평양과 대서양 연안국가로서 태평양은 자국 안보는 물론 대만, 일본, 한국, 필리핀, 호주 등 우방국을 보호하고 세계 물류망을 확보하는 데 주요한 해역이다.

제2차 세계대전 중에는 일본이 태평양을 장악하였으나 1945년 미국에 패배하자 미국이 주도권을 장악하였다. 냉전기 미국은 강한 해군력으로 인도-태평양의 항해 안전을 보장하는 세계 경찰의 역할을 하였다. 소련은 대서양에 안보의 우선순위를 두었으며 인도-태평양은 부차적이었다. 소련은 유라시아 대륙 국가이며 해군력이 약해 해양 진출에 한계가 있었다. 소련은 당시 적대국인 미국과 중국을 견제하기 위해 인도와 관계를 강화하였다. 냉전기 중국, 인도는 개도국으로서 국력을 투사할 여력이 없었다.

1991년 소련의 패망과 21세기 중국의 부상은 인도-태평양에 구조적인 변혁을 초래하였다. 소련의 붕괴로 미국이 유일한 세계 강대국이 되었으며 미국의 패권 질서가 구축되었다. 그러나 2008년 미국발 금융위기 이후 미국의 국력이 쇠퇴하였다[239].

반면 중국은 지난 30년간 미국이 제공하는 안보에 무임승차 하면서 자본주의를 도입하여 경제 발전에 성공하였다. 1990-2010년간 중국은 냉전기 소련의 패망을 반면교사로 삼아 미국과 정면 대립을 회피하고 군비증강보다는 경제 발전에 주력하였다. 중국 모택동(1893-1976)은 서구 제국주의의 침탈로 쓰러진 중국을 다시 일으켜 세우고 혁명적인 외교를 통해 소련과 미국에 대항하였다. 등소평 시대(1978-2012)는 대외 개방과 자본주의 경제개혁으로 중국을 부유하게 만들었다[240]. 현재 시진핑 주석은 부국강병을 통해 중국을 강하게 만들고 있다.

239 Edited by Peter J. Katzenstein and J. Kirshner, The Downfall of The American Order, Cornell University Press, 2022, pp. 167-172.

240 Suisheng Zhao, The Dragon Roars Back(Transformational Leaders and Dynamics of Chinese Foreign Policy), Stanford University Press, 2023. p. 6.

중국은 미국의 지원으로 2001년 세계무역기구(WTO)에 가입하고 2010년 일본을 제치고 미국에 이어 제2의 경제 대국으로 부상하였다. 중국의 GDP는 2001년 1.3조 달러에서 2021년 18조 달러로 급증했고 2019년 세계 최대의 신용 공여국이 되었다[241].

중국은 인민 민주주의 국가라고 자칭하지만 공산당이 전권을 행사하며 개인과 사회를 철저히 통제하고 있다. 중국은 서방이 사회주의 체제 전복을 위해 1989년 천안문 사태를 배후에서 조종했다고 보고 무력으로 강경하게 진압했으며 공산당 권력을 보다 강화하였다. 중국 공산당은 민주 제도를 도입할 경우 서구의 이념과 지배에 종속되어 2류 국가로 전락 된다고 보고 중국식 사회주의를 강화하고 있다. 중국은 미국이 냉전적인 사고를 갖고 중국을 봉쇄하고 있으며 미국과 대결이 불가피하다고 보고 있다. 인권과 자유를 강조하는 미국의 민주주의와 위계적 질서와 사회통합을 강조하는 중국 공산당의 전제주의는 양립이 어렵다.

지난 30년간 미국은 개입 정책을 통해 중국이 시장 자본주의 도입과 경제성장을 통해 민주 국가로 발전하고 자유 국제질서에 통합될 수 있도록 지원하였다. 그러나 중국 공산당은 민주화를 거절하고 사회주의를 고수하고 국가 자본주의로 복귀하였으며 미-중 간 건설적 관계는 종식되었다.

2012년 취임한 시진핑 주석은 공산당의 장기 집권을 위해 강압적 통치를 강화하고 반미적인 공세적 대외 정책을 추진하고 있다. 중

---

241 상게서, pp. 137-140.

국은 지난 10년간 미국의 패권에 대항하고[242] 다극 국제질서를 주장하면서 수정주의자가 되었다.

　시진핑 주석은 2050년까지 중국식 사회주의 선진국 건설을 천명하였다. 그는 미-중에 의한 세력 분할과 양극 질서의 구축을 제안하고 일대일로 사업(BRI), 중국제조 2025, 기술 및 군사 굴기 등 부국강병에 주력하고 있다.

　우선 중국은 태평양 진출을 위해 유라시아 대륙 국가인 러시아와 전략적 협력을 강화해 오고 있다. 러시아와 중국은 권위주의 국가로서 미국 주도의 자유 국제질서를 견제하고 탈패권적 다극 국제질서를 구축하는 데 이해가 일치한다. 러시아와 중국은 위대한 역사와 전통적 가치, 그리고 민족주의를 강조하고 있다.

　중국은 러시아와 함께 인접한 중앙아 5개국, 북한, 몽골을 공동 관리하면서 서방의 진출과 민주주의 확산을 경계하고 있다. 러시아와 중국은 공조를 통해 우즈베키스탄과 키르기스스탄에 소재한 미군 기지를 폐쇄하였으며 중국은 2021년 미국의 아프간 철수 이후 아프간 진출을 강화하고 있다.

　중국은 아태 지역에서 미국과 인도를 견제하고 대만을 통합하는 데 러시아와 우호 관계 유지가 긴요하다.

　중국은 해상 물류망 확보를 위해 2013년 해상실크로드 사업으로 인도양과 태평양에 적극 진출하였다. 중국이 수입하는 원유의 80%

242　Peter Trubowitz & Brian Burgoon, Geopolitics and Democracy(The Western Liberal Order from Foundation to Fracture), Oxford University Press, 2023, pp. 131-135.

가 인도양을 통과한다.

　중국은 2018년 인도양과 수에즈 운하를 연결하는 요충지인 홍해의 아프리카 지부티에 해외 군사기지를 처음 설치했고 인도양 6개 도서 국가(스리랑카, 몰디브, 모리셔스, 마다가스카르, 코모로, 세이셸)에 공관을 개설했다. 중국은 지부티-파키스탄-방글라데시-미얀마-말래카해협-캄보디아-파라셀 군도를 연결하는 '진주 목걸이(String of Pearls)' 해상 물류망을 구축하였다. 그리고 태평양 14개 도서 국가 중 11개 국가와 수교했고 2014년 이들 8개 태평양도서국과 전략적 동반자 관계를 맺었다.

　중국은 남중국해와 동중국해를 내해화하여 대만을 병합하고 해양으로의 진출을 꿈꾸고 있다. 시진핑 주석은 2027년 중국의 대만 통합 등 중화민족의 대부흥을 강조하고 중국 창건 100주년인 2049년에 중국이 세계 강대국으로 부상하고자 한다.

　우선 중국은 앞마당인 남중국해의 장악에 주안점을 두고 있다. 남중국해는 중국의 주요한 해상교역로는 물론, 어족자원이 풍부하고 대규모 원유, 가스가 매장되어 있어 경제적으로도 주요한 해역이다.

　중국은 도련선 전략(Island Chain Strategy)과 9단선 영유권을 주장하면서 남중국해에 대한 진출을 강화하고 있다. 중국은 1995년 필리핀 소유인 스프래틀리 군도(남사군도)[243] 미스치프 암초를 무단 점령

---

243 스프래틀리 군도는 180여 개의 섬으로 구성되어 있으며 이 중 베트남이 21개, 필리핀이 8개, 말레이시아 7개, 대만 2개를 차지하고 있다. 중국은 10개의 섬을 점령하고 있다. 이 중 36개 섬은 밀물 때 잠기고 썰물 때 드러나는 간조 노출지로 국제법상 영유권이 대상이 될 수 없다. 중국은 이곳에 활주로와 군사시설을 설치하여 영유권 주장을 위한 근거로 삼고자

했고 2013년 남사군도와 파라셀 군도에 인공섬과 군사시설을 설치하였다. 중국은 남중국해를 군사화하고 자국의 배타적 세력권으로 지배하고자 하며 이는 국제법상 위반이다.

중국은 남중국해를 전쟁도 평화도 아닌 회색지대(Gray zone)화하여 주도권을 장악하고 미국에 대항하고 있다. 인근 주변의 필리핀, 베트남, 대만, 동남아 국가들은 약소국으로 중국에 군사적으로 대항하기 어렵다.

중국은 일대일로 사업과 함께 인도-태평양 지역의 개도국에 대한 소프트 파워(soft power) 전략을 구사하고 있다. 중국은 서방 주도의 국제질서가 개도국에게 불공평하다고 주장하고 대안으로 '미래를 공유하는 인류 공동체(Community with a shared future for mankind)'를 제시하였으며 글로벌개발구상(GDI), 글로벌안보구상(GSI), 글로벌문명구상(GCI) 등 3G전략을 추진하고 있다. 3G 전략의 특징은 중국이 평소 주장하는 국내 불개입, 주권 평등, 평화 공존과 공동번영, 다극 체제 구축 등이며 반미 패권주의에 주안점을 두고 있다.

시진핑 주석은 2023년 12월 베트남 방문 시 아시아인들이 아시아 안보를 책임져야 한다고 강조하는 등 아시아판 몬로주의를 주장하고 제3국의 아시아 개입을 견제하였다.

한다.

명칭	제안 시기	주요 내용
글로벌개발구상 (GDI)	2021년 9월	개도국의 빈곤퇴치, 보건환경 개선 등 불평등 해소를 지원
글로벌안보구상 (GSI)	2022년 4월	국제안보 위기에 대한 중재 등 해결책을 제시하고 중국 주도의 평화 체제를 구축
글로벌문명구상 (GCI)	2023년 3월	세계 문명의 다양성과 교류를 강조

중국의 국제질서 재편 3G 전략

지난 10년간 중국은 인태 지역에서 성과를 거양하였다. 우선 중국은 남중국해의 현상 변경을 기정사실화했으며 역내 국가의 최대 교역 대상국으로 부상하였다. 미국은 환태평양동반자협정(TPP)에서 탈퇴했으나 중국은 2020년 역내 포괄적경제동반자협정(RCEP) 창설을 주도하였다.

미국의 소극적인 대응이 중국의 남중국해 진출에 일조하였다. 미국은 1982년 채택된 해양법에 관한 유엔협약(UNCLOS)을 비준하지 않았으며 중국의 해양법 위반에 대한 국제법적 대응에 한계가 있었다. 한편 중국은 인태 지역에서 반미적인 강국으로 부상하였으나 현재 미국 주도의 자유 국제질서를 대체할 여력이 없다. 중국은 앞으로도 국력을 배양하면서 자국에 유리도록 세력의 재편을 추진해 나갈 것이다.

미국의 인도-태평양 전략과 중국 견제

중국의 태평양 진출은 미국과 대립을 초래하였다. 미국은 유라시아 대륙의 세력균형을 통해 지역 패권국가의 출현을 방지하고 규범에 기반한 자유 국제질서를 유지하는 데 주안점을 두고 있다. 미국은 유럽에서는 NATO를 통해 러시아에 대항하고 인도-태평양에서는 일본, 한국, 호주, 필리핀과 동맹을 통해 중국의 팽창을 견제하고 있다.

2011년 미국은 중국을 견제하기 위해 아시아 중시 정책을 채택했으며 2017년 세계 전략도 반테러 전쟁에서 강대국 간 경쟁을 관리하는 정책으로 전환하였다.

2017년 12월 미국의 국가안보전략(NSS) 문건은 안보에 대한 도전 세력으로 러시아, 중국을, 지역 안정의 위협 세력으로 이란과 북한, 테러단체를 열거하였다. 미국은 2017년 자유롭고 개방된 인도-태평양 전략을 발표하였다. 2017년 11월 트럼프 대통령은 아태경제협력체(APEC) 정상회의에서 인도태평양 전략의 핵심은 항행의 자유, 법치, 억압으로부터의 자유, 주권, 시장질서라고 강조하였다.

한편 트럼프 정부는 미국 우선주의와 신고립주의, 중상주의적 대외 정책으로 자유 국제질서를 스스로 무시하였으며 인도-태평양 전략의 이행에 한계를 노정하였다.

2021년 취임한 바이든 대통령도 트럼프 정부의 인도-태평양 전략을 수용하였다. 바이든 정부는 러시아가 직접적인 위협 국가이며 중국은 장기적으로 위험스러운 도전 국가라고 규정하였다. 미국은 중국을 견제하기 위해 20년간 개입한 아프간에서 2021년 8월 철군하였으며 인도-태평양 지역이 대외 정책의 최우선 순위라고 선언하였다. 미국은 일본, 인도, 호주와 함께 안보협의체인 쿼드(QUAD)를 설립하고, 그리고 호주, 영국과 함께 오커스(AUKUS)를 결성하였다. 그리고 한-미-일 3자 안보협력을 강화하고 있다.

미국은 소다자적 협의체(minilateral cooperation)와 인태경제프레임워크(IPEF)를 통하여 반도체, 배터리, 주요 광물에 대한 미국 중심의 공급망과 가치사슬을 구축하고 있다.

바이든 정부는 2022년 통합억제(Integrated Deterrence)[244] 전략을 통해 러시아와 북한, 이란, 중국의 도발과 핵 위협에 대처하고 있다. 통합억제는 핵, 재래식 군사력과 동맹 네트워크, 외교 등 비군사 영역의 가용한 수단을 동원하여 전통적 및 비전통적, 고강도 및 저강도 등 모든 수준의 군사 위협에 대해 총체적인 억지력을 행사한다는 것이다. 특히 미국은 러시아, 북한, 중국이 핵 억지력을 믿고 비핵국가에 대한 재래식 침략행위를 감행하는 것을 방지하기 위해 저위력 핵무기를 실전 배치하였다.

미국은 인태 지역의 개도국을 대상으로 '더 나은 세계 재건(B3W)' 사업을 추진하고 있다. 중국의 일대일로(BRI) 사업이 항만, 도로, 발전소 등 물리적 인프라 건설에 치중한다면 미국은 기후변화, 보건안보, 디지털 거버넌스 등 연성 인프라 건설에 주안점을 두고 있다. 미국은 중국의 대만 침공을 방지하기 위해 2023년 440백만 달러의 무기 판매를 승인했고 대만과 정기적으로 군사훈련을 실시하고 있다.

---

244 Erik Gartzke, Jon R. Lindsay, 전게서, pp. 31-39.

한편 중국은 미국의 인도태평양 전략이 아시아 NATO 판이며 중국 봉쇄에 목적이 있다고 비난하였다. 중국도 개방적이고 모든 국가가 참여하는 포괄적인 인도-태평양 질서의 구축을 주장하면서 미국에 맞서고 있다.

중국은 미국과 정면 대결할 경우 승산이 없다고 보고 경제적 상호 의존성을 활용하고 있다. 중국은 최대교역 대상국이라는 지위를 통해 역내 국가들이 미국의 인도태평양 전략에 참가하지 못하도록 영향력을 행사하고 있다. 2023년 중국이 미국의 제2위 교역대상국이며 인도-태평양 지역이 광범위하여 미국의 중국 봉쇄에도 한계가 있다. 아세안(ASEAN)은 아세안의 중심성(Centrality)을 강조하고 미-중 간 대립에 중립적인 입장을 견지하면서 불필요한 연루를 경계하고 있다.

NATO의 2022년 전략개념 채택과 인도 태평양 진출

북대서양조약기구(NATO)는 2022년 2월 러시아의 우크라이나 침공에 대응하기 위해 2022년 6월 정상회의에서 신전략 개념을 채택하였다. 신전략은 러시아가 NATO에 "가장 중대하고 직접적인 위협"임을 천명하였다. NATO는 사이버 및 하이브리드 공격도 북대서양 조약 제5조에 따라 집단방위 수단을 동원할 수 있는 공격으로 간주된다고 지적하고 집단 방위의 범위를 확대하였다.

신전략 개념은 민주주의 확산, 법의 지배, 유럽안보 강화를 위해

확장억제 전략을 정립하고, 신규 회원국의 가입[245]과 글로벌 안보
망 구축을 통해 비전통 안보 위협에 대한 대응 능력을 강화해 나가
기로 하였다[246].

신전략은 우크라이나, 조지아의 NATO 가입 가능성을 재확인했
다. NATO는 독립적인 우크라이나가 유럽-대서양 지역의 안정에
필수적임을 강조하고 우크라이나의 주권 수호에 대해 강력한 지지
를 표명하였다.

신전략 개념은 권위주의 중국이 NATO 및 자유 국제질서를 저해
하고 있다고 지적하였으며 중국의 부상으로 제기되는 안보 위협에
대해 미국과 공동으로 대처해 나가기로 하였다.

NATO는 중국의 강압적 정책이 NATO에 대한 도전이며 중국의
하이브리드(hybrid) 및 사이버(cyber) 작전과 허위정보의 유포가
NATO의 안보에 위해를 가하고 있다고 강조하였다. 그리고 중-러
간 전략적 동반자 관계가 NATO의 가치와 이익에 반한다고 지적
하였다.

신전략 개념은 인도-태평양과 해양 안보가 NATO의 평화와 번영
에 필수적이라고 강조하고 NATO가 해적 퇴치, 항행의 자유, 해양
통상의 안전보장을 위해 노력할 것이라고 언급하였다.

NATO의 작전 범위가 유럽에서 인도-태평양까지 확대되자

---

245 1999년 체코, 폴란드, 헝가리 3개국이 NATO 가입했고, 2004년 발트 3국, 루마니아, 슬로바
키아, 슬로베니아, 불가리아 7개국이, 2009년 알바니아, 크로아티아가, 2017년 몬테네그로,
2020년 북마케도니아가 가입했으며 1990-2020년간 NATO 신규 회원국은 14개국이었다.
246 NATO 조약 5조는 다른 유럽 국가들이 북대서양 지역의 안보에 기여할 수 있다면 NATO에
가입할 수 있다고 규정하고 있으며, 동 규정에 따라 1952년 그리스와 터키가, 1955년 서독
이, 1982년 스페인이 각각 가입하였다.

NATO의 우선순위에 대한 이견이 있었다. 일부 회원국은 중국과의 실리 관계를 고려하여 NATO는 유럽 방위에 집중해야 한다고 주장하였다. 프랑스는 전통적으로 NATO의 역할 증대에 유보적이며 유럽의 전략적 자율성을 강조해 온 만큼 중국의 안보 위협에 대한 NATO 대응에 소극적이었다. 일부 회원국은 중국의 안보 위협이 심각하다고 하면서 미국의 유럽 안전보장 대가로 아태 지역에서 미국을 지원해야 한다고 주장하였다.

미국은 NATO와 인도-태평양 진출을 환영한다. 한국, 일본, 호주, 뉴질랜드 등 NATO 아태 파트너 4국(IP4)은 2022년부터 매년 NATO 정상회의에 참석하고 있다.

2023년 한국과 일본은 NATO와 개별 파트너쉽 프로그램(ITPP)을 체결하였다. 2024년 7월 미국에서 개최된 NATO 정상회의는 인도-태평양의 정세가 직접 유로-대서양에 영향을 미치며 NATO에게 중요하다고 강조하였다.

한편 영국, 유럽연합은 중국과 러시아를 견제하기 위해 인도 태평양 지역에 개입하고 있다. 영국은 전통적인 해양 강국으로서 인도-태평양 지역에 미국, 호주와 협력을 강화하고 있다. 영국은 2021년 아세안(ASEAN) 대화 파트너 지위를 획득했고 2023년 12월 '포괄적점진적 환태평양경제동반자협정(CPTPP)'에 가입하였다. 독일은 2020년 9월 '인도태평양 정책 가이드 라인', 유럽연합은 2021년 9월 '인도태평양 전략'을 각각 발표하였다.

제3장

글로벌 사우스(Global South) 부상과 강대국의 진출

글로벌 사우스 부상과 국제질서의 다극화

우크라이나 전쟁에 대한 미-러 대립과 미-중 간 경쟁, 그리고 2023년 10월 이후 이스라엘-친이란 무장단체인 하마스 간 무력 충돌이 국제 사회의 다극화를 초래하고 있다. 러시아의 우크라이나 침공에 대해 서방은 대러 제재 조치를 단행하였으나 인도, 브라질, 튀르키예, 사우디, 남아공 등 글로벌 사우스 주요국은 중립적인 입장을 견지하면서 실리를 추구하고 있다. 아랍 국가들은 가자(Gaza) 지역을 침공한 이스라엘을 비난하고 평화적 해결을 촉구하였다.

러시아와 서방의 국력이 약해지면서 130여 개도국으로 구성된 글로벌 사우스가 다극적 세계의 한 축으로 부상하고 있다. 현재 세계는 미국 주도의 민주 진영, 러시아와 중국이 주도하는 권위주의 진영, 글로벌 사우스 진영으로 3분되고 있으며 지역화와 블록화 경향이 가속화고 있다.

2023년 글로벌 사우스 인구는 80억 명의 세계 인구 중 2/3를 차지하며 유엔 등 국제무대에서 큰 영향력을 행사하고 있다. 그리고 글로벌 사우스는 세계 총생산(GDP)의 30%를 점유하며 광물자원이 풍부하여 21세기 강대국의 주요한 각축장이 되고 있다.

지난 60년간 개도국을 지칭하는 용어는 국제정세의 변화에 따라 바뀌었다. 냉전기 미국 주도의 민주 진영이 제1세계, 소련 주도의 공산 진영은 제2세계로 지칭되었다. 제3세계는 동-서의 양 진영에 속하지 않고 중립을 견지하였으며 비서방 진영을 대표하였다.

역사적으로 제3세계는 18-20세기 유럽 국가의 식민지 지배와 침탈을 경험했으며 제2차 세계대전 이후 유럽의 식민지에서 독립하였다. 제3세계는 독립과 민족자결주의를 지지하였으며 강대국의 개입에 반대하였다.

1955년 중국, 인도, 인도네시아의 주도로 반둥에서 첫 비동맹회의가 개최되었으며 당시 비동맹국은 약 120여 국이었다. 그러나 비동맹 진영은 중-인도 간 국경분쟁, 개도국 간 대립과 내전, 강대국의 개입 등으로 유명무실하였다. 대부분 개도국은 약소국으로 자체적으로 지역 평화와 안보를 지킬 여력이 없었고 강대국이 제공하는 안보의 수혜자였다.

1964년 개도국은 선진국에 유리한 교역구조를 개편하기 위해 유엔에서 77그룹을 설립하였다. 130여 개도국이 77그룹에 참가하였으며 개도국 간의 협력인 남-남 협력을 강조하고 보다 공정한 신국제경제질서의 창설을 주장하였다.

1991년 12월 소련의 해체로 공산 진영이 붕괴되자 제3세계라는 용어도 의미를 상실하였고 대신 개도국이라는 용어가 통용되었다.

탈냉전기 서방 주도의 자유 국제질서가 확산되었으며 서방은 개도국의 빈곤타파, 경제 발전을 적극 지원했다.

2008년 미국발 금융위기 이후 미국의 국력이 쇠퇴하고, 러시아와 중국이 강대국으로 부상하자 글로벌 사우스가 목소리를 높였다. 글로벌 사우스는 강대국 중심의 국제질서에 반발하고 개도국의 이익이 반영되는 공정한 다극적인 국제질서 구축을 지지한다.

글로벌 사우스는 서방 주도의 자유주의 및 인권의 보편성보다는 국가의 자율성, 국내 정치 불간섭, 다양성을 강조한다. 개도국들은 서방 주도의 세계은행(WB), 국제통화기금(IMF) 등 브레트우즈(Bretton Woods) 체제의 '일 달러 일 투표(one dollar one vote)'보다는 유엔헌장에 입각한 '일국 일 투표(one nation one vote)' 방식을 선호하며 서방 주도의 세계화에 반대하였다.

글로벌 사우스는 유엔 총회에서 다수를 차지하며 서방-비서방 진영 간의 표 대결에서 결정권을 행사할 수 있다. 남아공, 브라질은 러시아와 중국이 주도하는 반서방적인 다자협의체인 브릭스(BRICS), 상하이협력기구(SCO)에 참가하여 발언권을 강화하고 있다.

글로벌 사우스는 대부분 비핵국가로서 핵 비확산을 지지한다. 2017년 유엔 총회에서 핵무기금지 조약(TPNW, 2021년 발효)이 122개국의 찬성으로 통과되었으며 글로벌 사우스가 주도적인 역할을 하였다. 핵보유국과 일본, 한국, 호주 등 미국의 핵우산을 제공받고 있는 국가들은 불참하였다.

글로벌 사우스는 우크라이나 전쟁으로 글로벌 공급망이 재편되자 서방-반서방 진영을 서로 연결하는 고리와 허브 역할을 하고 있다. 튀르키예는 러시아산 가스와 곡물을 수입하여 중동과 아프리카에 수출하고 있다. 인도는 러시아산 원유를 저렴하게 수입하여 정제한 후 다시 3국에 수출하고 있다. 미-중 간 대립이 심화되자 멕시코가 2023년 중국을 제치고 미국의 최대 수출국이 되었다.

중국 기업들이 미국의 규제로 직접 미국으로 수출이 어렵게 되자 베트남과 멕시코를 통해 우회적으로 미국에 수출하고 있다. 독일, 중국, 한국은 중앙아시아를 통해 전기제품, 차량 부품, 반도체를 러시아에 우회 수출하고 있다.

최근 인도, 인도네시아, 사우디, 튀르키예, 브라질은 중견국으로서 강대국 간의 지정학적 경쟁과 안보 공백을 이용하여 영향력을 강화하고 있다.

한편 글로벌 사우스는 문제가 많다. 우선 글로벌 사우스는 중동, 아프리카, 중남미 등 이질적인 국가들의 모임으로서 그 범위가 애매하다. 그리고 국제 사회에서 결집력이 약해 통일된 목소리를 내지 못하며 큰 영향력을 행사하지 못하고 있다.

글로벌 사우스에는 경제통합과 안전보장을 주도할 맹주국이 없으며 대부분 빈국으로서 역외 강대국의 경제지원에 크게 의존한다. 그리고 이란-사우디 간 대립, 인도-파키스탄 대립, 아랍의 봄 등 중동의 위기가 강대국의 개입을 초래하고 있다. 아프리카는 소말리아, 수단, 리비아, 에티오피아 내전과 테러 단체의 준동, 전염병 발병과 난민 발생 등으로 정세가 불안한 지역이며 유엔 평화유지군의 파병과 국제 사회의 지원으로 안정을 유지하고 있다. 현재 전세계 난민은 약 1억 명이며 대부분 콜롬비아, 요르단, 케냐, 튀르키예 등 개도국에 거주하고 있어 글로벌 사우스에 큰 부담이 되고 있다.

최근 미국, 중국, 러시아, 인도 등 강대국은 광물자원 개발과 글로벌 공급망 구축을 위해 글로벌 사우스에 대한 진출을 강화하고 있다. 반도체와 전기 자동차 생산에 필수적인 광물 자원과 에너지를 보유한 개도국은 강대국의 원료공급지로 전락하고 있다.

1999년 출범한 G-20은 선진국과 개도국의 주요국으로 구성되었으며 Global South-North 간의 빈부 격차 해소, 개발 협력, 기후 변화 등 주요 현안에 대해 협의하고 있으나 강대국 간의 대립으로 별 진전이 없다.

러시아 및 중국의 글로벌 사우스 진출

러시아는 2022년 2월 우크라이나 침공 이후 서방의 제재 조치에 대항하고 경제협력을 위해 글로벌 사우스 진출을 강화하고 있다. 러시아는 우크라이나 전쟁을 Global South와 미국 주도의 Global North 간의 대립으로 해석하고 개도국의 지지를 확보하고자 한다. 러시아는 글로벌 사우스가 세계 인구의 2/3 차지 등 글로벌 다수(Global Majority)라고 주장하고 반미적인 다극 체제의 한 축으로 발전할 수 있도록 지원하고 있다.

러시아는 미국과 유럽의 글로벌 노스(Global North)는 쇠퇴하고 있으며 세계질서의 다극화가 본격화되고 있다고 주장한다. 러시아는 유럽과 별개의 유라시아 문명국가로 자칭하면서 글로벌 사우스의 반식민지 투쟁을 지지하고 개도국의 이익을 옹호하는 대변자로서 역할을 강조한다.

러시아는 2023년 제2차 러-아프리카 정상회의를 개최하여 단합을 과시하였다. 2023년 10월 중동 가자(Gaza) 지역을 장악하고 있는 친이란 무장단체인 하마스(Hamas)가 이스라엘을 공격하자 이스라엘은 가자지역을 침공하였다. 러시아는 하마스를 지지하였으며 이스라엘을 비난하였다.

글로벌 사우스는 러시아를 글로벌 노스의 서방 국가로 간주하며 우크라이나 전쟁에 대해 중립적인 입장을 견지하고 있다. 우크라이나 전쟁의 장기화로 러시아는 군사적 경제적으로 글로벌 사우스를 지원할 여력이 없다.

중국과 러시아는 반미공조에 이해가 일치하나 글로벌 사우스에서 서로 경쟁적이다. 중국은 탈냉전기 미국과의 대결을 회피하면서 우선 미국과 서방의 선진기술을 모방(Emulation)하고 미국의 약점을 이용(Exploitation)하였으며 창업(Entrepreurship)의 3E 전략을 통해 벼락부자(upstart)가 되었고 강대국으로 부상하였다[247].

21세기 중국은 강대국으로 부상을 위해 1) 군비 증강보다는 경제 발전에 주안점을 두었고 2) 미국이 제공하는 안보에 무임 승차하여 군비를 절감하였으며 3) 미국과 선진국의 제도와 기술을 모방하여 경쟁력을 강화하고 4) 신기술을 개발하여 개도국에 적극 진출하였다.

중국은 유럽과 달리 식민지 지배의 경험이 없으며 같은 개도국이

---

247 Oriana Skylar Mastro, Upstart(How China Became a Great Power), Oxford University Press, 2024. PP. 4-12.

라고 주장하면서 서구와의 차별성을 내세웠다. 미국이 자유 국제 질서의 확대를 위해 정권 교체 등 개입적인 대외 정책을 추진했다면 중국은 '비동맹(non-alignmnet), 비대립(non-confrontation), 제3국을 겨냥하지 않는다'(no-targeting the third country)는 3대 no 원칙[248]을 주장하면서 개도국의 지지를 확보 하였다.

중국은 개방적인 대외 정책을 통해 글로벌 사우스에 적극 참여하고 외교 역량을 강화하였다. 중국의 주석 등 고위인사들이 유럽 선진국보다는 아시아, 아프리카, 중남미의 개도국을 더 자주 방문하고 양자 정상회담을 개최하였다.

중국은 정기적으로 아프리카 협력포럼(FOCAS), 아랍협력 포럼(CASCF), 중앙아 정상회담(C5+1)을 개최하여 다자협력과 글로벌 연결망을 강화하고 있다.

중국은 유엔의 평화유지군 활동에 참여하여 대외적으로 이미지를 높이고 있다. 2023년 현재 중국은 2,273명의 유엔 평화유지군을 파병하고 있으며 유엔평화유지군(UNPKO)을 파병한 전 세계 124개국 중 병력 규모가 10위이다. 중국은 자국 기업인과 투자를 보호하기 위해 유엔 평화유지군의 3/4를 아프리카에 파병하고 있다. 2020-2021년간 유엔평화유지군에 대한 분담금 비율에 있어 중국은 15%로 미국(28)%에 이어 2위였다.

중국은 1994년부터 서방의 개도국 공적개발원조(ODA)와 유사한 개발원조사업을 시행하고 있다.

---

248 상게서, p.68.

지난 20년간 중국은 경제개발협력기구(OECD) 개발원조위원회 (DAC) 비회원국이며 러시아, 사우디와 같이 후발공여국으로 개발원조에 참여하고 있다. 첫째, 중국의 대외 개발의 목적은 개도국의 경제 발전보다는 중국 기업의 해외 진출 및 에너지 개발, 수출 시장 개척과 원자재 확보였다. 중국은 2000년 초창기 고도 경제성장 과정에서 철강, 시멘트에 대한 과잉 투자를 해소하기 위해 2013년부터 전 세계적으로 일대일로(BRI) 사업을 추진하고 있다. 중국기업은 BRI를 통해 개도국의 도로, 공항, 철도 등 인프라 건설과 에너지 개발에 진출했다.

둘째, 중국의 개발원조 자금은 서구의 ODA와 다르다. 서방의 ODA는 공여 중심이고 이자율이 낮다면 중국 경우 유상 차관이 대부분이고 이자율이 높아 수익 창출이 목적이다. 스리랑카 경우 일본의 차관은 이자율이 0.7%이고 상환기간은 34년이며 중국의 차관 이자율은 3.3%이고 상환기간은 24년이다.

중국의 일대일로(BRI) 사업의 경우 차관과 무상원조 비율은 31:1이며 2000-2017년간 중국의 ODA는 1,010억 달러였다. 중국은 개도국에 대한 최대 신용 공여국으로 부상하였다. 중국은 2000-2018년간 저소득국에 대한 재정 지원은 1,040억 달러이며 동 기간 중 세계은행의 지원은 1,060억 달러였다.

셋째, 중국은 서방 기업의 진출이 어렵고 중국 기업이 경쟁력이 있는 아시아와 아프리카 개도국에 진출하였다. 2005-2019년 간 중국은 아프리카에서 544개의 건설계약(2,677억 달러)을 체결하였다. 서방은 인권, 민주주의, 투명성을 조건으로 개발 원조를 제공했으며 중국은 이념적 조건 없이 서방의 지원에서 배제된 개도국의 인프라 건설과 자원개발에 집중했다.

중국은 대외 개발 지원을 통해 개도국의 빈곤 해소와 경제 발전에 기여하였으며 '하나의 중국 정책'에 대한 지지를 확보하였다. 그리고 중국은 자국의 정보통신기술(ICT)기준을 세계화하고 국가 주도의 경제 발전 모델을 수출하고 있다.

개도국은 경제 발전과 외교의 다변화를 위해 중국의 진출을 환영한다. 그러나 일부 개도국은 중국에 종속되었고 경제 발전에 실패하였다. 그리고 중국에 대한 과다한 채무를 상환하지 못하고 있다. 개도국이 중국의 차관을 상환하지 못하면 중국은 개도국의 자산을 압류할 수가 있다. 앙골라와 스리랑카는 중국의 차관을 상환하지 못해 항구를 중국에 임대하고 있다.

민주 진영의 글로벌 사우스 진출과 미-중 디지털 경쟁

미국, 유럽연합, 인도는 빈곤 감소 등 개도국의 경제 발전을 지원하고 중국의 진출을 견제하기 위해 공적개발원조(ODA)를 제공하고 있다. 미국은 지난 50년간 공적개발원조(ODA)의 최대 공여국이며 2022년 '보다 나은 세계(B3W)' 건설을 주창하면서 글로벌 사우스에 대한 개발원조를 강화하고 있다.

미국, 영국, 프랑스 등 서구 선진국의 모임인 G-7은 2022년 정상회의에서 글로벌인프라투자 동반자(PGI) 사업에 합의하고 2027년까지 6,000억 달러를 개도국에 투입하여 그리 에너지, 운송망과 공급망 구축, 디지털 인프라를 구축하기로 하였다.

유럽연합은 개도국의 최대 수입국이며 주요한 개발 원조의 공여국으로 개도국의 경제 발전에 기여하고 있다. 유럽연합은 개도국의 철도, 항만 등 인프라 건설을 지원하는 글로벌 관문(Global Gateway) 사업을 추진하고 있으며 2022년 아프리카에 1,500억 유로의 지원을 공약하였다.

인도는 중국에 대항하기 위해 2023년부터 미국의 지원하에 인도-중동-유럽을 연결하는 경제회랑(IMEEC) 사업을 추진하고 있다. 유럽연합은 일반특혜관세제도(GSP)와 경제동반자협정(EPA)의 체결을 통해 개도국의 경제 발전과 민주주의 정착을 지원하고 있다.

최근 정보통신기술(ICT)이 세계적으로 확대되면서 글로벌 사우스가 미국과 중국, 유럽연합 간 디지털 패권 경쟁의 각축장이 되고 있다. 미국은 자유 시장, 민주주의, 개인 사생활 보호를 주장하면서 시장 주도의 디지털 경제 질서[249]와 규범을 구축하고자 한다.

반면 중국과 러시아는 디지털 주권과 안보를 위해 정보 통제를 강조하고 국가 주도의 디지털 경제 질서[250]를 확립하고자 한다. 반면 유럽연합은 공정성, 시민들의 집단적 권리가 보장되는 인간 중심의 디지털 경제 질서 구축을 지지한다[251].

중국은 2015년부터 디지털 실크로드(DSR, Digital Silk Road) 사업으로 정보통신(ICT)기업이 개도국에 진출할 수 있도록 대규모 금융을 지원하고 있다. 중국은 개발원조 사업으로 개도국에 디지털 인프

---

249 Anu Bradford, Digital Empires(The Global Battle to Regulate Technology), Oxford University Press, 2023, pp. 33-40.
250 상게서, pp. 69-104.
251 상게서, pp. 105-125.

라를 구축하고 5G, 안면 인식 기술을 수출하고 있다. 개도국 독재 정권은 조건이 까다롭지 않은 중국의 디지털 기술을 선호하며 특히 정보 조작과 안면인식기술을 이용하여 여론과 야당을 통제하고 있다.

제8부

결론

21세기 러시아의 대외 정책을 결정하는 3대 요소는 강대국주의 (Great Power), 전제정치(Autocracy), 유라시아주의(Eurasianism)이다. 특히 강대국주의는 러시아에게 부여된 역사적 소명이며 러시아의 세계관과 정체성, 대외 정책의 핵심이었다[252]. 강대국만이 무정부적인 국제 사회에서 완전한 주권을 행사하며 러시아가 주권 국가로서 존속하기 위해서는 강대국주의 이외 다른 대안은 없다는 것이다. 지난 수 세기간 러시아의 강대국주의는 개인의 자유보다는 국가 우선주의와 전제 정치, 전쟁과 영토 확장을 정당화하였다.

러시아는 전쟁의 승리와 영토 확장을 통해 강대국주의가 되었고 반대로 전쟁의 패배는 패망을 초래하였다. 러시아 제국은 1815년 나폴레옹 전쟁에 승리하여 유럽 강국이 되었고 1856년 크림 전쟁과 1905년 러-일 전쟁에 패하자 그 여파로 1917년 붕괴되었다. 소

---

252 Anatoly Reshetnikov, 전게서, pp. 225-242. 참조

련은 연합군으로 참전하여 제2차 세계대전에 승리하였다. 소련은 패전국의 영토를 확보하고 1949년 핵무기 개발에 성공하여 미국과 함께 세계적 강국이 되었다. 그러나 소련은 냉전에서 미국에 패하고 1991년 해체되었으며 러시아가 탄생하였다.

러시아는 강대국주의가 막히면 현상에 만족하지 않았고 분노하고 힘을 축적하여 재기에 성공하였다. 러시아는 수백년 간 제국을 통치한 경험과 견고한 중앙집권적 관료조직, 강한 국가와 강한 지도자를 선호하는 집단주의, 정교 중심의 종교적 정체성이 러시아 부활의 원동력이며 푸틴 대통령의 강압적 전제 정치에 토대가 되었다.

푸틴 대통령은 지난 20년간 집권하는 동안 '강한 러시아' 건설을 주장하면서 NATO 확장과 유럽통합에 대항하기 위해 유라시아 통합을 추진하였다. 그는 러시아가 역사적으로 강대국이었으며 앞으로도 강대국이 되어야 한다고 주장하고 국가 발전의 모델로 강대국주의를 선택하였다. 러시아는 최대 영토 대국이며 핵 강국이며 유엔 안보리 상임이사국으로서 강대국으로 인정을 받아야 한다는 것이다. 그러나 탈냉전기 미국은 패권 유지를 위해 민주 제도 확산과 NATO 확대를 통해 러시아의 정체성을 저해하고 강대국 복귀를 방지하였다는 것이다. 러시아는 2022년 우크라이나 침공을 통해 미국 주도의 자유 국제질서에 대항하고 위대한 강대국으로 부상을 추구하였다.

푸틴 정권은 냉전의 산물이다. 현재 러시아 집권층은 소련 공산당 출신의 보수 강경파가 주류이며 60-70대이다. 이들 대부분은 냉전기 공산주의 교육을 받았고 냉전식으로 국제 사회를 보고 있다.

소련은 냉전에 패하지 않았으나 미국은 제2차 세계대전의 패전국인 독일과 일본처럼 러시아를 2류 국가로 부당하게 취급하였다는 것이다.

러시아는 미-소 간 냉전은 지속되고 있으며 우크라이나 전쟁은 미국에 대항하는 냉전의 연속으로 보고 있다. 푸틴 대통령은 집권 3기(2012)부터 미국의 단극적 패권 질서가 러시아의 강대국 부상에 최대 장애물로 간주하고 탈패권적 다극 질서의 구축을 주창하고 있다. 그는 러시아의 우크라이나 침공으로 단극 질서는 2023년 종언되었다고 주장하였다.

미국의 대외 정책이 개입주의와 고립주의로 반복되는 것처럼 러시아는 주기적인 영토 팽창과 수축이 특징이며 팽창의 방향이 유럽인가 아시아 지역인가 따라 대외 정책의 우선순위가 결정되었다. 러시아는 유럽 진출이 막히면 아시아로 진출하고 아시아 진출이 어려우면 유럽으로 복귀한다.

지난 2세기간 러시아의 아시아 진출은 한반도에 부정적인 영향을 미쳤다. 러시아는 1856년 크림 전쟁에 패하자 패배를 만회하기 위해 아시아로 진출하였다. 러시아는 1860년대 유럽 제국주의의 침탈로 청국이 내우외환에 처하자 광대한 연해주 지역을 장악하였으며 조선과 국경선을 접하게 되었다[253]. 러시아는 러-북 국경선을 근거로 한반도에 개입할 권리가 있다고 주장한다.

러시아는 러-일 전쟁(1904-1905)에서 상실한 영토를 회복하기 위해 일본이 도발한 태평양 전쟁(1941-1945)에 참전했으며 북한을 점령하

253 송금영, 러시아의 동북아 진출과 한반도 정책(1860-1905), 국학자료원, 2004, p. 54.

여 1948년 공산 정권을 수립하였다.

소련은 냉전기 미국에 대항하고 한반도 공산화를 위해 북한이 남한을 침공하도록 사주하였으며 한국전쟁(1950-1953)이 발발하였다. 탈냉전기 러시아는 미국에 대항하기 위해 북한의 핵 개발을 지원하였다.

러시아는 우크라이나 전쟁이 장기화되자 유럽에서 열세를 만회하기 위해 중국, 인도와 전략적 유대를 강화하면서 아시아 중시 정책으로 전환하였다. 러시아는 소진된 무기 확보를 위해 2024년 6월 러-북 간 군사동맹을 복원하였다. 1961년 체결한 조-소 우호조약은 1991년 소련의 해체 이후 연장되지 않았고 1996년 종식되었다. 금번 러-북의 동맹 복원은 28년 만이며 양국 관계의 획기적인 진전이다.

앞으로 우크라이나 전쟁의 종결 형태와 푸틴 정권의 향방이 한반도는 물론 세계 질서의 방향을 제시하는 시금석이 될 것이다. 집권 5기의 푸틴 대통령은 2014-2024년간 우크라이나 침공과 영토 확장을 통해 전성기를 구가하고 있다.

현재 푸틴 대통령의 최대 현안은 러시아가 우크라이나 전쟁에서 승리하여 강대국으로 위상을 확고히 하고 본인이 종신 집권하는 것이다. 그러나 그는 71세 고령이며 집권 말기에 접어들고 있다. 푸틴 대통령의 후계자 선정 문제가 우크라이나 전쟁의 종결과 맞물려 주요한 현안으로 부상할 것이다.

러시아는 우크라이나 전쟁에서 승리할 가능성은 희박하며 패배를 방지하기 위해 핵 카드를 활용할 것이다. 패배는 푸틴 정권의 몰락은 물론 러-중 관계에 심각한 영향을 미칠 것이다. 중국은 미국을 견제하는 데 러시아 카드가 중요한 만큼 러시아가 불리하지 않도록 지원할 것이다. 전쟁의 개시는 쉬워도 종결은 어렵다. 우크라이나 전쟁은 한국전쟁처럼 승자도 패자도 없이 휴전을 통해 동결될 가능성이 크다.

역사적으로 정치적 목적을 달성하기 위한 전쟁의 유용성은 매우 낮았다[254]. 러시아가 승리하더라도 수십 만 명의 인적 손실과 엄청난 전쟁 비용의 회복은 물론 평화 파괴자라는 이미지를 만회하고 국제 사회의 신뢰를 회복하는 데 장기간이 소요될 것이다. 러시아는 국제질서와 규범을 파괴할 수 있어도 새로운 국제질서를 구축할 여력이 없다. 당분간 러시아는 과거의 영광을 먹고 사는 영원한 어제의 제국으로 존속할 것이다.

---

254 Robert C. Johansen, Where the Evidence Leads(A Realistic Strategy for Peace and Human Security), Oxford University Press, 2021, pp.17-24. 참조

Abhijit V. Banerjee and Easter Duflo, Good Economics for Hard Times(Better Answers to our Biggest Problems), Allen Lane, 2019.

Agathe Demarais, Backfire(How Sanctions reshape the World against U.S. Interests), Columbia University Press, 2022.

Ali Wyne, American's Great-Power Opportunity, polity, 2022.

Alexander Ward, The Internationalists(the Fight to Restore American Foreign Policy after Trump), Penguin, 2024.

Alasdair Roberts, Superstates(Empire of the Twenty-first Century), Polity, 2023.

Andrew Holen & Thom Shanker, Age of Danger, Hachette Books, 2023.

Andrew Futter, The Politics of Nuclear Weapons, Palgrave Macmillan, 2021.

Andrew S. Natsios and Andrew H. Card Jr.,(Edited), Transforming Our World, Rowman & Littlefield, 2020.

Anna. Borshchevskaya, Putin's War in Syria(Russia Foreign Policy and the Price of America's Absence), I. B. Tauris, 2022.

Angela E. Stent, Putin's World(Russia Against the West and with the Rest), Twelve, 2019.

Anatoly Reshetnikov, Chasing Greatness(On Russia's Discursive Interaction with the West over the Past Millennium), University of Michigan Press, 2024.

Antonio Giustozzi, The Taliban at War(2001-2021), Oxford University Press, 2022.

Aaron L. Friedberg, Getting China Wrong, Polity, 2022.

Anu Bradford, Digital Empires(The Global Battle to Regulate Technology), Oxford University Press, 2023.

Charles Krupnick(Edited), Almost NATO(Partners and Players in Central and Eastern European Security), Rowman & Littlefield Publishers, 2003.

Catherine I. Grant 외 3인, The Age of Naval Power in the Indo-Pacific(Strategy, Order, and Regional Security), 2023.

Charles. W. Kegley, Gregory A. Raymond, Great Powers and World Order(Pattern and Prospects), Sage, 2021.

Chris Miller, We shall be Masters(Russian Pivot to East Asia from Peter the Great to Putin), Harvard University Press, 2021.

Daniel Deudnry(Edited), G.John Ikenberry, Karoline Postel-Vinay, Debating Worlds, Oxford University Press, 2023.

Daniel S. Marke, China's Western Horizon, Oxford University Press, 2020.

Daron Acemoglu and James A. Robison, The Narrow Corridor(States, Societies, and the Fate of Liberty), Penguin Press, 2019.

David A. Cooper, Arms Control for the Third Nuclear Age(Between Disarmament and Armagedoon), Georgetown University Press, 2021.

David A. Lake, Indirect Rule(The Making of US International Hierarchy), Cornell University Press. 2024.

David M. Lampton, Living U.S.-China Relations(From Cold War to Cold War), Rowman & Littlefield, 2024.

David Kilcullen, The Dragons and the Snakes(How the Rest Learned to Fight the West), Oxford University Press, 2020.

David Owen, Riddle, Mystery, and Enigma(Two Hundred Years of British-Russian Relations, TJ Books Limited, 2021.

Dawn C. Murphy, China's Rise in the Global South, Standford University Press, 2022.

Donald Stoker, Purpose and Power(US Grand Strategy from the Revolutionary Era to the Present), Oxford University Press, 2024.

Doughlas E. Schoen and Melik Kaylan, The Russia-China Axis(The New Cold War and America's Crisis of Leadership), Encounter Books, 2014.

Deborah J. Gerner(Edited), Understanding the Contemporary Middle East, Lynne Rienner Publishers, 2000.

Edited by Ichimasa Sukeyuki, New Horizons of the Nuclear Age, NIDA, 2024.

Edward Howell, North Korea and Global Nuclear Order(When Bad Behaviour Pays), Oxford University Press, 2024.

Eleanor Gordon, Conflict Security and Justice(Practice and Challenges in Peace-building), Red Globe Press, 2019.

Elisabeth Braw, Goodbye Globalization(The Retutn of a Divided World), Yale University Press, 2024.

Erik Gartzke, Jon R. Lindsay, Elements of Deterrence(Strategy, Technology, and Complexity in Global Politics), Oxford University Press, 2024.

Exequiel Lacovsky, Nuclear Weapons Free Zones(A Comparative Perspective), Routledge, 2021.

Fareed Zakaria, The Post American World, W.W. North Company, 2008.

Francis Fukuyama, Political Order and Political Decline, Farrar, Straus Andgiroux, 2014.

Francis Fukuyama, The End of History and The Last Man, Penguin Books, 2012.

Francis Fukuyama, The Origins of Political Order, Farrar, Straus and Giroux, 2011.

Frank Dikotter, How To be A Dictator(The Cult of Personality in the Twentieth Century), Bloomsbury Publishing, 2019.

George Friedman, Flashpoints(The Emerging Crisis in Europe), Doubleday, 2015.

George Friedman, The Storm Before the Calm, Anchor Books, 2021.

George S. Takach, Cold War2.0, Pegasus Books, 2024.

Gerard Toal, Oceans Rise Empires Fall(Why Geopolitics Hastens Climate Catastrophe), Oxford University Press, 2024.

Gerlinde Groitl, Russia, China and the Revisionist Assault on the Western Liberal International Order, Palgrave Macmillan, 2023.

Graham Allison, Destined for War, Houghton Mifflin Harcourt, 2017,

Hal Brands(Edited), The Makers of Modern Strategy(from the ancient world to the digital age), Princeton University Press, 2023.

Halil Inalick, Turkey and Europe in History, Eren, 2006.

Harm de BIij, Why Geography Matters, More Than Ever, Oxford University Press, 2012.

Henry Kissinger, World Order, Penguin Books, 2014.

Henry Kissinger, Diplomacy, Simon & Schuster, 1994.

Henry L. Stimson, The Great Delusion(Liberal Dreams and International Realities), Yale University Press, 2018.

Ibrahim AIMuhanna, Oil Leaders, Columbia University Press, 2022,

Jack F. Matlock, JR, Autopsy on an Empire, Random House, 1995.

James Stavridis, Sea Power(the history and geopolitics of the world's oceans), Penguin Press, 2017.

James H. Billington, Russia in Search of Itself, Woodrow Wilson Center Press, 2004.

Jagannath P. Panda and Ernest Gunasekara-Rockwell(Edited), QUAD Plus and Indo-Pacific(the Change Profile of International Relations), Routledge, 2022.

J.J. Mearsheimer and S. Rosato, How States Think(The Rationality of Foreign Policy), Yale University Press, 2023.

Joseph S. Nye, Soft Power and Great-Power Competition, Springer, 2023.

Josukutty C.Y. and Joyce Sabina Lobo(Edited), The New World Politics of The Indo-Pacific(Perception, Policies and Interests), Routledge, 2024.

Karen Dawishwa, Putin's Kleptocracy(Who Owns Russia?), Simom & Schuster, 2014.

Ken Heydon, The Trade Weapon, Polity, 2024.

Liana Fix, German's Role in European Russia Policy, Palgrave Macmillan, 2021.

Louis Rene Beres, Surviving Amid Chaos(Israel's Nuclear Strategy), Rowman & Littlefield, 2018.

Lyle J. Goldstein, Meeting China Halfway(How to Defuse the Emerging US-China Rivalry), Georgetown University Press, 2005.

M.Taylor Fravel, Strong Borders, Secure Nation(Cooperation and Conflict in China's Territorial Disputes), Princeton University Press, 2008.

Madeleine Albright, Hell and Other Destinations(A 21st-Century Memoir), Harper, 2020.

Marcel H. Van Herpen, Putin's Propaganda Machine(Soft power and Russian Foreign Policy), Rowman & Littlrfield, 2016.

Mark Bassin and Gonzalo Pozo, The Politics of Eurasianism(Identity, Popular Culture and Russia's Foreign Policy), Rowman and Littlefield International, 2017.

Marshall I. Goldman, Petrostate(Putin, Power, and New Russia), Oxford University Press, 2008.

Martin Daunton, The Economic Government of the World(1933-2023), Allen Lane, 2023.

Matthew Kroenig, The Return of Great Power Rivalry(Democracy versus Autocracy from the Ancient World to the U.S. and China), Oxford University Press, 2020.

M,E. Sarotte, Not One Inch(America, Russia, and the Making of Post-Cold War

Stalemate), Yale University Press, 2021.

Michael Cox & Doug Stokes, US Foreign Policy(3rd Edition), Oxford University Press, 2018.

Michael Mandelbaum, Mission Failure (America and the World in the Post Cold War Era, Oxford University Press, 2016.

Mikael Weissmann 등 4인(Edited), Hybrid Warfare(Security and Asymmetric Conflict in International Relations), Bloomsbury Academic, 2023.

Michelle Bentley and Jack Holland, Obama's Foreign Policy(Ending the War on Terror), Routledge, 2014.

Moritz Pieper, The Making of Eurasia(Competition and Cooperation between China's Belt and Road Initiative and Russia), I.B.Tauris, 2022.

Nicolas Zernov, The Russians and Their Church, St Vladimir's Seminary Press, 1994.

Oriana Skylar Mastro, Upstart(How China became a Great Power), Oxford University Press, 2024.

Parag Khanna, Connectography, Random House, 2016.

Patrick O. Cohrs, The New Atlantic Order(The Transformation of International Politics, 1860-1933), Cambridge University Press, 2021.

Paul D'Anieri, Ukraine and Russia(from Civilized Divorce to Uncivil War), Cambridge University Press, 2023.

Peter Apps, Deterring Armageddon(A Biography of NATO), Wildfire, 2024.

Peter J. Katzenstein and J. Kirshner(Edited), The Downfall of The American Order, Cornell University Press, 2023.

Peter Trubowitz & Brian Burgoon, Geopolitics and Democracy(The Western Liberal Order from Foundation to Fracture), Oxford University Press, 2023.

Peter.J.S. Duncan, Russian Messianism(Third Rome, Revolution, Communism and After), Routledge, 2000.

Philip Snow, China and Russia(Four Centuries of Conflict and Concord), Yale

University Press, 2023.

Rajesh M. Basrur, Minimum Deterrence and India's Nuclear Security, Stanford University Press, 2006.

Rebecca R. Moore and Damon Coketta, Editors, NATO'S Return to Europe(Engaging Ukraine, Russia, and Beyond), Georgetown University Press, 2017,

Richard Sakwa, The Lost Peace(How the West Failed to Prevent a Second Cold War), Yale University Press, 2023.

Roger E. Kanet and Matthew Sussex(Edited), Power, Politics and Confrontation in Eurasia, Palgrave Macmillan, 2015.

Robert C. Johansen, Where the Evidence Leads(A Realistic Strategy for Peace and Human Security), Oxford University Press, 2021.

Robert D. Kaplan, The Revenge of Geography, Random House, 2012.

Robert H. Donaldson and Vidya Nadkarni, The Foreign Policy of Russia(Changing Systems, Enduring Interests), Routledge, 2024.

Robin Niblett, The New Cold War(how the Contest between the US and China will shape our century), Atlantic Books, 2014.

Ronald Grigor Suny, The Cambridge History of Russia, Cambridge University, 2006.

Rush Doshi, The Long Game(China's Grand Strategy to Displace American Order), Oxford University Press, 2021.

Samuel P. Huntington, The Clash of Civilizations and The Remaking of World Order, Simon &Schuster UK LTD, 1997.

S. Mahmud Ali, The US-China-Russia Triangle(An Environment Historiorigraphy), Springer, 2022.

Serhii Plokhy, The Russo-Ukrainian War(The Return of History), W.W. Norton& Company, 2023.

Siegfried. S. Hecker, Hinge Points, Stanford University Press, 2023.

Stephen J. Hadley, Hand-off(The Foreign Policy George w. Bush passed to Barack

Obama), Brookings Institution Press, 2023.

Stephan Fruhling and Andrew O'Neil, Partners in Deterrence(US Nuclear Weapons and Alliances in Europe and Asia), Manchester University Press, 2021.

Stephanie L. Freeman, Dreams for a Decade(International Nuclear Abolitionism and the End of the Cold War), University of Pennsylvania Press, 2023.

Stephen P. Friot, Containing History, University of Oklahoma Press, 2023.

Suisheng Zhao, The Dragon Roars Back(Transformational Leaders and Dynamics of Chinese Foreign Policy), Stanford University Press, 2023.

Susan L. Shirk, Overreach(How China Derailed Its Peaceful Rise), Oxford University Press, 2023.

Susan Rice, Tough Love(My Story of the Things Worth Fighting For), Simon & Schuster, 2019.

Thane Gustafson, The Bridge(Nature Gas in a Redivided Europe), Havard University Press, 2020.

Thomas J. Wrightall, Measures Short of War, Yale University press, 2017.

Thomas Graham, Getting Russia Right, Polity, 2024.

Tim Marshall, Prisoners of Geography, Elliott and Thompson Limited, 2016.

Tim Marshall, The Future of Geography(How the Competition in Space will Change Our World), Scribner, 2023.

Timothy Snyder, The Reconstruction of Nations(Poland, Ukraine, Lithuania, Belarus, 1569-1999), Yale University Press, 2003.

Tom Long, A Small State's Guide to Influence World Politics, Oxford University Press, 2022.

T.V. Paul and John A. Hall, International Order and the Future of World Politics, Cambridge University Press, 1999.

Vipin Narang, Seekin the Bomb(Strategies of Nuclear Proliferation), Princeton University Press, 2022.

William Zimmerman, Ruling Russia, Princeton University Press, 2014.

Yevgeny Primakov, Russian Crossroads(Toward the New Millennium), Yale University Press, 2004.

Zbigniew Brzezinski, The Grand Failure(The Birth and Death of Communism in the Twentieth Century), Charles Scribner's Sons, 1989.

Zhihua Shen and Danhui Li, After Leaning to One Side(China and Its Allies in the Cold War, Stanford University Press, 2011.